# ENGENHARIA DE GENTE

SALES ROBERTO DE SOUZA BUENO

# ENGENHARIA DE GENTE
## HANDBOOK

O desafio de gerenciamento do capital humano:
como organizar e implantar grandes
empreendimentos industriais (canteiros de obras),
mitigando crises-conflitos e *claims*.

FGV EDITORA

Copyright © 2018 Sales Roberto de Souza Bueno

Direitos desta edição reservados à
EDITORA FGV
Rua Jornalista Orlando Dantas, 37
22231-010 — Rio de Janeiro, RJ — Brasil
Tels.: 0800-21-7777 — 21-3799-4427
Fax: 21-3799-4430
e-mail: editora@fgv.br — pedidoseditora@fgv.br
web site: www.fgv.br/editora

Impresso no Brasil / *Printed in Brazil*

Todos os direitos reservados. A reprodução não autorizada desta publicação, no todo ou em parte, constitui violação do copyright (Lei nº 9.610/98).

*Os conceitos emitidos neste livro são de inteira responsabilidade do autor.*

**Coordenação editorial e copidesque:** Ronald Polito

**Revisão:** Victor da Rosa e Marco Antonio Corrêa

**Editoração:** FA Studio

**Capa:** Estúdio 513

**Imagem da capa:** Shutterstock

**Fotografias das páginas 123, 190, 206, 207, 208 e da segunda orelha:** do autor

**Fotografia da página 209:** GGN — O Jornal de Todos os Brasis. Disponível em: <https://jornalggn.com.br/tag/blogs/copa-de-2022>.

Ficha catalográfica elaborada pela Biblioteca Mario Henrique Simonsen/FGV

Bueno, Sales Roberto de Souza
    Engenharia de gente / Sales Roberto de Souza Bueno. – Rio de Janeiro : FGV Editora, 2018.
    384 p.

    ISBN: 978-85-225-2059-6

    1.Administração de projetos. I. Fundação Getulio Vargas. II. Título.

CDD – 658.404

Dedicatória

Dedico este ensaio literário a todos os meus mestres professores ao longo de minha trajetória.

À minha esposa Maricy e a meus filhos Renan e Murillo. À minha mãe, Geraldina, e a meu pai, José Pedro (*in memoriam*), minha sincera homenagem.

Sem eles não poderia ter chegado aonde cheguei.

SUMÁRIO

Agradecimentos   19
Apresentação   21
Introdução   23


**Capítulo I — Entendendo gente**   32

Introdução   33
Entendendo o comportamento do ser humano   34
A necessidade do ter *versus* a necessidade do ser   38
Conclusão   43


**Capítulo II — Organizar para implantar**   44

Introdução   45
Organizar para implantar   45
Trabalho nos canteiros de obras   61
Seguro   63
Gerenciadora da obra   64
Custo operacional   65
A normativa de gerenciamento de implantação   65
Comunicação à DRT (NR18)   66
Cadastro específico do INSS (CEI)   66
Responsabilidade técnica — ART   66
Trabalho de estrangeiros (regularização)   66
Programa de avaliação de desempenho de contratadas e subcontratadas   67
Critérios de avaliação   68
   Indicador 1 — Segurança do trabalho   68
   Indicador 2 — Qualidade técnica da construção civil   69

Indicador 3 — Qualidade técnica da montagem eletromecânica    69
Indicador 4 — Cumprimento de prazos (cronograma)    70
Indicador 5 — Gestão ambiental    70
Indicador 6 — *Housekeeping* — arrumação e limpeza    71
Indicador 7 — Gestão documental    71
Indicador 8 — Gestão de pessoas    72
Conclusão    73

## Capítulo III — Compra (*supply*) — contratos    74

Introdução    75
Escopo técnico (edital), compra e contratação    75
Compra — aquisição    82
Modalidades contratuais    82
Reajuste contratual    87
    Reajustes de preços envolvendo investimento de mão de obra para construção e montagem eletromecânica    87
Estudo de caso    89
    Reajuste contratual envolvendo investimento com mão de obra    89
Programa de compartilhamento de risco (PCR)    89
Estudo de caso    94
    O compartilhamento de riscos    94
Conclusão    95

## Capítulo IV — Central de serviços administrativos (CSA)    96

Introdução    97
Cadastramento de empresas — contratadas e subcontratadas    108
Identificação — emissão de crachás    110
    *Layout* dos crachás    111
    Tipos de crachá    112

Treinamento de integração    113

Capacitação e qualificação da mão de obra    114

Desmobilização de colaboradores    115

Obrigações acessórias    117

Subcontratação de mão de obra    119

Quarteirização    120

Estudo de caso    121

    A subcontratação (terceirização/quarteirização)    121

Estudo de caso    121

    A quarteirização    121

Infraestrutura    122

    Residenciais — alojamento    122

    Ações de gestão de residenciais — alojamentos    124

    Gestão disciplinar nos residenciais — alojamentos    126

    Como calcular a necessidade de residenciais (alojamentos)    127

Restaurantes industriais — alimentação    129

    Pesquisa de satisfação — qualidade da alimentação    130

    Fornecimento de alimentação    130

    Faturamento de alimentação    131

    O provisionamento da alimentação    132

    As provisões    132

    Refeitórios    133

Recreação & lazer    134

Residentes em repúblicas    134

Transporte de pessoal    135

    Seguro por evento e por veículo    135

    Capacitação dos motoristas    136

Portarias    136

Acessos de veículos    136

Autoatendimento bancário    137

Conclusão    137

**Capítulo V — Capital humano — o desafio**   138

Introdução   139
Salários e o alinhamento   145
Benefícios   148
Estabilidade no emprego   149
    Segurança do trabalho   150
Qualidade de vida no trabalho   150
Histograma de mão de obra   151
Histogramas de pessoal *versus* jornada de trabalho   154
Estudo de caso   155
    Histograma de mão de obra   155
Estudo de caso   155
    Histograma *versus* produtividade   155
Estrutura administrativa — capital humano   156
Eliminando deformidade administrativa   156
Captação de talentos   157
    Desafios da captação   158
    Premissas para a captação   159
Estudo de caso   161
    A procedência — local de origem   161
    Fontes de captação   162
Estudo de caso   163
    Captação de talentos   163
Programa de treinamento para *startup* da planta industrial   163
    Processo seletivo   166
        Avaliação de conhecimentos   166
        Avaliação psicológica   166
        Avaliação médica   166
        Treinamentos específicos — formação   167

Formação extracurricular    167

Visitas técnicas e estágios supervisionados    167

Programa de incentivo ao talento    168

Conclusão    168

**Capítulo VI — Relação trabalhista e sindical — organização    170**

Introdução    170

A organização sindical no Brasil e no Mundo    170

Relação trabalhista e sindical — estruturação    178

O retrato da crise    178

    Gestão e prevenção de conflito    178

Conceituando paralisação e greves    179

A deflagração da greve    185

A imagem e a reputação    186

Como estruturar um comitê e subcomitê das contratadas e subcontratadas para a prevenção e gestão de crise-conflito    187

    Subcomitê das contratadas    187

Demonstrativo de crises-conflitos (paralisações e greves)    188

Crise de trabalhadores em obra privada — vandalismo e depredação    190

Estudo de caso    191

    Paralisação em canteiros de obras    191

O impacto da crise na produtividade    192

Greves e paralisações *versus* crise econômica    194

Conceituando crise — o movimento de massa    195

Crise envolvendo trabalhadores em obras públicas — vandalismo    198

O comportamento das lideranças ante a crise    202

A responsabilidade pela crise    209

O processo de negociação sindical   210

Constituindo a mesa de negociação sindical   214

   Não concessão da pauta   214

   Concessão da pauta (em parte)   215

   Concessão da pauta acima da expectativa   215

Gestão estratégica   218

   Canal do trabalhador   219

   Inteligência de campo   221

   Roda de conversa   222

Passivo trabalhista   224

A subsidiariedade nos processos trabalhistas (terceirização)   224

Estudo de caso   227

   Ação trabalhista envolvendo a proprietária em região adversa ao local de realização da obra *versus* reforma trabalhista de 2017   227

Não conformidades — as causas da insurgência   228

Contrato de trabalho   229

Política salarial   230

Benefício (folga de campo)   230

Conclusão   232

## Capítulo VII — Segurança do trabalho, M&A, SP e bombeiros   234

Introdução   234

Acidente do trabalho   239

Medicina do trabalho *versus* classificação de acidentes   240

Engenharia de segurança do trabalho   240

Técnicos de segurança do trabalho   240

A normatização da segurança do trabalho, saúde e meio ambiente   241

Projeto — seguro     241

    Objetivos estratégicos do programa     242

    O programa     242

    Premissas do programa     242

    Regulamento     243

    Critérios de premiação     243

    Fases para desenvolvimento da campanha     244

    Resultado     245

Fornecimento de uniformes     247

Gestão de resíduos — centralizado     248

    Classificação de resíduos     248

Responsabilidade das contratadas e subcontratadas     249

Bombeiros — serviços e atendimento     252

    Atendimento e combate a incêndio     253

Segurança patrimonial     255

    Atribuições da vigilância patrimonial     256

Conclusão     257

## Capítulo VIII — Serviço de saúde — hospitalar e ambulatorial     258

Introdução     258

Serviço médico hospitalar     258

Atendimento ambulatorial     261

Premissas para o modelo ambulatorial centralizado     262

Serviço médico nos canteiros de obras     263

Serviço de enfermagem     265

Serviço social     265

Conclusão     265

## Capítulo IX — Fechamento dos estudos de casos  266

Estudo de caso — Capítulo III    267
    Reajuste contratual envolvendo custo com mão de obra    267
Estudo de caso — Capítulo III    267
    O compartilhamento de riscos – PCR    267
Estudo de caso — Capítulo IV    268
    A subcontratação — terceirização    268
Estudo de caso — Capítulo IV    269
    A quarteirização    269
Estudo de caso — Capítulo V    269
    Histograma de mão de obra    269
Estudo de caso — Capítulo V    270
    Histograma de mão de obra *versus* produtividade    270
Estudo de caso — Capítulo V    271
    A procedência — local de origem    271
Estudo de caso — Capítulo V    273
    Captação de talentos    273
Estudo de caso — Capítulo VI    274
    Paralisação em canteiros de obras    274
Estudo de caso — Capítulo VI    275
    Ação trabalhista envolvendo a proprietária em região adversa ao local de realização da obra *versus* reforma trabalhista    275

## Capítulo X — Anexos — Modelos de gestão e procedimentos    276

Modelo I — Contrato particular de serviços médicos hospitalares    277
Modelo II — Mobilização de mão de obra    281
Modelo III — Emissão de crachá — 1ª via    283
Modelo IV — Emissão de crachá — 2ª via    287

Modelo V — Desmobilização de mão de obra    289

Modelo VI — Provisionamento de alimentação    291

Modelo VII — Faturamento de alimentação    294

Modelo VIII — Emissão de carta de anuência    297

Modelo IX — Visita técnica, trabalhos em garantia e emergencial    298

Modelo X — Acesso de veículos leves    301

Modelo XI — Obrigações acessórias (OA) — auditoria documental    304

Modelo XII — Carta de anuência    309

Modelo XIII — Escopo técnico para tomada de preço — Gerenciamento em segurança do trabalho e meio ambiente    311

Modelo XIV — Encaminhamento ambulatorial    323

Modelo XV — Encaminhamento médico hospitalar    328

Modelo XVI — Controle de acesso a portarias    332

Modelo XVII — Matriz para treinamento de integração    337

Modelo XVIII — Acesso de veículos pesados    339

Modelo XIX — Classificação de acidentes do trabalho    342

Modelo XX — Liberação de rádios transceptores    345

Modelo XXI — Acesso de equipamentos automotores    350

Modelo XXII — Programa projeto seguro    352

Modelo XXIII — Criação de comitês das contratadas    358

Modelo XXIV — Convênio médico hospitalar — modelo de tabela de cobertura    364

Modelo XXV — Ficha de cálculo do custo com acidente    370

Modelo XXVI — Canal do trabalhador (ouvidoria)    371

**Conclusão final**    374

**Referências**    379

*Não há ventos favoráveis a quem não saiba para onde vai.*
Sêneca — séc. I.

# Agradecimentos

Meus agradecimentos a todos que direta ou indiretamente colaboraram para a consecução deste livro. Ao longo da última década, após ouvir colegas e profissionais de diversas áreas com quem tive a honra de trabalhar me sugerirem escrever sobre como efetuar a estruturação e organização administrativa para o gerenciamento do *capital humano* envolvendo a implantação de grandes empreendimentos, ter vivido e acompanhado empreendimentos de sucesso e outros com problemas envolvendo crises, conflitos humanos e comunitários, com dificuldades para atingimento de prazo, custo, orçamento e qualidade, inconformado com as origens e suas causas, elaborei esta obra (*handbook*) com o objetivo de contribuir para estudos afins.

Ficam aqui meus agradecimentos às várias organizações e projetos nos quais tive o prazer e a oportunidade de participar no gerenciamento e organização envolvendo a implantação e, sobretudo, compartilhar experiências. Meus agradecimentos e reconhecimento a todas as organizações onde atuei e que me propiciaram espaço para aprendizagem, e, em especial, à Andritz e Klabin S.A. pelo apoio no lançamento desta obra.

# Apresentação

A estruturação deste ensaio envolvendo a organização para implantação levou anos e muitas horas de trabalho.

As ações propostas de gerenciamento são o produto de atuações envolvendo a administração e a organização para implantações, lições aprendidas, vivências testadas e experimentadas *in loco*, pesquisas de campo, análises de dados, contextualizações utilizando literaturas disponíveis, normativas desenvolvidas para a implantação e consultorias realizadas, as quais envolveram centenas de empresas e cerca de 180 mil trabalhadores mobilizados, distribuídos em grandes empreendimentos (canteiros de obras).

As ferramentas e instrumentos de gestão aplicados foram ao longo do tempo ajustados, buscando excelência nos processos. Assim, as proposições para a organização advêm dos melhores resultados alcançados e as ações são fundamentadas em teorias consagradas na administração, psicologia e sociologia.

Após ter participado da organização, gestão e administração de grandes empreendimentos, e mobilização de centenas de empresas contratadas e subcontratadas, envolvendo milhares de profissionais, atuando nos projetos sob o escopo das proprietárias dos empreendimentos, tive a oportunidade de vivenciar e testemunhar grandes mudanças e alterações não só na tecnologia e nos métodos construtivos ligados à engenharia da construção e montagem, a qual sofreu grandes evoluções, como também importantes mudanças comportamentais na força de trabalho.

A mesma evolução tecnológica constatada no campo da *engenharia* não ocorreu na mesma proporção na administração e gerenciamento das empresas envolvendo a administração de "gente", sobretudo para uma boa parte das organizações do segmento da construção e montagem analisadas.

Muitas continuam ainda utilizando métodos e modelos administrativos preconizados no início do século XX.

# Introdução

Esta obra é dirigida a profissionais ligados direta e/ou indiretamente à construção e montagem; executivos; empresários; acionistas e proprietárias de empreendimentos; administradores; engenheiros; profissionais da área de compras; finanças; jurídica; gestão de contratos; RH; epecistas; construtoras; montadoras e lideranças em geral; levando-os à "reflexão organizacional" acerca da importância das ações de planejamento, buscando responder a seguinte pergunta: como organizar e implantar grandes empreendimentos (projeto) envolvendo canteiros de obras *greenfield* e ou *brownfield* mitigando crises-conflitos e *claim*?

Via de regra, empreendimentos privados têm demonstrado eficiência e eficácia, destacando-se as implantações em que prazo, qualidade e orçamento têm sido cumpridos de acordo com o planejado, quando comparados com empreendimentos públicos, em que pese ainda haja nesses empreendimentos privados espaço para melhorias envolvendo planejamento e gerenciamento conforme será demonstrado ao longo deste ensaio.

Nos projetos *greenfield*, instalação de planta partindo-se do "zero", os desafios são maiores que em *brownfield*, que reflete a ampliação ou demolição onde parte da infraestrutura já está de alguma forma pronta.

A proposição de gerenciamento aqui preconizada aplica-se tanto para a organização de um projeto *greenfield* como *brownfield*. Uma quantidade importante das ações envolvendo a organização para o gerenciamento propostas deve ser considerada na fase de estudo analítico dos projetos (EAP).[1]

Há que se considerar que o Brasil tem legislação complexa, logo, empreender é um desafio.

---

[1] EAP: do inglês, *work breakdown structure* (WBS), significa: estrutura analítica de projetos.

O desafio se inicia na estruturação e organização de "gente", necessárias para alavancar o empreendimento.

Considerando que o perfil do trabalhador atual não é o mesmo do passado e essa transformação tem ocorrido em todo o planeta, algumas indagações envolvendo a implantação de grandes empreendimentos *greenfield* ou *brownfield* carecem de respostas, a saber:

a) As lideranças, métodos e procedimentos utilizados para o gerenciamento do capital humano estão alinhados ao mercado e às expectativas da força de trabalho?

b) Foram consideradas e inseridas na elaboração dos escopos técnicos todas as informações e variáveis necessárias e adequadas para a estruturação das propostas comerciais a serem efetuadas pelos proponentes?

c) A cliente, proprietária do empreendimento, proveu todas as informações técnicas, especificações e definições suficientes no que tange à gestão de pessoas, aos fornecedores e prestadores de serviço?

d) Os feriados (municipais, estaduais e federais), folga de campo (baixada), histórico pluviométrico (chuvas), recessos de final de ano, custos com despesas de viagens (passagens, alimentação etc.) estão devidamente considerados à luz do histograma necessário *versus* o tempo previsto para a construção e montagem do empreendimento?

e) As categorias sindicais preponderantes a serem envolvidas foram devidamente alinhadas, visando evitar a deterioração do clima organizacional?

f) Os *stakeholders* (fornecedores, prestadores de serviços, órgãos municipais, estaduais, federais, comunidade em geral etc.) estão adequadamente informados acerca do empreendimento?

Deficiências de informação sobretudo aos prestadores de serviço implicarão dificuldade dos proponentes em ajustar economicamente suas propostas comerciais, prejudicando a equalização comercial e incorrendo no futuro em não conformidades que poderão acarretar:

a) Crises da força de trabalho ocasionadas por anomalias administrativas geradas quando o investimento envolvendo o capital humano não foi adequadamente considerado na proposta comercial e, portanto,

os investimentos necessários envolvendo o capital humano não serão atendidos pelas contratadas;
b) Pleitos[2] futuros (*claim*)[3] com impacto no orçamento inicialmente definido para o empreendimento;
c) Dificuldade econômica por parte das contratadas podendo levar a descontinuidade contratual.

Experiência e pesquisas efetuadas em campo demonstraram que deficiências na estruturação durante a concepção têm contribuição importante na *degeneração do clima organizacional* de um "projeto: canteiros de obras".
Para melhor entendimento, se faz necessária a conceituação de *projeto*.
Uma definição de projeto vem do Project Management Institute (PMI), organização reconhecida internacionalmente como referência em gerenciamento de projeto e que conceitua projeto como: "Um esforço temporário empreendido para criar um produto, serviço ou resultado único" (PMI, 2017:5).
Kerzner (2006:16) conceitua projeto como: "Trata-se de um empreendimento com objetivo bem definido que consome recursos e opera sob pressão de prazos, custos e qualidade". Ainda segundo o autor,

a obtenção da excelência na gestão de projetos pode levar uns poucos anos ou algumas décadas. A excelência não será alcançada sem mudanças, e a rapidez das mudanças é o fator fundamental. A gestão de projetos se assemelha ao gerenciamento da qualidade total: ambos são sistemas de gerenciamento que necessitam de educação e de treinamento intensivo. [Kerzner, 2006:26]

Um conceito de projeto também foi definido por Joseph M. Juran, aplicado aos projetos de melhoria da qualidade: "Projeto é um problema programado para ser resolvido".
Como bem indicam Sotille e colaboradores (2014:21), "Os projetos são um meio de organizar atividades que não podem ser abordadas dentro dos limites operacionais normais da organização e, portanto, são frequentemente

---

[2] Substantivo masculino que significa demanda, litígio, disputa.
[3] Do inglês, significa: reivindicar, reclamar, pretender, fazer pleito.

utilizados como um meio de atingir as metas definidas no plano estratégico de uma organização".

É objeto deste ensaio definir passo a passo como estruturar o gerenciamento e a organização administrativa do *capital humano* em um projeto envolvendo a construção de grandes empreendimentos, utilizando o conceito: *organizar para implantar*.

A *organização para a implantação* requer competências envolvendo: planejamento, direção e controle. Assim, as seguintes etapas propostas são consideradas essenciais para alcançar esse objetivo, quais sejam:

a. Analisar a viabilidade técnica e econômica;
b. Estruturar equipes;
c. Definir projetos;
d. Comprar e contratar;
e. Gerenciar e acompanhar;
f. Finalizar e entregar.

### a. Analisar a viabilidade técnica e econômica

A primeira etapa, a ser conduzida pelo *chief executive officer* (CEO), acionistas e principais executivos, compreende a tomada de decisão para implantação do empreendimento após demonstração de viabilidade técnica, econômica e financeira, em que se analisarão o mercado, a concorrência, os fornecedores, o capital necessário para o investimento, fontes financiadoras, o *payback*,[4] ROA,[5] taxa interna de retorno (TIR)[6] etc. Nas etapas subsequentes, envolvendo a implantação, a análise de viabilidade técnica e econômica deverá ser efetuada projeto a projeto.

### b. Estruturar equipes

Compreende toda a organização e formatação das equipes para a condução do projeto; deverá contemplar as principais áreas organizacionais envolvidas:

---

[4] Do inglês, significa: "retorno", técnica utilizada nas empresas para análise do prazo de retorno do investimento em um projeto.
[5] Retorno sobre ativos; mede a lucratividade da companhia em relação ao investimento feito.
[6] Vem do inglês: Internal Rate of Return (IRR).

administração e finanças; engenharia; gestão de pessoas; gestão de riscos; gestão de segurança, saúde e meio ambiente; jurídica; compras (*supply*); comunicação; sustentabilidade; contrato e TI etc. Estas equipes farão a consolidação dos estudos técnicos, escopos, aquisições e definição das políticas e procedimentos a serem adotados envolvendo a organização dos processos de implantação.

### c. Definir projetos

Esta etapa compreende a definição dos projetos a serem estruturados por todas as áreas operacionais: engenharia (construção e montagem); jurídica; contratos; administração e finanças; compras (*supply*); infraestrutura de TI; gestão de segurança, saúde e meio ambiente; gestão de pessoas; gestão de riscos etc. Essa etapa envolverá: análise, estruturação, organização e implantação, mitigando riscos envolvidos durante a implantação de forma a assegurar o sucesso de todas as etapas.

### d. Comprar e contratar

Compreende a etapa em que ocorrerá: a definição das estratégias de contratação dos serviços, seleção e qualificação de fornecedores e regime de contratação, aquisição e compra de serviços, materiais, equipamentos, insumos etc. Imediatamente após a consolidação das compras, inicia-se as contratações.

### e. Gerenciar e acompanhar

Esta etapa compreende as ações gerenciais das lideranças, correção e ajustes dos eventuais desvios no decorrer da implantação do empreendimento. Por mais que se planeje, aparecerão desvios. Esses desvios poderão ocorrer em todas as áreas e etapas da implantação: administração, engenharia (construção e montagem), no orçamento, financeiro, social, contratual, trabalhista e comunitários. Alguns desvios poderão levar a *crises-conflitos* e atingir a imagem e a reputação da proprietária e demais contratadas envolvidas; portanto, deverão ser adequadamente tratados quando identificados.

## f. Finalizar e entregar

Esta é a etapa final e caracteriza-se por dois momentos distintos, os quais podem ser definidos conforme segue:

*Finalizar* — é o marco final, início da operação propriamente dita (*startup*),[7] embora ainda haja atividades a serem concluídas cuja duração dependerá de volume e complexidade das pendências; porém, a planta já tem condições técnicas seguras para início das operações.

*Entregar* — ocorre quando todas as pendências já foram solucionadas pelos fornecedores, a planta está atendendo ao desempenho previsto: volume de produção e qualidade e toda a documentação, peças sobressalentes, *databooks*[8] etc. já foram entregues. Essa fase denomina-se *final acceptance* (FA), ou aceitação final.

Como o propósito desta obra é propor pedagogicamente, passo a passo, como organizar e estruturar o gerenciamento de um grande empreendimento (canteiros de obras), cujo desafio vai além da engenharia de construção e montagem propriamente dita, estes passos estarão estruturados em 10 capítulos, conforme segue:

*Capítulo I — Entendendo gente*: o objetivo deste capítulo é contextualizar e demonstrar a importância das ciências comportamentais para a compreensão do "indivíduo" levando as lideranças à reflexão. Como os resultados são obtidos com e por meio de pessoas, é imprescindível compreender o ser humano considerado o principal ativo presente nas organizações; essa compreensão terá o auxílio das ciências do comportamento (psicologia e sociologia), contextualizadas à luz de teorias consagradas. Por fim, a conclusão do capítulo.

*Capítulo II — Organizar para implantar*: o objetivo deste capítulo é discorrer sobre a importância do planejamento, cuja ação tem o objetivo de obter excelência na implantação. Serão tratados os temas: estruturação; considerando a importância da gestão do conhecimento e aprendizagem organizacional do projeto; influências da produtividade; clima organizacional; liderança; planejamento; inovação e criatividade; a importância da organização da

---

[7] Do inglês, significa: ato de começar algo, normalmente relacionado com as organizações que estão no início de suas atividades.

[8] Do inglês, significa: livro de dados, dossiê do fornecimento (materiais e projetos). Documentos que contam a história de um processo de fornecimento do início ao fim.

infraestrutura de apoio; o modelo organizacional e o trabalho nos canteiros de obras; seguro: modalidades e aplicações; gerenciadora de obra; custo operacional; avaliação de desempenho das contratadas etc.; e, por fim, a conclusão do capítulo.

*Capítulo III — Compra — contratos*: o papel fundamental das áreas de compras (*supply*) e da área de contratos as quais podem contribuir positiva ou negativamente para a degeneração do clima organizacional, especialmente se o processo de compras e a contratação permitirem a instalação de não conformidades durante a compra de serviços envolvendo o *capital humano*. O preço não pode ser negligenciado, porém, deve-se comprar com qualidade evitando "o alto custo do baixo preço". A importância da multidisciplinaridade na elaboração de escopos técnicos (editais) complexos; tipos de contratos e seus reajustes aplicados ao ativo *capital humano* e o compartilhamento de riscos (PCR). Estudo de caso, e, por fim, a conclusão do capítulo.

*Capítulo IV — Central de serviços administrativos (CSA)*: este capítulo tem o objetivo de demonstrar como estruturar e implantar uma central de serviços administrativos para o gerenciamento de um grande empreendimento (canteiros de obras); a estruturação do organograma de uma central de serviços; as ações de mobilização, desmobilização, gestão e controle; gestão documental (obrigações acessórias), supervisão e fiscalização de serviços administrativos; elaboração de relatórios gerenciais etc. As subcontratações (terceirização e quarteirização) e seus impactos e desafios para o gerenciamento e os riscos envolvidos; a gestão disciplinar; gestão de repúblicas; residenciais (alojamentos); transporte e hotelaria; recreação e lazer; portarias etc. Estudo de caso, e, por fim, a conclusão do capítulo.

*Capítulo V — Capital humano — o desafio*: este capítulo tem o objetivo de contextualizar a atuação do "ser humano" nas organizações empresariais; discorre-se sobre inteligência competitiva, salários, benefícios, equalização e sua importância nos grandes empreendimentos, sobretudo quando envolvem grande número de empresas e trabalhadores, ambiente de trabalho, o histograma de mão de obra, a produtividade e seus impactos. A captação de talentos, premissas para a captação, os riscos envolvidos e os impactos na produtividade, custo, orçamento e qualidade. A organização e estruturação do treinamento para *startup* (operação e manutenção). Os riscos de crises-conflitos. Estudo de caso e, por fim, a conclusão do capítulo.

*Capítulo VI — Relação trabalhista e sindical — organização*: este capítulo tem o objetivo de historiar o desenvolvimento sindical no Brasil e no mundo, e, ao mesmo tempo, demonstrar a influência desse desenvolvimento histórico. Trata de como organizar a estrutura sindical em grandes empreendimentos envolvendo grande número de empresas e trabalhadores mobilizados em um mesmo espaço geográfico. As estratégias e as ferramentas de apoio para mitigar deformidades responsáveis pela instalação de conflitos-crises trabalhistas. Conceito de crise; gestão e prevenção de crise; greves e paralisações em grandes canteiros de obras do setor público e privado; retrato das crises de 2005 a 2015; instalação de comitês e subcomitês para a prevenção e gestão de crises etc.; estruturação do processo de negociação; conceituando o movimento de massa (Freud, McDougall e Gustave Le Bon etc.); vandalismos, "quebra-quebra", por que e como isso ocorre; o que está por de trás dessas insurgências; o papel e o comportamento das lideranças diante da crise (insurgência) de trabalhadores; gestão estratégica e ferramentas de apoio nas relações sindicais e trabalhista; a legalidade e/ou ilegalidade dos movimentos; o passivo trabalhista e a subsidiariedade na terceirização durante a construção e montagem. Estudo de caso, e, por fim, a conclusão do capítulo.

*Capítulo VII — Segurança do trabalho, M&A, SP e bombeiros*: este capítulo tem o objetivo de demonstrar a importância do gerenciamento da segurança do trabalho, meio ambiente, segurança patrimonial e a instalação do serviço de bombeiros. As perdas em produção, materiais, econômicas; devemos nos lembrar que a maior perda é a "perda humana", irreparável. Outras perdas podem ocorrer como: redução de capacidade física em decorrência de lesão temporária e ou permanente. Este capítulo trabalhará as ações envolvendo campanhas como suporte às ações de engenharia de segurança, visando conscientizar para atitudes e atos seguros, mudança comportamental de trabalhadores e lideranças. Não podemos e não devemos mais conviver com os atuais índices de acidentes no trabalho. Os conceitos de acidentes do trabalho e a importância de sua correta classificação para a melhoria nas ações de gerenciamento. Como estruturar e organizar um "projeto seguro": programa de suporte voltado à redução da taxa de acidentes com e sem afastamento, assim como a taxa de gravidade; gestão de resíduos em um grande empreendimento; atuação e papel dos bombeiros (resgatistas socorristas), segurança patrimonial, estruturação e organização, e, por fim, conclusão do capítulo.

*Capítulo VIII — Serviço de saúde — hospitalar e ambulatorial*: este capítulo tratará da assistência médica; modelos de convênios médicos hospitalares; planos de saúde e sua importância na percepção dos trabalhadores de campo envolvendo grandes empreendimentos (canteiros de obras); a estruturação e o modelo ambulatorial centralizado visando atender a todas as empresas mobilizadas assim com seus trabalhadores; o serviço médico nos canteiros de obras; tipos de lesão e áreas afetadas e, por fim, a conclusão do capítulo.

*Capítulo IX — Fechamento dos estudos de casos*: após apresentação dos estudos de casos, presentes nos capítulos III, IV, V e VI, este capítulo tem o objetivo pedagógico de auxiliar na reflexão ante as contextualizações efetuadas no decorrer desta obra e apresentar as ações, os fatos, considerações e conclusões dos estudos de casos.

*Capítulo X — Anexos — Modelos de gestão e procedimentos*: este capítulo apresenta os principais modelos de gestão envolvendo procedimentos e políticas aplicadas na organização e estruturação de grandes empreendimentos (canteiros de obras).

O correto entendimento dos termos e aplicação dos conceitos tratados poderá significar o divisor de águas entre o sucesso e o insucesso na implantação, quer seja sob o ponto de vista econômico, financeiro, técnico e humano, os quais impactam: prazo/cronograma, custo/orçamento, qualidade, implicam *claims*, crises e conflitos.

Sob o prisma do conhecimento agregado necessário para atingir o objetivo, o ativo mais importante é o *capital humano*. Sendo o propósito deste *handbook* trabalhar a organização de "*gente*" durante a implantação de projetos *greenfield* e/ou *brownfield*. Assim, várias disciplinas e estudos afins dão suporte às contextualizações, destacando-se: a administração; a psicologia; a sociologia; a filosofia; a história; as ciências jurídicas; a matemática; e a estatística.

Essas disciplinas auxiliarão nas respostas e servirão para reflexão das várias questões que serão trabalhadas, as quais envolvem a complexidade do "indivíduo". Por essa razão, esta obra foi denominada *Engenharia de gente*.

Essa denominação pareceu ser a mais adequada para qualificar o desafio de como organizar grande número de trabalhadores em um projeto, envolvendo a construção de grandes empreendimentos, em última análise, toda a transformação que ocorre no espaço geográfico que não seja por ação espontânea das forças da natureza ocorrerá por ação humana, ou seja, será por meio de pessoas (gente).

## CAPÍTULO I

# Entendendo gente

# Introdução

O objetivo deste capítulo é levar o leitor a uma análise reflexiva para a compreensão do indivíduo, pessoa ou ser humano. Cabe ressaltar que cada indivíduo pode ser considerado um universo à parte.

Inúmeros estudiosos, psicólogos, psicanalistas, antropólogos e sociólogos ao longo de milênios buscam entender melhor a pessoa humana.

A medicina forense chegou a fatiar o cérebro humano na tentativa, por exemplo, de identificar diferenças e anomalias capazes de definir indivíduos que têm reconhecido coeficiente de inteligência (QI) elevado, assim como as eventuais diferenças no cérebro de um *serial killer*.[9]

Sob o ponto de vista físico, chegou-se à conclusão de que não há diferença aparente, talvez a diferença exista enquanto o indivíduo esteja vivo, uma vez que os estudos na maioria dos casos até então tinham sido realizados em indivíduos já falecidos. Assim, os estudos prosseguem.

Morgan (1996:83-84) faz uma analogia das organizações vistas como cérebro:

> Em um artigo científico publicado na *Newsweek*, 1983, demonstrou-se o funcionamento do cérebro. Sharon Begley apontou o paradoxo de que em 2.400 anos, desde que Hipócrates localizou a região do intelecto no crânio, os seres humanos depararam-se com evidência crescente de que a maior parte dos seus pensamentos e realizações, bem como as suas mais profundas emoções, podem provir de um globo de três libras de matéria com a consistência de gelatina e cor da neve após um dia. As organizações constituídas dependem do processamento de informação para operar não importa qual seja a natureza, segmento ou estilo de gestão. Explorando os paralelos da tomada de decisão nas organizações, Herbert Simon e James March da Carnegie-Mellon University afirmaram que as organizações nunca seriam perfeitamente racionais porque seus membros têm habilidades limitadas de processamento de informações.

---

[9] Do inglês, significa: "assassino em série".

A complexidade e a capacidade desta estrutura em processar informações, estratificar e armazenar podem ser comparáveis às de um computador complexo, porém, mais sofisticado, visto que qualquer equipamento eletrônico, ao se retirar qualquer peça (transistor, diodo etc.), deixará de funcionar na sua totalidade; já o cérebro não, encontrará alternativas para continuar operando mesmo que de forma precária, só deixando de operar se o dano causado for muito severo e não lhe permita operar utilizando as alternativas existentes.

O melhor entendimento das causas e fundamentos do comportamento humano é a chave para melhor entendermos as organizações e, assim, mitigarmos as crises e ruídos deflagrados por grupos organizados no ambiente de trabalho.

Inúmeras são as variáveis e causas que influenciam o comportamento do ser humano, porém nada é mais pernicioso no ambiente de trabalho do que lideranças com deficiência gerencial, ocasionando em última análise falhas administrativas que degeneram o clima organizacional, podendo levar a crises.

Algumas falhas e/ou crises podem comprometer mais que o ambiente de trabalho, podem comprometer o negócio e sua continuidade no mercado.

Ao longo da última década, analisando greves nos grandes canteiros de obras, paralisações, depredações, vandalismos etc., constatou-se que 90% das crises advieram de falhas na administração de gente.

Em raríssimas exceções, a origem foi deflagrada por política sindical que, ainda assim, é decorrente de falha na estratégia de implantação na organização sindical; ou seja, falha administrativa.

A gestão humana tem se apresentado como um dos maiores desafios envolvendo a construção e montagem industrial. Trabalhar a eliminação das deficiências administrativas tornou-se fundamental.

### Entendendo o comportamento do ser humano

O termo "gente", substantivo feminino, nos remete a quantidade de pessoas, multidão, população, sendo "povo" um sinônimo de gente. Esta é a razão principal deste ensaio que remete à massa humana aglomerada em grandes empreendimentos.

"**Ser humano**" é um termo genérico e indeterminado que diz respeito à espécie, à classificação, ao mundo zoológico.

A etimologia da palavra pessoa demonstra um conceito sobreposto ao conceito de **ser humano**. Na linguagem jurídica, o ser humano é tratado como *homo plures*, pessoa ou ser humano capaz de desempenhar muitos papéis.

Likert (1979:11) define a natureza humana como:

> as qualidades presentes no instante do nascimento, tais como as capacidades e os motivos herdados, a natureza humana mudou pouco em dezenas de milhares de anos. Entretanto, aconteceram enormes mudanças naquilo que as pessoas aprenderam e transmitiram de uma geração para a outra. Além disso, estas mudanças prosseguem à medida que a experiência e o discernimento enriquecem o aprendizado.

Jeremy Bentham, considerado o pai do utilitarismo, uma doutrina ética que busca entender o homem e sua relação com o bem e a felicidade, afirma: a felicidade consiste em se afastar da dor e obter o máximo prazer em todas as ações, felicidade que só é plena desde que, na ação de cada um, favoreça a todos os membros da sociedade e não apenas um indivíduo.

Pascal (1962:97, I48 (425)) afirma:

> todos os homens buscam a felicidade. E não há exceção. Independentemente dos meios que empregam, o fim é o mesmo. O que leva um homem a lançar-se à guerra e outros a evitá-la é o mesmo desejo, embora revestido de visões diferentes. O desejo só dá o último passo com este fim. É isto que motiva as ações de todos os homens, mesmo dos que tiram a própria vida.

Muitos esforços envolvendo várias áreas do conhecimento (psicologia, sociologia, filosofia) buscam compreender melhor as atitudes, a personalidade e as origens do comportamento "humano".

A psicologia, por exemplo, buscou especializar-se e na década de 1950 surgiu o que se denominou de psicologia humanista, a qual buscou contribuir no sentido de fornecer informações e subsídios que possibilitassem entender melhor o indivíduo.

As teorias humanistas, também denominadas de *behaviorismo*[10] ou estudo do comportamento humano, vieram ganhando força ao longo das últimas décadas.

---

[10] Do inglês, significa: comportamento, conjunto de abordagens sobre comportamento, objeto de estudo da psicologia.

Talvez as proposições possam ser entendidas por alguns como audaciosas na medida em que o ser humano, no que tange ao comportamento, seja de elevada complexidade e sofra influências do meio ambiente.

Maslow (1970), famoso psicólogo americano, em sua obra *Motivation and personality* (Motivação e personalidade), trouxe enfoque inovador complementando as teorias da motivação humana: ele observou que o ser humano é motivado por uma série de necessidades que ficou conhecida como "*as necessidades de Maslow*", aprofundou os estudos envolvendo a estrutura comportamental, formação da personalidade e caráter ante as necessidades básicas, e estratificou essas necessidades em altas e baixas, esclarecendo que as necessidades evoluem; uma vez satisfeita uma necessidade considerada baixa numa escala de valores, o indivíduo migra para uma necessidade mais alta.

O humanismo é uma escola de diversas correntes teóricas. Em outras palavras, elas focalizam o homem como detentor de liberdade e escolha. Embora Maslow possa ser reconhecido como um fundador da linha humanista, a história começa muito tempo antes.

Assim, o pioneiro Maslow apresentou o "ser humano" como um tipo de organismo biológico que luta para satisfazer sua necessidade numa busca de completo crescimento e desenvolvimento.

Segundo Maslow (1970:35-58), o ser humano tem cinco necessidades básicas, as quais podem ocorrer de forma simultânea, isolada, aleatória, e emergem quando nossas necessidades mais eminentes foram saciadas (Maslow prefere utilizar o termo gratificadas). A gratificação tem um papel importante na teoria da motivação. A afirmativa pode ter dado a impressão de que os cinco conjuntos de necessidades básicas estabelecidos estão, de alguma forma, hierarquizados, uma necessidade é satisfeita, em seguida, outra emerge. Na verdade, a maioria dos membros da nossa sociedade são parcialmente satisfeitos em todas as suas necessidades básicas e parcialmente insatisfeitos em todas as suas necessidades básicas ao mesmo tempo. Uma descrição mais realista da hierarquia seria em termos de porcentagens decrescentes de satisfação à medida que migramos para outras necessidades. Nem todo comportamento é determinado pelas necessidades básicas. Segundo Maslow, podemos até dizer que nem todo comportamento é motivado. Existem muitas determinantes do comportamento diferentes de motivos; um exemplo de determinante é o meio externo que influencia o comportamento. As necessidades não se apresentam de forma consciente ou inconsciente, porém, elas são mais frequentemente inconscientes do que conscientes. Em resumo, não há regra determinante, as necessidades se alternam de pessoa para pessoa, há algumas pessoas em que, por exemplo, a autoestima parece ser mais importante que o amor. Já em outras o amor pode significar autoafirmação e, por conseguinte, melhorar sua autoestima.

Outra causa de reversão da hierarquia apontada por Maslow é que, quando uma necessidade está satisfeita há muito tempo, essa necessidade pode ser subavaliada. Pessoas que nunca experimentaram a fome crônica estão aptas a subestimar seus efeitos e olhar para a comida como algo sem importância. Se elas são dominadas por uma necessidade maior, essa necessidade maior parece ser a mais importante de tudo.

Podemos esperar que, depois de uma privação de longa data da necessidade mais básica, haverá uma tendência para avaliar ambas as necessidades, de modo que a necessidade mais preponderante realmente torna-se conscientemente prepotente para o indivíduo. Assim, um homem que perdeu seu trabalho e teve sua autoestima afetada pode estar disposto a aceitar um emprego mesmo ao preço de perder seu respeito próprio. O objetivo destas afirmativas é o de demonstrar o quanto o indivíduo é complexo na sua essência psicológica e comportamental, conforme demonstram os estudos de Maslow.

A seguir, as cinco necessidade básicas:

*Necessidade fisiológica*: alimento (fome, sede), roupa, moradia, descanso, sexo;

*Necessidade de segurança*: segurança do corpo, emprego, família, saúde; segurança física pessoal; segurança financeira; saúde e bem-estar; rede de proteção contra imprevistos;

*Necessidade de associação*: amizade; intimidade (amigos, mentores, confidentes); convivência social (círculos de convivência variados); família; organizações (clubes, entidades de classe);

*Necessidade de autoestima*: a estima é um desejo humano de ser aceito e valorizado por si e pelos outros. Note que nesse caso não é apenas a busca de uma aceitação de um grupo e sim do reconhecimento pessoal e do grupo da sua contribuição e importância dentro dele;

*Necessidade de autorrealização*: esta necessidade se refere à motivação para realizar o potencial máximo do ser, ou seja, o indivíduo procura tornar-se aquilo que ele pode ser explorando suas possibilidades. Ela pode ser considerada a motivação maior e a única verdade interior importante para a natureza humana. Sob o ponto de vista organizacional, compreender estas necessidades é um importante passo para iniciar o entendimento do comportamento humano nas organizações.

Maslow estrutura na psicologia humanista fundamentos de vários autores.

Carl Rogers, psicanalista americano, trouxe importante contribuição e pode ser considerado um dos mais importantes nomes da psicologia humanista.

Rogers transcendeu a relação médico-paciente quando optou por tratar seus "pacientes" como clientes, considerando-os seres humanos e responsáveis diretos pelo próprio tratamento, passando a não serem mais "pacientes passivos". Os métodos de Carl Roger foram utilizados nos mais diversos campos do conhecimento, e Maslow utilizou as fundamentações conceituais de Carl Rogers e outros como Erik Erikson e Sigmund Freud, por exemplo.

### A necessidade do ter *versus* a necessidade do ser

Baseando-se nos estudos de Maslow, pode-se inferir que as necessidades podem ser agrupadas em: *ocidentais* e *orientais*. As ocidentais são compostas pelas três primeiras necessidades (fisiológicas, segurança e associação) formando a necessidade do "ter", quando o ser humano está voltado para suas posses, bens, salário e benefícios; e orientais, voltadas à essência do indivíduo, autorrealização e autoestima, as quais compõem a necessidade do "ser".

A figura a seguir é uma representação adaptada da teoria, buscando demonstrar a funcionalidade entendida pelo autor como o que diferencia o comportamento *ocidental* do *oriental*, embora todas as cinco necessidades ocorram tanto no indivíduo *oriental* como *ocidental*, o "eu" representado pela autoestima e autorrealização aparece de forma mais preponderante no indivíduo *oriental*. O indivíduo *ocidental* apresenta maior preponderância para "coisas materiais".

# CAPÍTULO I – ENTENDENDO GENTE

```
┌─────────────────────────────────┬─────────────────────────────────┐
│          Ocidental              │           Oriental              │
│   ┌─────────────────┐           │    ┌─────────────────┐          │
│   │   Associação    │           │    │ Autorrealização │          │
│   │   Segurança     │           │    │   Autoestima    │          │
│   │   Fisiológica   │           │    └─────────────────┘          │
│   └────────┬────────┘           │             │                   │
│            ▼                    │             ▼                   │
│   ┌─────────────────┐           │    ┌─────────────────┐          │
│   │ Necessidade do ter │        │    │ Necessidade do ser │       │
│   └─────────────────┘           │    └─────────────────┘          │
└─────────────────────────────────┴─────────────────────────────────┘
```

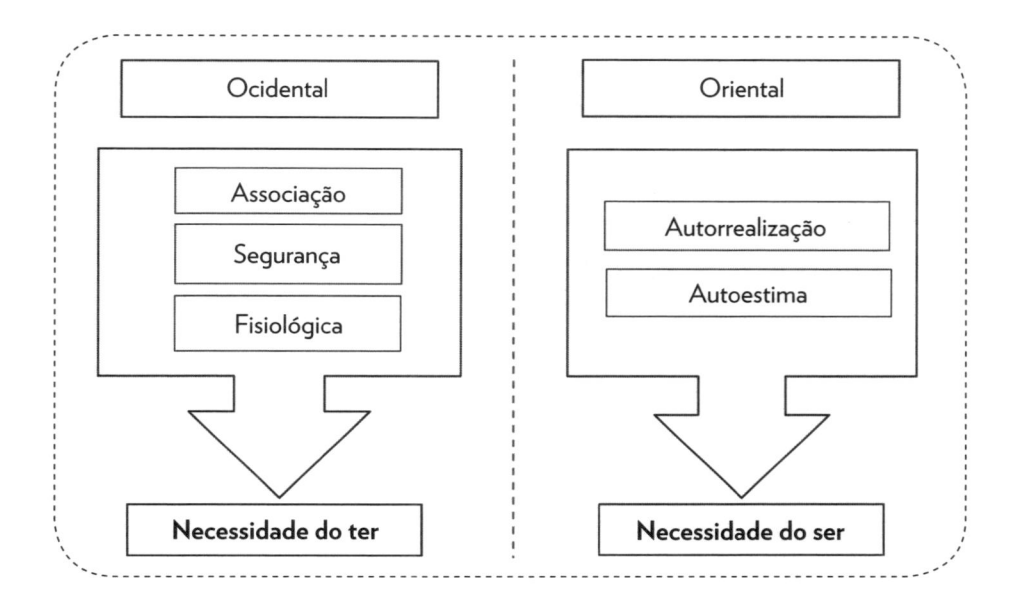

As teorias até então trabalhadas nos sugerem a seguinte reflexão: *será que é possível uma organização saciar todas as necessidades dos empregados transformando-os em indivíduos felizes e, portanto, produtivos?*

O próprio Maslow responde a essa questão da seguinte forma: a *insatisfação* é um estado natural da pessoa, a *satisfação* é sempre momentânea; assim, as administrações e lideranças devem se esforçar em manter o estado "moral" elevado das equipes reduzindo os fatores que geram *insatisfação*. Esses fatores que geram *satisfação* e *insatisfação* foram analisados por Herzberg e estaremos estudando-os na sequência.

Morgan (1996:46) compara as organizações com organismos vivos e, assim, enfatiza:

> é possível encontrar diversos tipos de organizações em diferentes tipos de ambientes, como se podem encontrar ursos polares nas regiões árticas, camelos nos desertos e jacarés nos pântanos. Nota-se que certas espécies de organizações estão mais bem adaptadas para determinadas condições ambientais que outras. Neste sentido, as linhas mecanicistas foram sendo abandonadas e surge na teoria organizacional a inspiração análoga ao conceito biológico onde as distinções e relações entre moléculas, células, organismos complexos,

espécies e ecologia são colocadas em paralelo com aquelas entre indivíduos, grupos, organizações, populações (espécies) de organizações e sua ecologia social, levando-nos a refletir sobre como as organizações funcionam e que fatores influenciam seu bem-estar.

As organizações estruturadas de forma hierarquizada dificilmente terão condições e/ou poderão transformar o indivíduo, pois sua estrutura de salários e benefícios é hierarquizada por posição em conformidade com a valoração ou o peso com que é auferida a atividade laboral, a qual pode valer mais ou menos. Para compensar, as organizações lançam mão de mecanismos como remuneração variável pelo atingimento de metas e desempenho, existindo uma enormidade de modelos sendo aplicados no mercado. Apesar das metodologias, ainda assim as avaliações de desempenho estão sujeitas a falhas, visto que há subjetividade nos processos de avaliação em função da diversidade de percepções a que o ser humano está submetido.

É pouco provável que com tantas variáveis as organizações possam eliminar descontentamentos, lembrando que a equalização de salários e benefícios é igualmente inviável, traria descontentamento proporcional às diferenças existentes entre as mais diversas atribuições e atividades desenvolvidas pelos indivíduos em uma organização; porém, por ora, é o modelo que tem permanecido por ter critério e, de certa forma, equalizar, padronizar e dar equidade, levando-se em conta a complexidade das tarefas realizadas ante as habilidades necessárias.

Uma ação de solução pode estar na melhoria do ambiente de trabalho, nas boas práticas e nas relações e habilidades das lideranças para conduzir e tratar os indivíduos dentro das organizações. Salários e benefícios têm importância, mas não conseguem resolver isoladamente a desmotivação de posição, sobretudo quando a autoestima e a autorrealização deixam de existir.

Alguns estudiosos têm defendido a teoria de que a felicidade está dentro das pessoas, portanto, pode estar aí o caminho. Devemos levar ao indivíduo o sentimento de felicidade nas pequenas coisas que a organização pode oferecer sem necessariamente onerar os custos e colocar em risco sua saúde financeira.

Herzberg (1959:48-80), em *The motivation to work* (A motivação para o trabalho), analisando fatores que causam *satisfação* e *insatisfação* no ambiente de trabalho, ao entrevistar vários profissionais nos EUA envolvendo diversas classes, posições sociais e posições hierárquicas, estruturou o que denominou de *teoria dos dois fatores*.

Ao efetivar entrevistas e indagar sobre o que deixava as pessoas felizes descobriu-se o que se segue:

> quando os entrevistados reportavam felicidade com seus trabalhos, eles mais frequentemente descreveram fatores relacionados com as suas tarefas, para eventos que indicavam que eles eram bem-sucedidos na apresentação de seus trabalhos, e para a possibilidade de crescimento profissional; o fator envolvido nesta situação foi chamado de fator motivacional. Quando a infelicidade era reportada no trabalho, ela não era associada com o trabalho propriamente, mas com as condições que *cercam* o fazer o trabalho. Esses eventos sugerem para o indivíduo que o contexto em que ele apresenta seu trabalho é injusto ou desorganizado e como tal representa para ele um ambiente de trabalho psicológico insalubre. Os fatores envolvidos nessas situações foram chamados de fatores de higiene.

Com este estudo, Herzberg conceituou os fatores do trabalho em: *motivacionais* (que agradam) e *higiênicos* (que desagradam).

Segundo Herzberg, os fatores higiênicos apenas evitam a insatisfação, porém, não motivam. A ausência desmotiva, mas a presença não é elemento motivador. São também conhecidos como extrínsecos ou ambientais.

Os fatores motivacionais referem-se às tarefas e ao cargo ocupado e refletem-se diretamente na produtividade do trabalhador. Já os fatores higiênicos são determinados pela organização e estão diretamente ligados à cultura organizacional. Estão relacionados com o ambiente da empresa bem como com as condições físicas do local de trabalho.

No quadro a seguir, os fatores que mais apareceram na pesquisa observada no ambiente de trabalho.

| Fatores motivacionais (satisfação) | Fatores higiênicos (insatisfação) |
| --- | --- |
| Crescimento profissional | Supervisão |
| Responsabilidade | Relações interpessoais |
| Reconhecimento | Condições de trabalho |
| Realização pessoal | Salário |
| O trabalho em si | Políticas e práticas administrativas |
|  | Benefícios |
|  | Segurança do trabalho |

Segundo Herzberg (1959:79), "O supervisor treinado em relações humanas é provavelmente essencial para a manutenção da boa higiene no trabalho. Um homem que acha o trabalho desafiador, excitante e motivador talvez tolerará mais facilmente um supervisor difícil".

Do ponto de vista humano, contratadas para a execução de atividades sazonais, como empreitadas por obra certa, objeto de estudo desta obra, impõem desafio às organizações, uma vez que a permanência do empregado é de curta duração. Resta então às organizações refletir sobre a seguinte questão:

*Como conseguir que o profissional, que tem a consciência de que está entrando em um projeto com tempo determinado, torne-se produtivo, comprometido, engajado e, ainda, vista a camisa da empresa?*

Assim, sugere-se às organizações que possuam este perfil que busquem melhorias em seus métodos administrativos e melhoria nas condições de trabalho, de forma que o indivíduo se sinta como membro da equipe, *gente* que é importante para o processo.

A sensação de que se é mais um e que pode ser substituído a qualquer tempo confere ao trabalhador insegurança. Lembre-se: os fatores higiênicos não motivam, porém, sua ausência desmotiva, o que leva à deterioração do clima e perdas na produtividade.

No segmento da construção e montagem, dada a característica da atividade, não se mantém a força de trabalho na estrutura, o que torna a administração bastante desafiadora na medida em que o profissional que atua hoje na empresa em determinado "projeto" pode não ser o mesmo que atuará no próximo empreendimento, exceto se a empresa conseguir contratos sequenciais, o que não é fácil, uma vez que depende dos investimentos de mercado, do crescimento econômico, isso se conseguir ganhar concorrências e/ou licitações de que participar.

Essa inconstância dificulta as operações e a manutenção das equipes, o que implica baixos desempenhos, falta de comprometimento, intolerância, estresse e baixa produtividade associados a deficiências de qualificação e treinamento.

Uma contratada pode ir bem num determinado projeto ou empreendimento e ir mal em outro, até porque a força de trabalho não é a mesma utilizada no projeto anterior.

O ideal seria que o segmento pudesse manter a mesma força de trabalho treinada, qualificada, motivada e adaptada à cultura da empresa em todos os empreendimentos em que atue.

## Conclusão

O ser humano, pessoa ou gente se caracteriza como indivíduo e, como o próprio nome já diz, é único.

A palavra "**indivíduo**" tem sua origem no latim com o termo *individuus* que significa "indivisível", aquilo que não pode ser dividido, logo, gerenciar pessoas não é tarefa fácil, pois sempre se estará confrontando com indivíduos distintos em sua essência e, portanto, cada um com suas particularidades, as quais envolvem: desejos, anseios, frustrações, necessidades, ansiedades, comportamentos, perfil e personalidades distintas.

Psicologicamente, cada indivíduo é um "universo à parte", logo, há que se considerar essa diversidade sem, no entanto, o administrador tentar satisfazer cada um individualmente, *à lá carte*. Assim, deve-se buscar, sob o ponto de vista organizacional, aplicar conceitos e ferramentas para reduzir a insatisfação individual e coletiva, eliminando fatores desmotivadores. Esses fatores desmotivadores implicam perda de produtividade, elevam o absenteísmo, o *turnover*,[11] interferem no resultado.

As ações e os conceitos envolvendo "gente", "pessoa humana" e "indivíduo" até então abordados têm o objetivo de buscar reflexão sobre o quão importante é este "capital" na condução do processo: *organizar para implantar* — tópico que será estudado no próximo capítulo, ou seja, como organizar esta população ou massa humana pertencente a grupos distintos que em um determinado momento se reúnem nos empreendimentos com um objetivo comum.

---

[11] Do inglês, significa: "rotatividade"; muito utilizado pela área de Recursos Humanos (RH) para designar entradas e saídas de colaboradores em um determinado período de tempo.

CAPÍTULO II

# Organizar para implantar

## Introdução

Neste capítulo, trataremos de como organizar a implantação buscando assegurar: qualidade, prazo e custo. Para atender a essas premissas, é imprescindível que consigamos excelência nos processos. Para obtermos excelência será necessário planejar as ações envolvendo todas as etapas da implantação: *analisar viabilidades técnica e econômica*; *estruturar equipes*; *definir projetos*; *comprar e contratar*; *gerenciar e acompanhar*; *finalizar e entregar*, cujas ações deverão assegurar a eliminação de custos por má qualidade, o cumprimento orçamentário, a qualidade e o prazo. O êxito e as ações a serem praticadas deverão se refletir em todos os *stakeholders*[12] envolvidos.

Sob o ponto de vista *humano*, para atingir estes objetivos, há que se avaliar os projetos antes de sua concepção, de forma a estruturar serviços de apoio e de suporte ao capital humano, como: central de serviços administrativos; gestão de resíduos; hotéis, repúblicas e alojamentos; organização e estratégias de negociação sindical (acordos coletivos e/ou convenções); portarias de acesso; recreação e lazer; segurança do trabalho e meio ambiente; segurança patrimonial; serviço médico, hospitalar e ambulatorial; serviço de alimentação; serviço de bombeiros; transporte de pessoal; comunicação; sustentabilidade; relações com a comunidade; gestão de riscos, crises etc.

A estruturação dos serviços de apoio ao capital humano poderá se constituir no divisor de águas entre o sucesso e o insucesso da implantação.

## Organizar para implantar

Antes de trabalharmos o conceito organizar para implantar, deve-se dar atenção ao grande desafio: gerir pessoas, conhecimento e habilidades, sobretudo quando a gestão envolve volume importante de empresas e profissionais mobilizados em um mesmo ambiente de trabalho.

---

[12] Do inglês, significa: público estratégico, e descreve uma pessoa ou grupo de interesse, público de relacionamento.

No capítulo anterior, procuramos entender sobre gente, ou seja, as organizações, conceitos, características e peculiaridades das pessoas e das organizações.

A organização carece de: regras, políticas e procedimentos. Essas ações deverão ser iniciadas antes da implantação. A informação armazenada em cada indivíduo se constituirá no conhecimento necessário e fundamental para a implantação do projeto.

Pessoas vendem ou alugam parte de sua vida, seu tempo disponível, conhecimento e habilidade nas mais diversas especialidades para a criação de mudanças, novos conceitos, inovações e tecnologias.

Cabe ressaltar que a base da nova sociedade e das novas organizações será o conhecimento. A gestão do conhecimento será, sem dúvida, a base para a inovação e a sustentabilidade competitiva. Quanto maior for o conhecimento agregado, maior será a competitividade e a capacidade de inovação.

Angeloni (2002:158) define a gestão do conhecimento como:

> um conjunto de atividades que busca desenvolver e controlar todo o tipo de conhecimento contido em uma organização, objetivando utilizá-lo na conquista de sua finalidade. Para isso, é preciso criar, armazenar, disseminar e utilizar aspectos estratégicos, tão necessários no ambiente empresarial moderno. Alguns princípios são fundamentais à compreensão da gestão do conhecimento nas organizações, tais como: o conhecimento reside e é originado na cabeça das pessoas; o desenvolvimento de confiança, estímulos e recompensas são pressupostos para o compartilhamento do conhecimento; a tecnologia possibilita novos comportamentos ligados ao conhecimento; o conhecimento é criativo e deve ser estimulado a se desenvolver de formas inesperadas.

As mudanças e as transformações aceleradas estão impondo um ritmo bastante forte não só às empresas, mas, sobretudo, ao "ser humano" nas organizações.

Em Hesselbein e colaboradores (1996:38-40), conforme texto elaborado por William Bridge sobre conduzir as organizações sem cargos e tratar da velocidade das mudanças e impacto sobre as organizações, ele afirma:

> a velocidade da mudança e a necessidade de reconfigurar as organizações em função do desenvolvimento tecnológico são fundamentais e podem ser

realizadas de três maneiras diferentes: a) as pessoas são forçadas a aprender novas e completas formas de fazer as coisas ou de se comunicar; b) essas mudanças possibilitam rápidas modificações em produtos e serviços e até obrigam outras organizações a acompanhar o progresso; c) a comunicação aperfeiçoada significa que mudanças antes visíveis apenas localmente são agora experimentadas simultaneamente em toda a parte. Afirmam que os trabalhos baseados no conhecimento tornam os cargos disfuncionais, pois estão cada vez mais baseados no conhecimento e não no ofício. As funções estão cada vez mais desenhadas em função do conhecimento o que torna as funções mais difíceis de serem divididas. As descrições de cargo à base dos salários já não atendem adequadamente as tendências funcionais atuais e colocam em xeque esta metodologia uma vez que o trabalho baseado no conhecimento é cada vez mais realizado por equipes multifuncionais.

Os trabalhadores do conhecimento não serão a maioria na sociedade do conhecimento emergente, mas em muitas ou na maioria das sociedades desenvolvidas eles serão o maior grupo isolado da população e da força de trabalho. E mesmo onde forem superados por outros grupos, os trabalhadores do conhecimento darão a esta sociedade do conhecimento seu caráter, sua liderança, seu perfil social. O trabalho do conhecimento varia muito em volume e na espécie de conhecimento formal exigido. Assim, algumas funções têm exigências relativamente baixas no que tange ao conhecimento formal, já outras requerem conhecimentos formais elevados, como é o caso de um neurocirurgião que, além de grande habilidade manual, terá que possuir sólida formação acadêmica. No entanto, mesmo que o conhecimento requerido seja primitivo, somente a educação formal poderá provê-lo.

E, assim, no segmento envolvendo a construção e montagem, há muito que se desenvolver no que tange ao conhecimento formal necessário para se atingir qualidade e produtividade. Há quantidade significativa de atividades realizadas sob ofício que é a base da produção em campo. Atividades ainda braçais, pouco tecnológicas e sucessíveis às habilidades humanas de ofício.

Vários segmentos no país são impactados em custo e na indústria da construção e montagem não é diferente, ela é impactada pela baixa produtividade associada à baixa qualidade, elevando seus custos operacionais.

Entre tantos conceitos de produtividade, Falconi (1992:2) conceitua o aumento de produtividade como descrito a seguir: "Aumentar a produtividade é produzir cada vez mais e/ou melhor com cada vez menos. Pode-se representar a produtividade como o quociente entre o que a empresa produz (*output*) e o que ela consome (*input*)". Assim, Falconi sugere a seguinte fórmula para a produtividade:

$$\text{Produtividade} = \frac{Output}{Input}$$

No caso da construção e montagem, há que se elevar a produtividade para reduzir preço e consequentemente valor ao serviço a ser refletido pela margem de contribuição. A agregação de valor ao serviço com redução de custo não deve ser efetuada com redução de investimento em *gente*, ao contrário, deverá ser feita por meio de investimento neste capital.

Resta um questionamento: como melhorar a produtividade?

Falconi (1992:5) afirma:

> as organizações humanas são constituídas de três elementos básicos: Equipamentos e Materiais (*Hardware*); Procedimentos (*Software*); Ser Humano (*Humanware*). A resposta de como preparar as organizações para terem a máxima produtividade é melhorar o *hardware*, o *software* e o *humanware*. Para se melhorar o *hardware*, é necessário aportar capital para se comprar equipamentos, materiais e matéria-prima. O impedimento aqui pode ser a falta de capital disponível. Só será possível melhorar o *software* com melhoria nos métodos e procedimentos através de pessoas. Não é possível simplesmente comprar ou copiar um procedimento e tentar aplicá-lo sem que passe pelas pessoas; assim, o desenvolvimento do *software* depende do desenvolvimento do *humanware*. E como melhorar o *humanware*? Para melhorar o "ser humano" é necessário fazer aporte de conhecimento.

No caso do segmento construtivo envolvendo a construção e montagem industrial, o caráter de temporariedade (baixa permanência) do empregado na empresa devido à sazonalidade da atividade impõe desafios, pois nem sempre a mão de obra que compõe a força de trabalho está adequadamente treinada e capacitada para exercer a atividade de forma adequada.

Diante desses enormes desafios, vivemos uma revolução: a revolução do conhecimento (a terceira onda) e da informação disponível que tem modificado as relações no trabalho a qual passará por nova transformação ocasionada pela quarta revolução industrial (a quarta onda), fundamentada na inteligência.

A competitividade é tanto maior quanto maior for a produtividade quando comparada com os concorrentes, o que agregará maior valor ao produto ou serviço disponibilizado ao mercado. O que de fato garante a sobrevivência da empresa no mercado é sua capacidade produtiva associada a qualidade, produtividade e custo, o que lhe garantirá competitividade.

Há escassez de mão de obra qualificada, assim como escassez de mão de obra braçal menos qualificada ainda necessária na indústria da construção, impactada pela baixa tecnologia empregada em campo. Embora tenha havido grandes evoluções na tecnologia construtiva, o trabalho braçal ainda tem aplicação maciça; e só deixará de ser necessário se a automação e robotização vierem a substituir o elemento humano.

Concomitantemente à pós-alteração do sistema produtivo, poderá ocorrer um paradoxo: escassez de mão de obra que poderíamos denominar de *"high tech"* e recursos materiais para suprir a necessidade exigida. Ou seja, a capacidade humana e do planeta em prover tudo o que necessitará o ser humano poderá esgotar-se e haverá a necessidade de se buscarem alternativas substituindo materiais, produtos, serviços e novas formas econômicas e monetárias de remuneração para manter a economia funcionando. As novas gerações já não se interessam por trabalhos que requerem mais braço que cérebro, o perfil da geração "Z" já não está tão interessado no consumo como as gerações antecessoras, podendo, nesse caso, ocorrer alteração nos hábitos e consequente redução de consumo; se isso ocorrer, impactará o mercado e, consequentemente, o sistema produtivo de escala.

Considerando o exposto anteriormente, as seguintes questões nos levam a refletir:

O que fazer e como se preparar para a escassez de *capital humano* que estará mais voltado para o uso do cérebro e não dos braços, sobretudo na indústria da construção onde o trabalho braçal ainda tem demanda elevada?

As tecnologias deverão e estão sendo pensadas para substituir o trabalho braçal?

As remunerações para trabalhos braçais sofrerão valorização?

Segundo Falconi (1992:8): "Se no passado salários baixos ou a proximidade de matéria-prima e recursos energéticos significavam vantagem competitiva, hoje está cada vez mais claro que a informação transformada em conhecimento que alimenta o *humanware* que desenvolve o *software* é muito mais importante".

Muitas empresas eliminaram suas estruturas de treinamento e qualificação, ficando ao longo do tempo vulneráveis e tendo que captar mão de obra disponível no mercado com alguma prática, mas não necessariamente qualificada. A gestão do conhecimento não pode ser fundamentada no "notório saber", ela não é suficiente para dar competitividade e produtividade, é necessário fazer aporte no conhecimento.

Os grandes empreendimentos têm convivido com crises e conflitos trabalhistas. As relações de trabalho estão cada vez mais desafiadoras, as exigências crescem e amontoam-se reclamatórias trabalhistas nos tribunais, desestimulando investidores.

Fica a pergunta às lideranças:

*Como evitá-las? Como reestabelecer as boas relações no trabalho?*

É objeto desta obra buscar responder e propor ações que possam resgatar as boas relações no trabalho evitando crise, desgastes com pleito (*claims*) causado por deficiência na estruturação e organização administrativa, seja no campo humano ou técnico, envolvendo a construção e montagem, e, sobretudo, reduzir o desgaste psicológico, o desgaste físico e perdas econômicas e financeiras.

De modo geral, embora ainda ocorram não conformidades na aplicação da engenharia em campo, os projetos têm sido planejados com êxito, desde a concepção (EAP), transporte (logística), construção e montagem etc., porém há muito que evoluir nos métodos de planejamento construtivo de forma a reduzir a pressão humana necessária para a realização das atividades. O Estado, por outro lado, deve desburocratizar, procurar facilitar os processos reduzindo barreiras alfandegárias, rever a questão tributária. Tornar-se mais parceiro e menos intervencionista.

No campo da infraestrutura humana, algumas questões carecem de respostas e poucos empreendimentos têm conseguido respondê-las. São elas:

Quanto de mão de obra será necessário para a construção?

A qualificação e o conhecimento da equipe disponível estão adequados à necessidade do projeto (empreendimento)?

## CAPÍTULO II – ORGANIZAR PARA IMPLANTAR

A *infraestrutura* a ser disponibilizada atende e será capaz de evitar a degeneração do clima e insatisfação?

No passado que antecede os anos 1990, os empreendimentos envolvendo grandes obras como Itaipu, Tucuruí, Ilha Solteira, Jupía, Projeto Jari etc. disponibilizaram sólidos investimentos em infraestrutura para viabilizar a alocação da força de trabalho para o período de construção contendo: vilas residenciais, escolas, hospital, postos de saúde, supermercados, bancos, estradas, clubes etc.

Em se tratando do Projeto Jari, grande complexo industrial privado implantado no denominado Baixo Amazonas no estado do Pará, onde atuei em dois momentos distintos, os quais compreenderam: a primeira fase — a americana capitaneada pelo megaempresário americano Daniel Keith Ludwig; a segunda fase — a nacionalização do Jari adquirida pelo grupo Caemi,[13] capitaneado pelo empresário Augusto Trajano de Azevedo Antunes do segmento de mineração. Tive nessas duas oportunidades o prazer de conviver profissionalmente com o colega Cristóvão Tertuliano de Almeida Lins, autor de dois livros: *Jari — 70 anos de história* e *A Jari e a Amazônia*.

Fui testemunha ocular do esforço efetuado na fase americana para dotar a região carente de infraestrutura em condições para que pudesse acolher o *capital humano* necessário para implantar e operar os negócios que ali seriam instalados. Um grande desafio, sem dúvida, pois afinal de contas se tratava da instalação de um complexo industrial envolvendo as seguintes atividades: empreendimento agroflorestal para produção de celulose e madeira, agropecuária (produção de leite e carne), silvicultura para a produção de madeira, arroz e mineração, extração de bauxita e caulim.

Historiando o início da presença industrial na região do Jari, Lins (1997:19-54) destaca:

> no final do século XIX, por volta de meados dos anos 1890, iniciou-se um sonho no baixo amazonas cujo primeiro idealizador foi José Júlio, comerciante que mais tarde passou a ser extrativista da borracha e na sequência se dedicou à extração da castanha, tendo se transformado no rei do extrativismo da castanha e atuado em cargos públicos como político. Com o advento

---

[13] A Caemi Mineração surgiu em 1942, fundada por Augusto Trajano de Azevedo Antunes com o nome de Icominas. Em 1950 foi criada a holding Caemi. A Caemi foi a maior empresa privada de mineração à época. Nos anos 1960, a Caemi se uniu à Bethlehem Steel, um grupo americano de mineração, e fundou a Minerações Brasileiras Reunidas S.A. (MBR).

do movimento tenentista em 1930, exilou-se na ilha da Madeira, quando já não atuava mais como político. José Júlio chegou a ser denominado por Assis Chateaubriand de "*Pequeno Ford*". Já no século XX, em 1964, o governo brasileiro enviou ao exterior o jornalista Carlos Lacerda e o ministro do planejamento Roberto Campos visando atrair empresários que quisessem se estabelecer na Amazônia a fim de promover o desenvolvimento da região. Assim, nascia o *Projeto Jari* em 1967 quando o megaempresário Daniel Keith Ludwig adquire as terras do Jari que já não estavam mais nas mãos de José Júlio e sim de um grupo português.

A infraestrutura agroflorestal idealizada pelo bilionário americano incluía uma fábrica de celulose construída no estaleiro de Kobe no Japão, a qual veio navegando trazida por rebocadores até o Baixo Amazonas. A viagem durou 90 dias e a fábrica foi assentada sobre estacas de maçaranduba com duração sob a água de até 100 anos. Concluiu-se a instalação e montagem dessa unidade de produção de celulose, que incluía duas plataformas, sendo uma para produção de celulose e outra para geração de utilidades, vapor, água, energia e recuperação de químicos. A energia elétrica era gerada em termoelétrica a vapor por meio da caldeira e produzia via turbina termoelétrica 55 MW de energia. A unidade, apesar de produzir baixo volume de celulose para os padrões atuais, contava com moderno sistema de tratamento de efluentes, recuperação de gases, e possuía ainda uma planta química construída e instalada em terra firme para a produção de insumos como: cloro, dióxido de cloro, clorato de sódio, dióxido de enxofre, ácido sulfúrico etc. Esse modelo foi um marco de ousadia da engenharia para a época, deu *startup* em 1979 iniciando a produção de celulose de fibra curta branqueada, produzida a partir da espécie arbórea cultivada denominada *Gmelina* procedente do continente africano. O Projeto Jari tinha outras atividades econômicas envolvendo serviços agrários e silviculturais como: produção agroflorestal da *Gmelina*, plantação de arroz, criação de búfalos, mineração de caulim e bauxita.

Todo esse complexo na região carecia de infraestrutura; assim, o projeto contou com várias vilas residenciais, supermercados, escolas e restaurantes que ficavam nas vilas residenciais onde, nos finais de semana e feriados, os empregados e familiares podiam fazer suas refeições gratuitamente nos restaurantes distribuídos nas vilas residenciais do projeto. O complexo contava também com aeroporto inicialmente de chão não pavimentado, onde aviões, destacando-se o modelo DC-3, fabricado pela Douglas, transportavam pessoal técnico, *staff*, além das esposas dessas lideranças (*staff*) para Belém para fazerem compras. Essa viagem durava cerca de duas horas de ida e duas horas de retorno, e era realizada gratuitamente.

Faziam parte da infraestrutura do projeto Jari: um porto dragado com capacidade para receber navios de até 40 de calado, escolas de 1º e 2º graus nas vilas residenciais, contava com professores contratados de todas as regiões do país, incluía-se no complexo industrial um hospital com 120 leitos, equipes médicas com 48 profissionais, totalizando cerca de 200 colaboradores na instituição de saúde, clubes e toda a infraestrutura para atendimento ao *capital humano* que seria deslocado para atender as mais diversas necessidades envolvendo a implantação e a operação. Isso tudo iniciado em 1967, um marco para a época em um país considerado de terceiro mundo, em desenvolvimento.

Essa infraestrutura disponibilizada estava em linha, ressalvando-se as diferenças de tecnologia aplicada à época e os conceitos gerenciais da atualidade em organizações de ponta, com o que hoje se encontra em complexos como Googleplex, entre outros, em que a infraestrutura fornecida busca dar as melhores condições com o objetivo de fomentar o trabalho em equipe proporcionando-lhe qualidade de vida e, assim, obtendo melhor desempenho em *inovação* e *criatividade*.

O pessoal não *staff* do projeto Jari se utilizava de barcos que levavam dias de viagem de Monte Dourado (PA) até Belém (PA), ou até Macapá no então território federal do Amapá, hoje estado, após a Constituição Federal de 1988. Logo, eles não poderiam deslocar-se com tanta frequência quanto o pessoal *staff*.

Lins (1997:55) destaca que o início das hostilidades contra a Jari de Ludwig iniciou-se em 1980:

> o empreendimento, que inicialmente contou com o apoio do então presidente Castelo Branco e permaneceu tendo este apoio até o governo Geisel, começou a enfrentar problemas a partir do governo Figueiredo já nos anos 1980 com a criação do grupo Gebam (grupo executivo para a região do baixo amazonas) sob o comando do contra-almirante Roberto da Gama e Silva, que declarava ser inimigo do capital estrangeiro. Diante destas dificuldades impostas

pelo governo brasileiro à época, do não reconhecimento das terras do Jari, do alto custo da infraestrutura e do não licenciamento da usina hidroelétrica de Santo Antônio, Ludwig se desestimulou e demonstrou interesse em abandonar o projeto Jari. Foi quando o governo federal buscou substituto e convidou o empresário Antunes com experiência na Amazônia no segmento de mineração com a Icomi [Indústria e comércio de Minérios S.A.] no então território federal do Amapá. Assim, considerada de grande interesse nacional e social, a então *Jari Florestal e Agropecuária Ltda.*, agora nacionalizada, é transformada em *Companhia do Jari*, constituída por um *pool* de 23 empresas brasileiras, com o próprio governo brasileiro fazendo parte, e era comandada pelo empresário Augusto Trajano de Azevedo Antunes ou simplesmente Antunes, como era conhecido.

Hoje, o empreendimento já não pertence mais ao grupo Caemi, foi vendido em meados dos anos 1990 e opera com algumas dificuldades, apesar de hoje contar com usina hidroelétrica, gerando energia a custo mais acessível quando comparada com a geração anterior, que dependia da queima de óleo (alto ponto de fulgor — APF e baixo ponto de fulgor — BPF).

Nesses empreendimentos, a ocorrência de greves e/ou paralisações era incomum durante seu período construtivo, sobretudo envolvendo depredações e vandalismos como tem ocorrido nos últimos anos. A razão disso pode estar no fato de que, apesar de ocorrer forte migração de mão de obra devido a haver disponibilização de profissionais qualificados no local e/ou região do entorno, a força de trabalho em sua maioria deslocava-se com a família.

Nos anos que compreenderam o período de 1960 a meados dos anos de 1980, quando ocorreram grandes investimentos em infraestrutura, sobretudo em projetos de grande envergadura, privados ou públicos, se levava muitos anos para construção e montagem, o que justificava toda a infraestrutura disponibilizada para a captação dos profissionais incluindo a família; para essa finalidade eram disponibilizados casas, escolas, clubes etc.

O sistema de transporte, aeroportos e estradas não facilitava deslocamentos de máquinas, equipamentos e pessoas, e a tecnologia construtiva era precária, elevando o tempo de construção.

Hoje, houve melhoria da infraestrutura e a logística foi facilitada, por mais que seja ainda deficiente. Os métodos construtivos, também ainda deficientes quando comparados aos métodos internacionais, ganharam velocidade e, mesmo com a infraestrutura rodoviária e aérea deficitária, há hoje mais facilidade de deslocamento dos profissionais migrantes, não justificando mais sua mudança com a família.

Nos segmentos privados envolvendo a construção de grandes empreendimentos, há *cases* e muitas lições aprendidas a serem seguidos. Os empreendimentos privados têm conseguido implantar grandes complexos industriais, *greenfield* ou *brownfield*, envolvendo volumes construtivos significativos, assegurando custo, prazo e qualidade, em que pese alguns terem convivido com conflitos e crises trabalhistas durante o período construtivo.

Com os empreendimentos (projetos) cada vez mais reduzindo tempo de implantação e orçamento, a busca frenética, embora legítima, por redução de custos tem levado alguns empreendimentos construtivos a negligenciar investimentos na qualidade de vida das pessoas; há que se considerar que as atividades ainda são "rudes", "pesadas" e exigem muito da força de trabalho.

Os investimentos em infraestrutura para abrigar *capital humano* migratório estão cada vez mais escassos em *quantidade* e *qualidade*.

Assim, a mão de obra migratória tem sido confinada em alojamentos muitas vezes precários e em ambientes de trabalho deficitários.

Longe da família, os profissionais tendem ao estresse, o que reduz a tolerância para com os erros administrativos.

Após a análise de vários empreendimentos construtivos, constatou-se que alguns decidiram alocar valor a ser considerado pelas contratadas para o alojamento de suas equipes e esses valores em alguns casos viraram objeto de lucro; ou seja, apropriaram-se do valor e na prática buscaram reduzir o investimento em moradia, gerando lucro contratual. A ação implicou precarização das condições de moradia.

O encurtamento do tempo de realização dos empreendimentos inviabiliza mudança com a família. Hoje são os profissionais migrantes que se deslocam para ver os familiares por meio do benefício denominado folga de campo. Esse item será tratado mais adiante.

Os planejamentos no que se refere à estruturação de mão de obra (histograma de mão de obra), quantidade necessária, têm ficado aquém do planejado. São inúmeras as variáveis que interferem na obtenção de êxito, sendo as principais:

Baixa produtividade;
Qualificação da mão de obra empregada;
Estrutura organizacional deficiente (hierarquizada);
Desconsideração dos impactos: legislação trabalhista, NRs, acordos e convenções coletivas, órgãos de fiscalização, feriados (municipais, estaduais e federais), recessos de final de ano, folgas de campo, tempo gasto com a captação e mobilização de mão de obra;
Questões climáticas; outras intercorrências etc.

Outro fator com forte impacto organizacional são as incoerências existentes na relação comercial: vende-se mais do que se pode entregar. Na tentativa de superar a concorrência, cada proponente adiciona desafios muito elevados como: prazos de entrega, preços atrativos, descontos, volume de mão de obra necessária aplicada.

Essas medidas ou ações comerciais acabam impactando a força de trabalho na medida em que irão contribuir involuntariamente para a precarização do trabalho.

A precarização poderá ocorrer pelo não cumprimento do acordo coletivo de trabalho e/ou convenção coletiva e legislação trabalhista: jornada de trabalho, interjornada e intrajornada, realização excessiva de horas extras, pressão por produção, más condições de trabalho e moradia, má qualidade de alimentação e transporte, e deficiência na política de gestão de "gente"; itens a serem tratados mais detalhadamente no decorrer desta obra.

Um conceito a ser trabalhado neste *handbook* é o impacto das não conformidades administrativas sobre o clima organizacional. Assim, faz-se necessário conceituarmos o que é *clima organizacional*.

O estudo do termo clima organizacional tem como missão a compreensão das *necessidades*, *preocupações* e *percepções* dos colaboradores de determinada empresa. O interesse sobre clima organizacional iniciou-se na década de 1930 e aumentou consideravelmente a partir da década de 1960.

Os estudos envolvendo clima organizacional deram início a uma nova perspectiva para a administração, ao buscar explicações para o desempenho no trabalho envolvendo as relações de trabalho, qualidade de vida no trabalho, liderança, satisfação, ética, motivação, *turnover*, absenteísmos, entre outros.

Likert (1979:109), citando Tagiuri e Litwin, assim define clima organizacional: "é uma qualidade relativamente constante do ambiente interno que: a) é experimentada pelos membros de uma organização, b) influencia seu comportamento e c) pode ser descrita em termos de valores de um conjunto especial de características (ou atributos) da organização".

Likert (1979:108) iniciou uma série de investigações através de seu instituto de pesquisa social e constatou o que denominou *liderança de colegas*, na qual a liderança de colegas é tão grande quanto a liderança da supervisão.

a liderança de colegas ocorre em quatro dimensões: apoio; estímulo à interação; ênfase no objetivo e estímulo ao trabalho; e o comportamento desta liderança se assemelha ao comportamento do líder formal, ou seja, ao da supervisão. Esta modalidade de liderança pode fortalecer ou enfraquecer a capacidade operacional nas redes de relacionamento de interação e influência. Resumindo, as ações das lideranças de cúpula são disseminadas em todos os níveis da organização, o que definirá o clima organizacional. O clima organizacional é o reflexo do comportamento dos líderes dos escalões superiores e, quando se desce os níveis hierárquicos, a influência exercida pelos líderes dos escalões inferiores é menor e estes são influenciados pelo clima organizacional.

Ou seja, o clima organizacional de uma organização é consequência direta da influência e comportamento de suas lideranças, o que se refletirá na qualidade de vida no trabalho e na produtividade. Diante dessas afirmativas, deve-se propiciar qualificação às lideranças em todos os níveis e a organização deve desenvolver-se e fomentar a contínua aprendizagem, tornando a organização atrativa para os melhores talentos disponíveis.

Um estudo conduzido pela Escola de Administração de Empresas da Fundação Getulio Vargas (Eaesp-FGV) validou este conhecimento essencialmente empírico ao demonstrar que entre 1997 e 2005 as melhores empresas para se trabalhar no Brasil apresentaram retorno de 170% acima do Bovespa e rentabilidade do patrimônio líquido de 17,8%, resultado superior à média das 500 maiores empresas do Brasil (11,3%).

Segundo Galbraith e colaboradores (1995:70-71),

durante a aprendizagem organizacional, a organização é o agrupamento dos elementos organizacionais (pessoas, ferramentas, e informação) necessários para a contínua transformação dos insumos organizacionais em produtos e/ou serviços que constituem a finalidade organizacional e é necessário fomentar a capacidade contínua dos elementos organizacionais de forma que o aprendizado organizacional ocorra quando a organização seja efetivamente capaz de alterar seus padrões de desempenho a fim de antecipar e/ou reagir a mudanças ambientais, ao acrescentar novos padrões de atividade, descartando padrões não mais necessários. Algumas formas de aprendizagem organizacional ocorrem naturalmente nas organizações, porém, podem não preencher o potencial de aprendizagem real. A aprendizagem organizacional é mais do que prática de treinamento e desenvolvimento dos indivíduos para desenvolver novas habilidades, a não ser que esta nova aprendizagem seja traduzida em novas práticas organizacionais, políticas ou características de estruturas alteradas.

As organizações lutam com três tipos de aprendizado organizacional:

*Inovação*; *processos de melhoria organizacional* e o *redesenho*. Estes três tipos podem ser definidos da seguinte forma: *Inovação* — adoção de novos processos, produtos e sistemas; *Processos de melhoria organizacional* — a busca pelo aumento da eficiência dos processos de trabalho e; *Redesenho* — a busca por novas estratégias e enquadramento de novos valores para melhorar o desempenho da organização. [Galbraith et al., 1995:73-74]

Diante de todas as afirmativas e conceitos organizacionais, envolvendo liderança, aprendizagem e clima organizacional, algumas perguntas devem ser respondidas antes de pensarmos em *organizar para implantar* um empreendimento envolvendo grande número de empresas e força de trabalho que estarão atuando em um mesmo ambiente, no mesmo espaço geográfico:

a) Como definir e estruturar um padrão de liderança capaz de mitigar conflitos e manter o clima organizacional?
b) Como evitar a ocorrência de crises de trabalhadores na construção e montagem de grandes empreendimentos?
c) Como organizar o gerenciamento envolvendo milhares de trabalhadores, profissionais e empresas de diversas regiões, culturas, costumes, dificuldades de adaptação ao clima e à alimentação, e políticas empresariais diversas?

d) Podemos estruturar sistema de gerenciamento capaz de manter a força de trabalho motivada considerando que os profissionais que a compõem foram captados no mercado (mão de obra flutuante) com baixo comprometimento?
e) Como tornar a organização competitiva apesar das variáveis organizacionais: mudanças, meio ambiente, inovação, aprendizagem?
f) O que podemos fazer de diferente do que temos feito até agora para evitar a ocorrência de conflitos trabalhistas?
g) Que alternativas construtivas inovadoras podemos incorporar para agregar valor ao mercado e aos clientes?

O modelo organizacional de instalação em um grande empreendimento (canteiros de obras) tem grande influência na *organização para implantação*.

Em pleno século XXI, convivemos com organizações cujas estruturas ainda se apresentam hierarquizadas no que tange ao gerenciamento de pessoas, o que tem em alguma medida influência na instalação de algumas crises-conflitos.

As estruturas encontradas nas organizações de modo geral são estruturas hierarquizadas, com pouca mobilidade. Encontram-se líderes com deficiências de perfil e de qualificação para gerir pessoas.

Nos segmentos envolvendo construção e montagem, as estruturas organizacionais em sua grande maioria estão voltadas à engenharia de construção e montagem que, por si só, geram inconsistências sob o ponto de vista humano-administrativo. Essas inconsistências levam à degeneração do clima organizacional, reduzem a produtividade e impõem custos adicionais.

Inovação seria a melhor forma de migrar para um novo modelo. Encontram-se ainda organizações do segmento construtivo que atuam utilizando o modelo de Taylor, lembrando que Taylor propunha a racionalização do trabalho, métodos, dividindo funções dos trabalhadores de forma estática e hierarquizada, fase que ficou conhecida como *administração científica* no início do século XX. Apesar de esse modelo ter trazido mudanças importantes que levaram ao aumento da produção, o homem era visto como máquina e não como indivíduo.

Taylor trouxe contribuições, sem dúvida, mas era um crítico da *administração por incentivo e iniciativa*, o que é uma barreira à inovação. Taylor acreditava que recompensar um trabalhador por suas ideias ou atos torna a organização refém e dependente dos trabalhadores:

> empresa inovadora deve compreender que a inovação começa com uma ideia. Ideias são mais ou menos como bebês — nascem pequenas, imaturas e sem forma, são uma promessa e não uma realização. Em uma empresa inovadora os executivos não dizem: isso é uma ideia sem fundamento. Em vez disso perguntam: O que seria necessário para transformar essa ideia embrionária, mal-ajambrada e sem fundamento em algo que faça sentido, seja viável e se transforme em uma oportunidade para nós? [Drucker, 2012:241]

De modo geral, países em desenvolvimento carecem de forte investimento em infraestrutura para alavancar o crescimento econômico, porém convivem com educação deficitária aquém das necessidades de mercado. Na contramão da necessidade, há falta de mão de obra braçal com experiência qualificada para atender às inúmeras especialidades de ofício.

A mão de obra operacional de campo, sobretudo no Brasil, é cara quando avaliada sob os pontos de vista da produtividade e da qualificação. As exigências da força de trabalho operacional, em muitos casos, estão acima da capacidade de entrega.

Se, de um lado, há deficiências administrativas internas levando à degeneração do clima organizacional, de outro, as exigências da força de trabalho estão acima do que se poderia considerar plausível se fôssemos efetuar análise sob o prisma da "produtividade" dessa mesma força de trabalho.

Deficiências em infraestrutura, a necessidade de crescimento, a baixa produtividade, o alto custo da mão de obra e a pesada carga tributária compõem o denominado custo Brasil. Estamos longe do que poderíamos considerar aceitável.

Todos os temas e contextualizações até então tratados neste *handbook* têm sido constantemente debatidos nas organizações e órgãos governamentais: todo mundo sabe, todo mundo fala, mas pouco se faz de forma efetiva para se reverter o quadro. O próprio Estado recebe o efeito reverso e nocivo do que se poderia denominar *efeito bumerangue*. O Estado perde competitividade e, consequentemente, receita fiscal.

Do ponto de vista interno das organizações, algumas questões deverão ser respondidas antes da efetivação da implantação de um grande projeto (canteiros de obras):

a)  As lideranças estão preparadas para enfrentar os novos desafios diante das mudanças que estão influenciando a alteração de comportamento dos trabalhadores?
b)  As lideranças estão preparadas para atuar preventivamente e gerenciar crises-conflitos?
c)  Os sindicatos estão alinhados e conscientes da necessidade de mudança e inovação, ante a necessidade de elevação da qualificação e produtividade dos trabalhadores para garantir competitividade e emprego à força de trabalho?

Há que se investir no desenvolvimento de competências das lideranças de campo, dotando-as de conhecimento, habilidades e atitudes, tornando-as mais *líderes* e menos *chefes de equipe*.

Os sindicatos precisam *inovar* o pensamento e auxiliar no desenvolvimento e na qualificação da mão de obra, melhor forma para garantir emprego à força de trabalho. No capítulo VI — Relação trabalhista e sindical, estaremos aprofundando este conceito e o de organização sindical.

São inúmeros os subsistemas organizacionais a serem envolvidos na organização e estruturação de um grande projeto industrial. Embora todos tenham importante papel organizacional na implantação, estaremos trabalhando o gerenciamento e a organização envolvendo o *capital humano*. Assim, ao longo deste ensaio, estarei tecendo considerações gerais sobre os demais subsistemas organizacionais sem, no entanto, aprofundar conceitos.

Para evitar anomalias, deve-se antecipadamente definir as regras que serão seguidas, assegurando que todos os proponentes de forma equânime estruturem suas propostas comerciais considerando todas as variáveis predeterminadas pela administração, evitando a precarização do trabalho, o que se refletirá em produtividade.

## Trabalho nos canteiros de obras

Nos grandes empreendimentos mobilizam-se grandes quantidades de ônibus e vans para o transporte de pessoal, bem como veículos leves, causando congestionamento nos horários de pico de entrada e saída das jornadas de trabalho. Uma alternativa para evitar o congestionamento é estabelecer horários de entradas e saídas escalonadas para empresas e trabalhadores.

A ação contribuirá para: a redução de congestionamentos, de riscos com acidentes, de filas nas portarias de acesso, restaurantes e refeitórios, acelerando os processos e serviços de atendimento; e reduzirá o estresse proporcionando qualidade de vida à força de trabalho, o que se refletirá em satisfação e mitigará conflitos.

Afirma Sun Tzu (2009:77) que "controlar uma força numerosa não é diferente, em princípio, de controlar poucos homens. É só uma questão de dividir o número total".

Assim, recomenda-se que se considere reduzir a aglomeração excessiva de usuários ainda na fase de concepção e engenharia conceitual quando se estará definindo a infraestrutura de apoio.

Toda a infraestrutura deverá ser pensada no sentido de reduzir a pressão total exercida pela massa humana concentrada. A massa humana concentrada deverá ser distribuída mediante disponibilização de infraestrutura, evitando aglomerações de massa. As categorias envolvidas deverão ser divididas no espaço e no tempo.

O quadro a seguir sugere horários de escalonamento de entradas para a jornada de trabalho diária.

**Quadro sugestivo de horários**

| Referente | Horário / Entrada |
|---|---|
| | 07h00 |
| Construção civil e montagem eletromecânica | 07h15 |
| (segunda-feira a sábado) | 07h30 |
| | 07h45 |

Nota: *A definição de escalonamento a ser seguida pelas empresas* deve ser efetuada pela central de serviços administrativos (CSA), que analisará os histogramas à luz da capacidade de atendimento e necessidades das empresas conforme vocação construtiva.

Às contratadas caberá comporem sua jornada de trabalho considerando a legislação pertinente, convenção coletiva e/ou o acordo coletivo de trabalho do local de realização das obras, a legislação trabalhista pertinente, bem como os ajustes das horas em caso de compensação de jornadas durante a semana para a folga aos sábados e sua respectiva jornada diária de trabalho e semanal.

Outra ação de grande relevância é a definição de seguros para a organização do empreendimento a ser definido ainda na fase de concepção do projeto. Assim, teceremos algumas considerações sobre a necessidade envolvendo a estrutura de seguros.

## Seguro

São vários os tipos de seguros que devem ser considerados. Para tanto, foram elencadas as principais coberturas e respectivos riscos considerados necessários, os quais devem contemplar as seguintes frentes: apólice contratada pela proprietária do empreendimento e apólices contratadas pelos fornecedores e/ou prestadores de serviços, compreendendo epecista, contratadas diretas e subcontratadas.

A seguir são descritas as opções de coberturas por apólices de seguro de acordo com cada modalidade de contrato.

*Apólice de riscos envolvendo engenharia, instalações e montagem*

Riscos de engenharia OCC I/M — *all risks* (cobertura básica); despesas extraordinárias; afretamento de aeronaves; tumultos; obras concluídas; risco do fabricante; erro de projeto; honorários de peritos; manutenção ampla; desentulho.

*Apólice de responsabilidade civil — obras civis envolvendo construção, instalação e montagem*

Responsabilidade civil; responsabilidade civil geral; responsabilidade civil cruzada.

*Apólices contratadas pelos epecista, contratada e subcontratada*

Responsabilidade civil geral:
Responsabilidade civil do empregador; responsabilidade civil profissional E&O (erros e omissões).
Responsabilidade civil veículos automotores:
Responsabilidade civil transportador rodoviário ônibus, micro-ônibus e/ou vans; responsabilidade civil.

## Seguro de vida em grupo

Seguro de transporte nacional/internacional:
Seguro de transportes *all risks* trânsito marítimo e terrestre de âmbito nacional e internacional, conforme o caso e necessidade.

Cabe ressaltar que o seguro deverá estar suportado por forte sistema de gerenciamento que venha a mitigar erros estruturais, crises-conflitos, assim como problemas técnicos de engenharia envolvendo a construção e montagem propriamente dita.

## Plano de saúde (seguro saúde)

Plano de saúde ou convênio médico hospitalar contendo atendimento em hospitais, eletivo (consultas e exames) etc. A infraestrutura sugerida e o formato de sua instalação e concepção serão tratados no capítulo VIII — Serviço de saúde — hospitalar e ambulatorial.

### Gerenciadora da obra

Dependendo da envergadura do empreendimento e/ou da estrutura do corpo técnico a conduzir a implantação do empreendimento, poderá ocorrer a necessidade de se contratar empresa especializada em gerenciamento de projetos que terá a seguinte atribuição principal:

- Fazer os planejamentos da obra, acompanhamento da evolução dos trabalhos de construção civil e montagem (cronograma físico), bem como deverá emitir relatórios de acompanhamento ante a evolução física dos trabalhos em campo, gerindo os avanços dos cronogramas e as tendências da "curva S" sugerindo correções de forma a assegurar o cumprimento do cronograma planejado.

A falta de acompanhamento ou acompanhamento deficiente em tempo é um dos fatores que podem implicar elevação do custo de implantação e, por conseguinte, o não cumprimento de prazo e orçamento originalmente estabelecido.

## Custo operacional

O modelo preconizado assegura alinhamento de todas as empresas a serem contratadas e está fundamentado na redução das não conformidades causadas pela falta de definição por parte da proprietária. Esse alinhamento de informações mitigará *claims*. Assim, será preciso definir antecipadamente todos os custos e investimentos que deverão ser considerados pelos proponentes no processo concorrencial ou licitatório envolvendo a gestão de "gente".

Esses custos e/ou investimentos deverão ser definidos ainda na fase do EAP, estruturados e inseridos em *normativa de gerenciamento de implantação*, envolvendo: alimentação (lanches, desjejum, almoço e jantar), despesas com viagens, folga de campo, feriados, hotelaria (residenciais-alojamentos) — quando disponibilizada, fornecimento de crachás, serviço ambulatorial (medicamentos e procedimentos), assistência médica hospitalar, controle de acessos, jornadas de trabalho, transporte, segurança, meio ambiente etc., assim como demais investimentos com a mão de obra necessários e previstos no acordo coletivo de trabalho (ACT), coletiva de trabalho (CCT), normas regulamentadoras (NRs) etc.

## A normativa de gerenciamento de implantação

*Normativa de gerenciamento de implantação* é um instrumento com políticas, procedimentos, normas, regramento, obrigações e deveres no que tange ao gerenciamento administrativo e do *capital humano* a ser previamente encaminhado a todas as contratadas e subcontratadas qualificadas a participarem do empreendimento, as quais deverão considerá-lo na elaboração das propostas técnicas e comerciais durante o processo concorrencial e/ou licitatório e submeter-se durante o contrato incluindo seus empregados a este regramento. Esse documento deverá fazer parte dos anexos contratuais.

O custo e/ou o investimento será proporcional ao grau de exigência e à política a ser definida e adotada na implantação do empreendimento.

O compartilhamento dos custos na utilização dos serviços disponibilizados pela proprietária enseja melhorias na qualidade de uso dos serviços pelas contratadas, suas lideranças e empregados, elimina custos adicionais pela má utilização e impõe corresponsabilidade.

### Comunicação à DRT (NR18)

Normativamente, devem-se definir as responsabilidades das contratadas e/ou subcontratadas no cumprimento da NR-18, item 18.2-18.2.1, quanto à comunicação à Delegacia Regional do Trabalho (DRT).

### Cadastro específico do INSS (CEI)

Deve-se abrir CEI (cadastro específico do INSS) em conformidade com a instrução normativa RFB nº 980, de 17 de dezembro de 2009. Ao término da atividade a(s) executora(s) da(s) obras(s) deverá(ão) apresentar a baixa dessa CEI.

### Responsabilidade técnica — ART[14]

Cabe às contratadas e/ou subcontratadas enquadradas no disposto no artigo da Lei nº 9.649, de 27 de março de 1998, cumprirem a legislação no que diz respeito à ART.

### Trabalho de estrangeiros (regularização)

Quando se mobilizam profissionais estrangeiros, a contratada deverá cumprir legislação específica do *Ministério do Trabalho e Emprego/Conselho Nacional de Imigração*.

---

[14] ART: anotação de responsabilidade técnica; estabelece que contratos referentes à execução de serviços ou obras de engenharia devem designar um responsável técnico.

Muitos empreendimentos requerem especialidades cuja tecnologia é importada, sendo necessária a migração de profissionais para trabalhar no país.

Embora contratadas devam seguir a legislação para que o profissional estrangeiro possa adentrar o território nacional para trabalho, muitos fornecedores não planejam adequadamente e não mantêm profissionais com o visto para trabalho. É comum esses fornecedores buscarem formas menos complexas para alocar esses profissionais, como a obtenção de visto de turista — visto de viagem a negócio —, quando deveriam obter o visto temporário para trabalho e outras finalidades.

Para quem vem com propósitos de trabalho, há a seguinte categoria de visto temporário: visto para profissional.

Concedido a profissionais que vêm para o Brasil por um período temporário não superior a dois anos, pode ser renovado por mais dois anos. Esse tipo de visto pode ser fornecido a estrangeiros que sejam temporariamente empregados em uma empresa brasileira, em alguma posição que requeira conhecimento especial. O candidato receberá pelo menos parte de seu salário no Brasil.

### Programa de avaliação de desempenho de contratadas e subcontratadas

Os desempenhos das contratadas e respectivas equipes em campo devem ser acompanhados pelas lideranças do contratante, representantes e/ou prepostos da proprietária do empreendimento. Para essa finalidade, dever-se-á definir parâmetros de avaliação para elencar os melhores parceiros, prestadores de serviço durante a implantação.

Assim, sugere-se que oito indicadores de desempenho sejam acompanhados e auditados, quais sejam:

Segurança do trabalho;
Qualidade técnica de montagem;
Qualidade técnica de construção;
Cumprimento de prazos (cronograma);

*Housekeeping*[15] (arrumação e limpeza);
Gestão de pessoas;
Gestão documental; e
Gestão ambiental.

**Critérios de avaliação**

O modelo sugere que a avaliação seja efetuada utilizando-se a média aritmética ponderada mensal para cada indicador de desempenho, cujas notas a serem atribuídas irão de zero (0) a dez (10), conforme segue.

**Métrica dos critérios de avaliação**

| De 1 a 6 | De 7 a 8 | De 9 a 10 |
|---|---|---|
| Abaixo do esperado | Conforme o esperado | Acima do esperado |

As notas devem ser atribuídas por equipes multidisciplinares e apreciadas por conselhos técnicos-pedagógicos (lideranças superiores) que farão a revalidação dos conceitos atribuídos antes de sua efetiva divulgação nos quadros de gestão à vista.

*O conselho técnico-pedagógico* poderá ajustar as notas atribuídas pelas equipes técnicas multidisciplinares de campo em comum acordo com os avaliadores.

*Reconhecimento*: contratadas e subcontratadas que obtiverem média igual ou maior que 70 (setenta pontos percentuais) na avaliação dos indicadores de desempenho por disciplina poderão fazer jus a uma certificação de *certificado de excelência*.

A seguir, indicadores passíveis de avalição.

*Indicador 1 — Segurança do trabalho*

- Equipamento de proteção individual (EPI) e equipamento de proteção coletiva (EPC)
  EPI, EPC e uniformes são adequados ao trabalho e estão sendo utilizados corretamente.
- Normas e procedimentos
  As normas e procedimentos estão sendo cumpridos.

---

[15] Do inglês, significa: ferramenta utilizada pelas organizações para garantir ambiente mais agradável, busca maior produtividade e significa limpeza e arrumação.

- Comprometimento
  As equipes participam ativamente das campanhas preventivas promovidas.
- Treinamentos
  As equipes são devidamente treinadas e em conformidade com os requisitos legais.
- Taxa de frequência de acidentes com afastamento (ACA)
  A empresa se mantém dentro dos níveis mínimos de taxa de frequência de acidentes com afastamento.
- Taxa de frequência de acidentes sem afastamento (ASA)
  A empresa se mantém dentro dos níveis mínimos de taxa de frequência de acidentes sem afastamento (*occupational health and safety assessments series* — Oshas, ou avaliação de segurança e saúde ocupacional).
- Tempo de resposta
  Índice de atendimento e correções do desvio e não conformidades registradas estão dentro dos limites aceitáveis estabelecidos.

*Indicador 2 — Qualidade técnica da construção civil*

- Planejamento
  Cronograma (cumprimento de prazos)
  Execução
  Qualidade do material
  Qualidade do serviço
  Gestão do contrato
- Projeto
  Idem planejamento
- Construção
  Idem planejamento
- Acabamento
  Execução
  Qualidade do material
  Qualidade do serviço

*Indicador 3 — Qualidade técnica da montagem eletromecânica*

- Planejamento
  Cronograma (cumprimento de prazos)

Execução
Qualidade do material
Qualidade do serviço
Gestão do contrato
- Projeto
Idem planejamento
- Montagem elétrica
Idem planejamento
- Automação
Idem planejamento
- Instrumentação
Idem planejamento
- Montagem mecânica
Idem planejamento

*Indicador 4 — Cumprimento de prazos (cronograma)*

- Avanço físico
O avanço físico atende o cronograma.
- Atingimento de marcos
Idem avanço físico.

*Indicador 5 — Gestão ambiental*

- Normas e procedimentos
As normas e procedimentos ambientais estão sendo cumpridos.
- Lixeiras e caçambas
Lixeiras e caçambas estão disponíveis para a coleta seletiva de resíduos nas frentes de trabalho.
- Vazamentos de contaminantes
Os vazamentos de contaminantes são relatados e tratados conforme os procedimentos específicos.
- Manuseio e retirada de resíduos
Os resíduos são manuseados de forma segura e retirados com a frequência necessária.
- Tempo de resposta
Índice de atendimento e correções do desvio e não conformidades registradas estão dentro dos limites estabelecidos.

*Indicador 6* — Housekeeping — *Arrumação e limpeza*

- Descarte de resíduos, limpeza e arrumação em geral.
  Há locais apropriados para o descarte de resíduos nas frentes de trabalho.
- Sinalização
  As frentes de trabalho estão devidamente sinalizadas e os acessos livres.
- Organização e limpeza
  Os equipamentos e ferramentas aplicadas ao trabalho e frentes de trabalho estão sempre limpos e organizados.
- Comprometimento
  As equipes de trabalho demonstram comprometimento com a manutenção da limpeza e organização das frentes de trabalho.

*Indicador 7* — *Gestão documental*

- Documentação funcional/mobilização
  Os documentos necessários à integração funcional são apresentados no prazo e com a qualidade requerida.
- Desmobilização/Devolução crachá
  Os processos de desmobilização de funcionários são apresentados nos prazos e obedecem aos requisitos estabelecidos.
- Obrigações acessórias
  A apresentação de documentos de recolhimentos (Guia de Recolhimento da Previdência Social — GRPS; Fundo de Garantia por Tempo de Serviço — FGTS; Guia de Recolhimento do Fundo de Garantia do Tempo de Serviço e Informações à Previdência Social — GFIP; Programa de Integração Social — PIS; Contribuição para Financiamento da Seguridade Social — Cofins; Instituto Nacional do Seguro Social — INSS etc.) acontece nos prazos e formas estabelecidos.
- Serviço social
  Os acompanhamentos médicos e reclamações dos colaboradores são tratados prontamente.
- Prazos
  Retorno para solicitações e prazos é cumprido nos quesitos visitas técnicas, repúblicas, veículos e medições.
- Refeitórios
  Acompanhamento na gestão da equipe administrativa nos refeitórios e cumprimento de prazos nos provisionamentos de alimentação.

- Residenciais/alojamentos
Acompanhamento e gestão da equipe administrativa nos residenciais e repúblicas (*check-in, check-out*[16] e atendimento de colaboradores).

*Indicador 8 — Gestão de pessoas*

- Insurgências trabalhistas envolvendo mobilização.
- Índice de reclamações no canal do trabalhador (ouvidoria).
- Índice de reclamações sindicais.
- Indicadores obtidos na roda de conversa.
- Indicadores obtidos na inteligência de campo.

A seguir, gráficos referentes à *avaliação de desempenho* em dois grandes empreendimentos privados em processo de implantação. A amostragem envolveu 74 empresas de construção e montagem mobilizadas pelo período médio de 24 meses, com mais de 300 empregados. No total, estiveram mobilizados cerca de 90 mil trabalhadores e 130 milhões de horas trabalhadas.

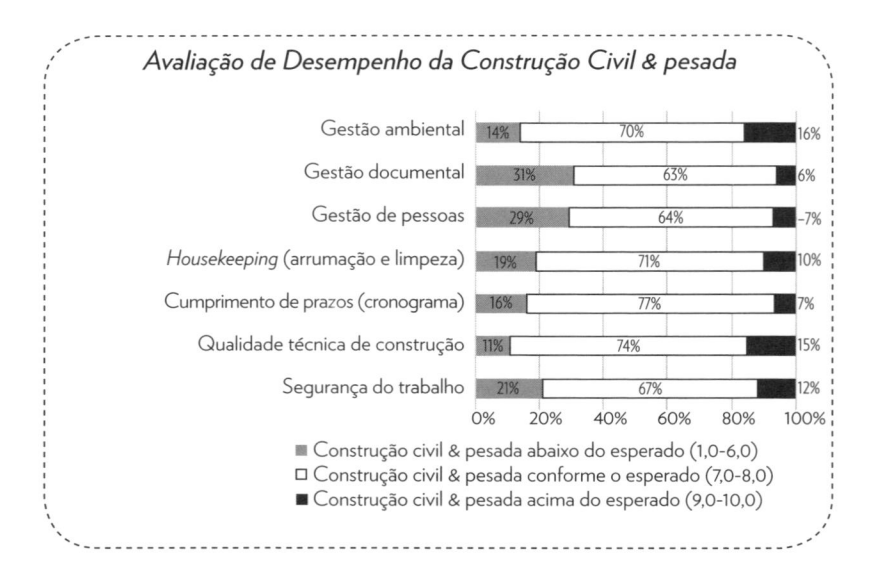

*Avaliação de Desempenho da Construção Civil & pesada*

| Item | Abaixo do esperado | Conforme o esperado | Acima do esperado |
|---|---|---|---|
| Gestão ambiental | 14% | 70% | 16% |
| Gestão documental | 31% | 63% | 6% |
| Gestão de pessoas | 29% | 64% | -7% |
| Housekeeping (arrumação e limpeza) | 19% | 71% | 10% |
| Cumprimento de prazos (cronograma) | 16% | 77% | 7% |
| Qualidade técnica de construção | 11% | 74% | 15% |
| Segurança do trabalho | 21% | 67% | 12% |

■ Construção civil & pesada abaixo do esperado (1,0-6,0)
□ Construção civil & pesada conforme o esperado (7,0-8,0)
■ Construção civil & pesada acima do esperado (9,0-10,0)

---

[16] *Check-in*: do inglês, significa: verificação de entrada. *Check-out*: verificação de saída.

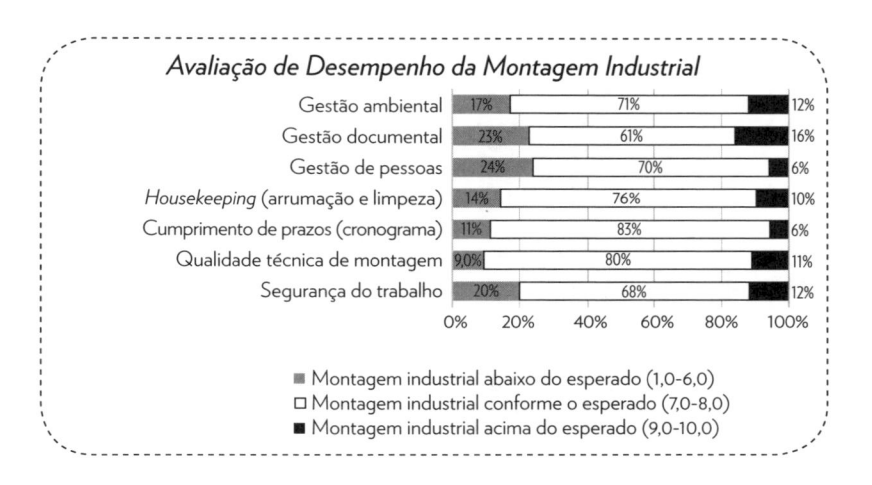

### Avaliação de Desempenho da Montagem Industrial

| Critério | Abaixo do esperado | Conforme o esperado | Acima do esperado |
|---|---|---|---|
| Gestão ambiental | 17% | 71% | 12% |
| Gestão documental | 23% | 61% | 16% |
| Gestão de pessoas | 24% | 70% | 6% |
| Housekeeping (arrumação e limpeza) | 14% | 76% | 10% |
| Cumprimento de prazos (cronograma) | 11% | 83% | 6% |
| Qualidade técnica de montagem | 9,0% | 80% | 11% |
| Segurança do trabalho | 20% | 68% | 12% |

- Montagem industrial abaixo do esperado (1,0-6,0)
- Montagem industrial conforme o esperado (7,0-8,0)
- Montagem industrial acima do esperado (9,0-10,0)

## Conclusão

Organizar para implantar é uma importante ação antes de se iniciar a implantação. Nessa etapa, deve-se assegurar que as informações estejam disponíveis a fim de que se possam planejar as ações que envolvem a implantação buscando mitigar ao máximo as deficiências.

De posse das informações técnicas, construtivas (cronograma, histogramas de mão de obra, períodos, prazos, local de implantação etc.), devem-se planejar os serviços de apoio a serem disponibilizados à força de trabalho, assim como as ações administrativas de gestão e controle, e determinar o orçamento necessário para a gestão. Devem-se criar ferramentas e instrumentos como: normativa de gerenciamento para a implantação, estruturar programas de avaliação de desempenho das contratadas, definir infraestrutura de apoio e gestão de todas as contratadas assim como do *capital humano* mobilizado etc. Todas essas ações, entre outras, trarão ganhos importantes e certamente contribuirão para a melhoria do clima organizacional, com consequente elevação da produtividade por meio da satisfação individual e coletiva.

A organização do modelo sindical deve ser estruturada na fase da "organização para a implantação", visando mitigar problemas futuros que possam colocar em risco a continuidade operacional. Esse item, dada a sua importância estratégica, estará sendo tratado no capítulo VI — Relação trabalhista e sindical.

# CAPÍTULO III

# Compra (*supply*) — contratos

## Introdução

Neste capítulo, serão trabalhadas as áreas de compras (*supply*)[17] e contratos, respectivamente, procurando demonstrar a importância destes subsistemas organizacionais que envolvem a compra de produtos, serviços, máquinas, equipamentos e insumos necessários à construção e montagem do empreendimento, assim como elaboração e fechamento dos contratos e seus reflexos para a *administração* de "gente".

Não conformidades nessa fase seria como imaginar uma orquestra sem o maestro ou com os instrumentos desafinados; o objetivo poderá ser atingido, porém, pergunta-se: em quanto tempo? e a que preço?

Este ensaio buscará levar o leitor a uma reflexão sobre a importância dos processos envolvendo, sobretudo, *escopo técnico, compra* e *contratação*.

## Escopo técnico (edital), compra e contratação

Importante subsistema organizacional, a área de *supply* contribui positivamente ou negativamente para o processo de degeneração do clima organizacional, especialmente se o processo de compras permitir a instalação de não conformidades durante a compra de serviços envolvendo o *capital humano*.

O processo de compras de um empreendimento (projeto) inicia-se no recebimento do escopo técnico, o qual deverá estar bem estruturado.

Recomenda-se que a área de compras (*supply*) esteja estruturada com profissionais detentores de elevada *expertise* envolvendo implantação de grandes empreendimentos.

Essa *expertise* é fundamental na compra, na aquisição, quer seja de produtos ou serviços, os quais poderão impactar positivamente ou negativamente a implantação. Ao comprar serviços, *o ativo mais importante a vir agregado são as pessoas* que serão utilizadas para a instalação, construção e montagem; assim, a estratégia de compras a ser utilizada terá peso importante no que tange ao clima organizacional futuro.

---

[17] Do inglês, significa: fornecer, prover, abastecer.

Redução ou eliminação de inconsistências na organização dos processos de compra contribuirá para o sucesso e/ou o insucesso do empreendimento. Se o processo de aquisições for efetuado com visão unicamente no preço, utilizando-se o conceito "quanto mais barato melhor", pode-se estar a caminho do já denominado "alto custo do baixo preço".

Alguns prestadores de serviço apresentam excelência na gestão de "gente", têm bons benefícios oferecendo transporte adequado, plano de saúde, participação nos lucros, remuneração competitiva e, portanto, maior produtividade associada ao baixo risco de descontinuidade causado por crises-conflitos; porém, qualidade tem preço, assim, pode acabar sendo preterida quando o cliente opta unicamente pelo menor preço, sem a visão de que o menor preço, no presente, resultará em maior custo no futuro.

Um componente importante é o peso dos encargos sociais sobre a mão de obra, que está em torno de +/- 60% para a construção civil, chegando a +/- 70% para a montagem industrial eletromecânica.

Em se tratando de *capital humano*, uma mudança de comportamento é evitar denominá-lo *"custo com mão de obra"* e passar a denominá-lo *"investimento com mão de obra"*.

A denominação *custo*, e não *investimento*, acaba sendo determinante para a adoção dos modelos deformados que hoje são encontrados, os quais contribuem com a "precarização do trabalho".

A afirmativa no que se refere ao tratamento e/ou conceito dado a custo e não a investimento não significa negligenciar o processo de compra, comprando a qualquer preço. Deve-se considerar e responder a seguinte questão:

a) *Os proponentes consideraram todos os investimentos necessários envolvendo capital humano visando evitar a "precarização do trabalho" e/ou a degeneração do clima organizacional?*

Despesas com transporte, participação por resultados (PPR), pisos salariais a serem praticados, benefícios, alimentação, folga de campo, moradia etc. deverão estar definidos e informados pela proprietária às proponentes para que considerem esses custos e despesas em suas propostas comerciais. Caso não estejam consideradas, poderão trazer dificuldades administrativas futuras para a gestão podendo em determinado momento vir a se constituir em *claim* e/ou crise.

Com a "reforma trabalhista", a hora "*in itinere*", item relevante e até então motivo de muitos conflitos trabalhistas, sobretudo nas grandes obras realizadas em zonas remotas, deixou de ter a obrigatoriedade de pagamento.

Parece que a lei aprovada e sancionada em 11 de novembro de 2017 buscou fazer isonomia, pois, na lei anterior, os trabalhadores das cidades não percebiam uma vez que a lei considerava: "em existindo transporte público regular, cobrindo a jornada de trabalho, não há que se falar em hora itínere". Olhando pelo outro lado, pode-se afirmar que de certa forma houve equilíbrio, uma vez que o translado na nova lei não entra no cômputo da jornada de trabalho. Anteriormente, ganhava-se o tempo de translado, mas esse período era descontado da jornada que retirava a possibilidade de fazer hora extra. Toda mudança traz desconforto independentemente se é favorável ou desfavorável. Neste caso, não é diferente, fica, é claro, o desconforto, até porque, na lei anterior, o período era percebido sem se ter trabalhado efetivamente, ou seja, ganhava-se pelo deslocamento. Por outro lado, ganharão as empresas e o país, pelo ganho em produtividade.

Todas as condições envolvendo investimento em pessoal e seus respectivos benefícios devem estar delimitadas de forma clara nos escopos técnicos, assegurando que as proponentes considerem e possam elaborar suas propostas comerciais o mais próximo possível da realidade e do desejável pelo cliente.

Estas definições por parte da proprietária do empreendimento de forma antecipada asseguram competitividade às proponentes em grau de igualdade. Ao mesmo tempo, a ação reduzirá não conformidades responsáveis pela degeneração do clima organizacional, assim como imperfeição de engenharia não consideradas, as quais implicarão adequações e, consequentemente, em custo adicional futuro.

A não definição e, portanto, a não consideração pelas contratadas gera injusta concorrência, ou seja, a empresa ganhadora da concorrência ou licitação não necessariamente teria ganhado caso considerasse todos os investimentos, custos e despesas, legislação e normas regulamentadoras necessários para garantir qualidade e prazo, evitando crises-conflitos.

Toda a aquisição de produtos e serviços comercialmente deve iniciar via área de compras (*supply*) após o recebimento do escopo técnico com as respectivas especificações técnicas e demais informações de cunho gerencial administrativo. O escopo técnico tem grande importância na medida em que terá influência direta no custo de implantação. Portanto, eliminar anomalias técnicas construtivas e administrativas ainda na fase de elaboração do escopo técnico é imprescindível.

Ao analisar o mercado, observou-se que muitas organizações não envolvem todos os *players*[18] considerados essenciais na elaboração do escopo técnico, os quais teriam importantes contribuições para reduzir deformações geradas ainda na fase de elaboração do escopo e estarão e/ou serão envolvidos quando ocorrerem os pleitos ou *claims* futuros.

Aqui deve-se fazer uma distinção, pois não serão todos os escopos técnicos e/ou editais que devem envolver equipe multidisciplinar, mas escopos ou editais complexos com elevado valor agregado, envolvendo volume significativo de mão de obra e risco. Serviços simples, compras menos complexas e de baixo valor agregado podem não requerer equipe multidisciplinar.

Definidos a estratégia de compra e o formato das aquisições dos denominados "pacotes construtivos", modelos de contratos etc., deve-se estruturar equipe multidisciplinar para a elaboração dos escopos técnicos e/ou editais. Em muitas organizações efetua-se a contratação da engenharia conceitual, engenharia básica e escopo técnico (editais) via fornecedores, empresas especializadas de engenharia contratadas para essa finalidade, ficando o detalhamento do projeto propriamente dito com os fornecedores. Nesses casos, deverá se assegurar que os "escopos técnicos" contenham todas as informações visando mitigar distorções na implantação.

Negligência na gestão do "capital humano" poderá implicar crises-conflitos, *claims*, prejudicando o cumprimento de prazo e orçamento.

A equipe multidisciplinar deverá ser constituída por profissionais com *expertise* e que possam dar contribuição efetiva, sendo as principais áreas a serem envolvidas:

- Administrativo-financeiro;
- Gestão de gente;
- Compras (*supply*);
- Contratos;
- Engenharia (equipe técnica);
- Gestão de risco; e
- Jurídico.

---

[18] Do inglês, significa: jogadores, atores envolvidos.

Pleitos ou *claim* ocorrem principalmente pelos seguintes fatores:
- Desconhecimento técnico (desinformação);
- Não previsibilidade, tais como custo de materiais e insumos e respectivas variações de preços; clima; interferências em campo; investimentos adicionais não previstos com mão de obra direta e indireta; erros de planejamento; erros de projetos etc.;
- Alteração de escopo (projeto) durante a fase construtiva;
- Desejo do prestador e/ou fornecedor em recuperar perdas contratuais;
- Custeio envolvendo greves (paralisações).

Com a estruturação da equipe multidisciplinar seria possível imaginar que estaríamos buscando "pleito zero", porém, "pleito zero" ou "*claim* zero" é uma falácia.

Para ilustrar essa falácia, buscamos o movimento denominado "zero defeito", programa este iniciado nas forças armadas americanas nos anos 1960, o qual enferrujou-se ainda na década de 1960 porque negava questões elementares envolvendo o comportamento humano como: 1. assumia que os erros podiam ser controlados totalmente pelo ser humano; 2. assumia que todos os erros podiam ser evitados pelo elemento humano, para isso bastava que o mesmo estivesse treinado e motivado; e 3. negava o velho provérbio "errar é humano", defendia que o erro humano não é inevitável. Ainda hoje, em pleno século XXI, são estruturados programas organizacionais iniciando com a denominação "zero defeito".

As variáveis que compõem pleitos ou *claim* ocorrerão independentemente da qualidade do escopo técnico, da qualidade da compra e dos contratos e até mesmo do nível de excelência das contratadas. Há que se considerar a falibilidade do "ser humano". As solicitações envolvendo pleitos estarão vinculadas a previsões contratuais tais como: reajustes no custo de mão de obra direta e indireta, custos devidos a alteração de preços dos materiais durante a construção do empreendimento e mudanças e alterações de escopo de projetos durante a fase construtiva.

Neste capítulo chamamos a atenção para a importância da qualidade do gerenciamento do escopo técnico. Um bom escopo técnico mitigará pleitos decorrentes de imperfeições estruturais gerados na fase de implantação. Assim, é importante que haja investimento na elaboração do escopo técnico, editais a serem enviados para o mercado assegurando que esteja bem estruturado.

Um escopo com qualidade técnica irá facilitar a elaboração dos contratos a serem firmados entre as partes e mitigar outras não conformidades.

O gerenciamento do escopo tem grande importância, conforme afirmam Sotille e colaboradores (2014:33):

> o gerenciamento do escopo visa definir o que está e o que não está incluído no projeto, os processos específicos de gerenciamento do escopo fazem parte dos grupos de processos que interagem entre si e também com processos de outras áreas de conhecimento para que o resultado do trabalho seja a entrega do escopo especificado.

Na estruturação das ações de planejamento para implantação, uma ação de extrema relevância é a definição dos escopos para tomada de preços. Isso envolve a contratação de serviços das atividades de gerenciamento de apoio à infraestrutura de implantação e compras técnicas relacionadas com as plantas industriais propriamente ditas e com a aquisição de produtos, serviços, materiais, equipamentos e insumos em geral.

Diante de todas as afirmativas anteriores, está claro que a qualidade técnica do escopo se constitui no divisor de águas, com peso importante no sucesso do empreendimento no que tange a custo, qualidade e prazo.

Um escopo mal elaborado implicará a entrega de um produto não conforme e agregará vícios ao produto final. As não conformidades presentes no escopo técnico inicial implicarão readequação de projetos, processos, produtos e serviços, agregando custos por má qualidade.

*Escopo técnico*

Um bom escopo técnico, bem estruturado, deverá envolver uma equipe multidisciplinar.

Deficiências administrativas na gestão documental geram distorções no que tange às alterações de escopos efetuados por mudanças no projeto durante a aplicação em campo, o que pode implicar *claim* que gerarão discussões intermináveis de aceitação, tanto por parte do tomador como por parte do prestador de serviço. Assim, documentar criteriosamente toda alteração evitará discussões futuras. Muitos pleitos e/ou *claim* são tratados como tal quando na realidade não deveriam ser enquadrados como pleito (*claim*), até porque a ação decorreu de solicitação do tomador (dono da obra) via equipe técnica de campo, ou seja, é reposição lícita de valor não considerado no escopo original.

Buscar excelência no escopo técnico mitiga erros e impactos decorrentes durante a construção e montagem.

Na fase inicial de avaliação (estrutura analítica de projeto — EAP), poderá ocorrer, em última análise, reestruturação do escopo técnico por parte do tomador (cliente), caso as propostas comerciais recebidas ultrapassem o orçamento esperado. Nesse esforço, será buscado adequar a capacidade financeira do investimento às exigências técnicas.

Após a empresa ter vencido a concorrência e/ou o processo licitatório, já na fase de implantação, a área comercial (*supply*) deverá emitir a documentação de "praxe" formalizando a contratação. Neste ensaio, a estamos denominando "carta de anuência". Esse documento deverá ser entregue pela contratada à central de serviços administrativos (CSA), que neste procedimento organizacional iniciará o processo de cadastramento da empresa contratada e de seus respectivos profissionais a serem mobilizados (ver Anexos — modelo VII — carta de anuência).

Deve-se buscar introduzir no escopo técnico a maior quantidade possível de informações necessárias, e somente as necessárias, que permita aos fornecedores estruturarem suas propostas comerciais o mais próximo possível da realidade.

Em algumas concorrências pode-se pedir o detalhamento dos benefícios e despesas indiretas (BDI) ao tomador do serviço. Assim, o modelo de escopo técnico (anexo XIII) utilizado como exemplo é um escopo de edital de concorrência para a aquisição de serviço e tomada de preço para o gerenciamento em segurança do trabalho e meio ambiente (SMA), para canteiros de obras envolvendo grande empreendimento construtivo.

## O que é BDI?

BDI é o elemento orçamentário destinado a cobrir despesas num empreendimento (obra ou serviço) segundo critérios claramente definidos. Classifica-se como indireto porque não expressa diretamente nem o custo do *material*, nem o custo da mão de obra (equipamentos de obra e instrumentos de obra), mas também buscam assegurar lucro.

Na composição do BDI temos:
- Custo com administração central;
- Custo de capital contraído no mercado;
- Margem de incerteza (aceitável apenas para o contratante em razão de desconhecimento);
- Carga tributária específica nas várias esferas;
- Lucro (bruto ou margem de contribuição).

### Compra — aquisição

O processo de compra tem papel fundamental no que tange à qualidade da aquisição, quer seja em termos de preço a ser negociado, quer seja em termos de qualidade do produto ou dos serviços a serem adquiridos. Assim, seguir o escopo e a especificação técnica é fundamental.

Boa aquisição não significa, necessariamente, adquirir pelo menor preço.

Quando se está comprando grandes pacotes industriais, há que se buscar equilíbrio entre o valor do investimento orçado, a qualidade e o custo do bem e/ou serviço e a capacidade do aporte orçamentário.

Em se tratando de serviços, devem-se observar a qualidade da empresa e a respectiva equipe em processo de contratação, evitando-se que o baixo preço possa se transformar em alto custo.

Ações buscando reduzir preço podem se transformar em crise futura, sobretudo quando se está adquirindo serviços de empreitada que envolvem a mobilização de grande efetivo de mão de obra para sua realização.

### Modalidades contratuais

A seguir, alguns modelos de contratos aplicados no mercado e suas respectivas aplicações, conceitos e limitações.

Segundo Gómez e colaboradores (2006:28-30):

as modalidades contratuais mais utilizadas no mercado são as desenvolvidas pela organização internacional Fidic (*Federation Internationale Des Ingenieurs Conseils*) que atua no Brasil desde 1957. Dependendo do projeto e de sua envergadura, algumas organizações financiadoras, tais como o Banco Mundial (BID), exigem contratos padrão para liberar financiamentos. O contrato de maior aceitação mundial é o padrão desenvolvido pela Fidic. Seus tipos são: *Silver book* — Contrato normalmente utilizado na modalidade EPC na iniciativa privada. Toda a engenharia de compra e construção fica a cargo do fornecedor. *Red book* — Contrato baseado em lista de materiais no qual há separação entre projeto e construção. Hoje é pouco usado devido ao fato de alocarem todos os riscos para o fornecedor. *Green book* — Utilizado em pequenas obras e de baixo valor agregado. *Yellow book* — Muito utilizado em contratos do tipo preço global (*Lump Sum*) ou DB (*Design and Build*). Os modelos de contratação de empreendimentos mais utilizados são: *Design bid build* — DBB — Neste modelo a empresa proprietária se responsabiliza pelo gerenciamento integral e contrata separadamente os serviços de engenharia, aquisição de equipamentos e materiais e a construção e montagem. Obras públicas utilizam bastante este modelo e a aquisição é efetuada por quem oferecer o menor preço. Nos contratos do tipo DBB, após checada sua viabilidade, segue-se o levantamento dos custos, o projeto básico e, na sequência, o projeto executivo. Este modelo traz elevados riscos ao proprietário no que tange ao atendimento de prazo, qualidade e uso de tecnologia, pois pode não estar atualizado quanto às deformações administrativas envolvendo *gente*, o que pode levar a crises como as que ocorreram nas obras do PAC — Programa de aceleração do Crescimento do Governo Federal. *Design build* — DB — Neste modelo contrata-se o projeto e a construção. Este contrato pode ser efetuado de duas maneiras. A contratante pode buscar experiência e qualificação na sua contratada ou qualificação e preço. O proprietário define o projeto básico. O projeto executivo e a construção ficam com a contratada, sendo o contrato fechado por preço global e garantido por seguro de risco e carta fiança bancária. *Engineering at risk* — EAR — Este modelo é uma variante do modelo DB e o risco é assumido totalmente pelo contratante. O preço e os riscos neste modelo ficam com o contratante, ficando para o proprietário a definição do projeto. As condições comerciais estabelecem garantia global pelo contratante.

*Design build operate — DBO —* A proprietária do empreendimento contrata o projeto, a construção e montagem e também a operação. Cabe ao contratado toda a responsabilidade pelo projeto, construção, montagem, comissionamento, testes de aceitação e operação. As liberações dos recursos financeiros são realizadas pelo proprietário e a contratada se responsabiliza por todas as etapas da obra, sendo asseguradas as garantias pertinentes. *Build own operate transfer — Boot —* Este modelo é pouco aplicado. Neste modelo a contratada, ao vencer uma licitação e/ou concorrência, projeta, constrói, opera e vende ao agente determinado produto ou serviço a preço e/ou tarifa definida com prazo definido. Os contratos estão ligados diretamente ao tamanho do empreendimento e/ou da empreitada, ao risco envolvido e à complexidade. Alocar todos os riscos contratualmente é praticamente impossível, sobretudo em projetos de elevada complexidade que poderão envolver riscos não gerenciáveis, imprevisíveis. Após processo concorrencial e/ou licitatório para a contratação das empresas que estarão construindo o empreendimento, já se deve ter definido qual modelo de contrato será firmado dentre os vários modelos de contratação existentes. Gómez (2006) discorre sobre os mais utilizados: *Engineering procurement construction — EPC —* Neste modelo se contrata o fornecedor da tecnologia, o qual terá toda a responsabilidade pela construção e montagem. Este modelo é muito utilizado na iniciativa privada. Não há um padrão universal de contrato. Os contratos normalmente consideram o fornecimento integral a preço global com fornecimento de materiais e equipamentos, incluindo a construção e montagem.

*Engineering procurement construction* (EPC) e seus vários entendimentos e modalidades aplicados no mercado:
- Estruturação de consórcio para execução;
- Contratação de várias empresas (construtoras e montadoras), que por sua vez subcontratam;
- EPC contrata montadora, fornece, fiscaliza e supervisiona a montagem ficando a proprietária do empreendimento com a responsabilidade pela construção civil etc.

No modelo EPC a proprietária transfere à contratada os riscos e a responsabilidade pela entrega do empreendimento contratado, projeto, construção e montagem que deverá ser concluído no prazo (cronograma) e com o desempenho preestabelecido em contrato.

No mercado é interpretado como "chave na mão", pois o "epecista", via de regra, se responsabiliza pela construção e montagem, não devendo a proprietária do empreendimento se envolver ou preocupar-se com o dia a dia, fazendo somente a fiscalização e o acompanhamento construtivo. Entretanto, na prática não é bem assim que acontece.

Muitos contratos incorrem em longas discussões durante a execução e pós-execução devido às anomalias, aos erros de planejamento construtivo e às interferências não consideradas por fornecedores e prestadores de serviço, sobretudo envolvendo contratadas e subcontratadas mobilizadas pelo epecista, as quais causam impacto econômico e financeiro.

Conforme já mencionado, contratualmente é impossível prever todos os desvios que poderão ocorrer durante a construção e montagem. No Brasil os contratos EPC são adaptados; em parte, a adaptação é devida à complexidade da legislação associada a outros fatores extrínsecos e intrínsecos. Assim, observa-se envolvimento importante da proprietária atuando conjuntamente com o epecista e, em certo grau, com as empresas contratadas e até subcontratadas pelo epecista. Esse envolvimento *a priori* deveria limitar-se à organização e gestão do empreendimento no que tange ao cumprimento das normativas de implantação do cliente e suas políticas.

Se por um lado o envolvimento da equipe técnica da proprietária do empreendimento traz vantagens, demonstrando parceria e auxiliando nas correções de necessária gestão *real time*, por outro lado impõe corresponsabilidade, já que o envolvimento direto da proprietária pode aumentar *claim* por parte dos fornecedores e prestadores de serviços.

Além disso, há que se considerar que contratadas e subcontratadas em regime EPC possuem boas estruturas técnicas de engenharia, envolvendo a construção e montagem; porém, foi observado que em raras exceções possuem estrutura adequada para atuar na gestão do *capital humano* durante a implantação, de forma a mitigar riscos, sobretudo crises-conflitos trabalhistas e comunitários.

Em muitos casos analisados, quando ocorrem as crises-conflitos, há tendência de repasse dos custos do ingerenciamento à proprietária (dono da obra), em que pese a proprietária não tenha responsabilidade direta sobre a gestão das contratadas e subcontratadas em regime de empreitada.

A seguir, estrutura esquemática de um projeto sob regime contratual (*engineering procurement construction* — EPC).

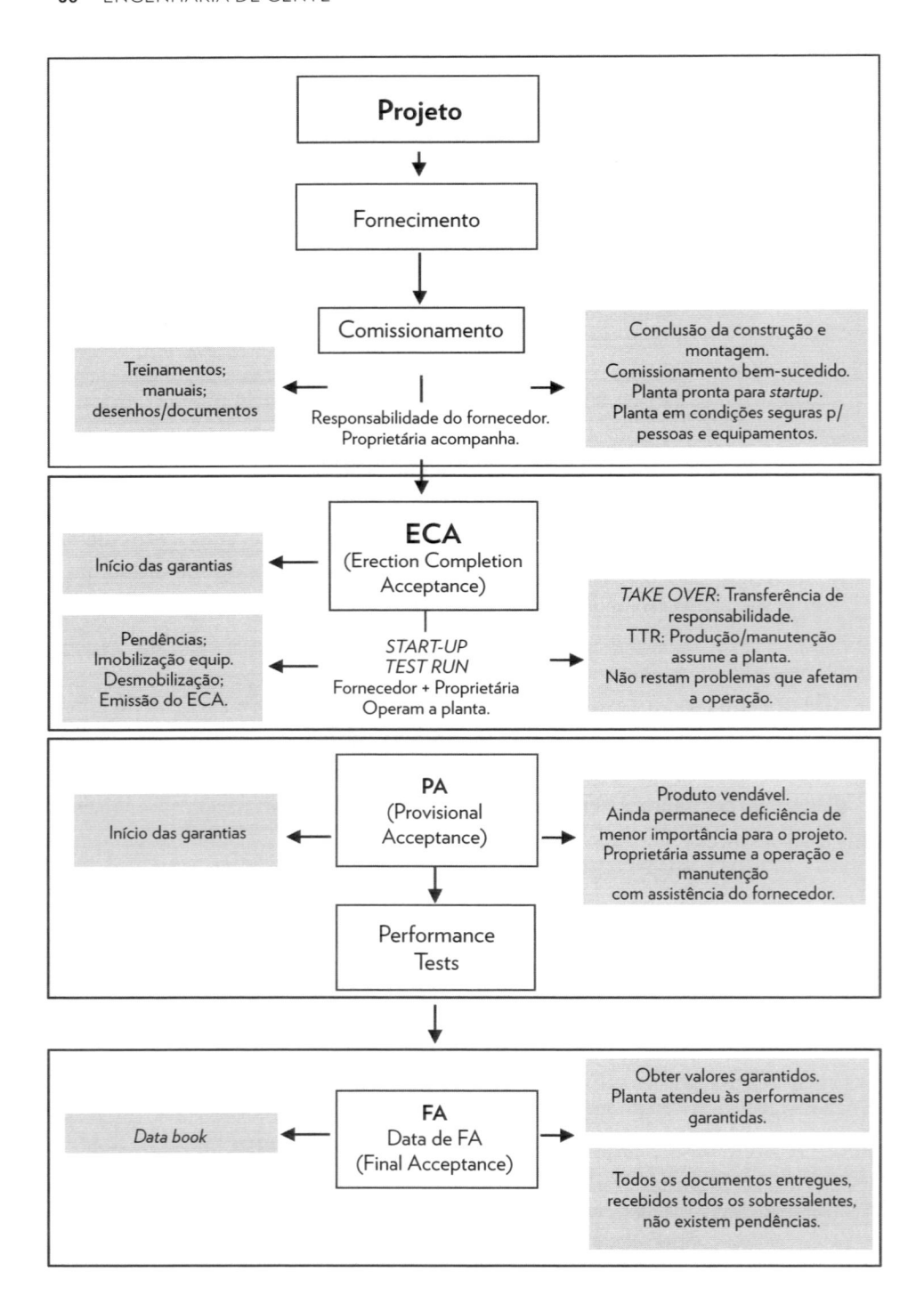

```
┌─────────────────────────────────────────────────────────────────────────────┐
│                              ┌──────────────┐                               │
│                              │   Projeto    │                               │
│                              └──────┬───────┘                               │
│                                     ▼                                       │
│                              ┌──────────────┐                               │
│                              │ Fornecimento │                               │
│                              └──────┬───────┘                               │
│                                     ▼                                       │
│                              ┌──────────────┐      Conclusão da construção  │
│  Treinamentos;               │Comissionamento│     e montagem.              │
│  manuais;            ◄──────┤               ├──►  Comissionamento bem-      │
│  desenhos/documentos         └───────────────┘    sucedido.                 │
│                         Responsabilidade do fornecedor.  Planta pronta para │
│                         Proprietária acompanha.          startup.           │
│                                                    Planta em condições     │
│                                                    seguras p/ pessoas e    │
│                                                    equipamentos.            │
└─────────────────────────────────────────────────────────────────────────────┘
```

- **Projeto** → **Fornecimento** → **Comissionamento**
  - Treinamentos; manuais; desenhos/documentos
  - Responsabilidade do fornecedor. Proprietária acompanha.
  - Conclusão da construção e montagem. Comissionamento bem-sucedido. Planta pronta para *startup*. Planta em condições seguras p/ pessoas e equipamentos.

- **ECA (Erection Completion Acceptance)**
  - Início das garantias
  - Pendências; Imobilização equip. Desmobilização; Emissão do ECA.
  - *START-UP TEST RUN* — Fornecedor + Proprietária Operam a planta.
  - *TAKE OVER*: Transferência de responsabilidade. TTR: Produção/manutenção assume a planta. Não restam problemas que afetam a operação.

- **PA (Provisional Acceptance)**
  - Início das garantias
  - Performance Tests
  - Produto vendável. Ainda permanece deficiência de menor importância para o projeto. Proprietária assume a operação e manutenção com assistência do fornecedor.

- **FA — Data de FA (Final Acceptance)**
  - Data book
  - Obter valores garantidos. Planta atendeu às performances garantidas.
  - Todos os documentos entregues, recebidos todos os sobressalentes, não existem pendências.

## Reajuste contratual

Existem várias formas para se efetuar reajustes contratuais. Esses reajustes variam de acordo com contratantes e contratados. Os contratos geralmente são reajustados pelo preço global (*lump sum*),[19] porém há outras variações e modalidades correntes no mercado.

Os contratos por preço global fixo, embora deem à contratante vantagem — pois sugerem, no mínimo, provisões para alterações decorrentes de variações ainda na fase construtiva, impondo que a contratada conclua o empreendimento no prazo e com o custo inicialmente previsto —, trazem risco por permitirem degeneração do clima organizacional, uma vez que a contratada tenderá a reduzir custos e despesas, buscando maior resultado financeiro no contrato. Para evitar esse risco, todos os parâmetros de gestão administrativa deverão ser predefinidos para a contratada (dono da obra).

Para que anomalias não ocorram em áreas vitais, é importante que a proprietária defina as premissas básicas, sobretudo eliminando distorções quando o empreendimento venha a envolver trabalhadores alocados em diversas empresas contratadas. Para essa ação, deverão ser definidas normativamente as regras que precisarão ser consideradas pelas contratadas, bem como os requisitos mínimos para com a segurança do trabalho e a disponibilização da infraestrutura necessária para a implantação, considerando os riscos.

Alguns proponentes fornecedores e contratadas propõem fórmulas paramétricas para reajuste de preços. Outros reajustes podem ocorrer conforme proposições comerciais e índices econômicos a serem baseados no Código Civil Brasileiro e suas regulamentações. A seguir, um exemplo de aplicação de fórmula paramétrica para reajuste contratual envolvendo *mão de obra*.

*Reajustes de preços envolvendo investimento de mão de obra para construção e montagem eletromecânica*

Preços envolvendo mão de obra utilizada para a construção e montagem podem ser reajustados por fórmulas paramétricas. A aplicação com atualização

---

[19] Do inglês, significa: modelo de contrato no qual o preço global cobrado pelo produto ou serviço é determinado antes da realização do projeto.

ocorrerá conforme a fórmula, após o fechamento de acordo coletivo da categoria ativa presente dentro dos canteiros de obras, e ainda poderá ocorrer quando houver paralisação da força de trabalho e isso acarretar concessões mesmo fora da data-base. Por estes motivos o programa de compartilhamento de riscos (PCR) é importante. O PCR impõe corresponsabilidade das contratadas na gestão humana.

Deve-se, nesses casos, ficar atento para que não seja incluída nesta fórmula paramétrica qualquer correção que possa ser efetuada a qualquer tempo, sobretudo custos e despesas decorrentes de paralisações de mão de obra, ainda que não sejam incluídos custos adicionais com mobilização de mão de obra acima do planejado na proposta comercial.

A seguir, exemplo de fórmula paramétrica:

$$CM = \{([FA_1 - FA_0] + [FB_2 - FB_0] + [FN_1 - FN_0]) \times H\} + \{G \times H\}$$

$[FA_1 - FA_0]$ = Valor de aumento de benefício a ser pago aos trabalhadores.
$[FB_2 - FB_0]$ = Aumento de valor de benefício adicional a ser pago aos trabalhadores.
$[FN_1 - FN_0]$ = Aumento de valor de "n" benefício a ser pago aos trabalhadores.
$H$ = Histograma da mão de obra de montagem, ou seja, o número real dos trabalhadores com direito aos benefícios, a partir da data de início até a desmobilização das empresas de montagem.
$G$ = Qualquer novo benefício criado durante a execução do projeto, a partir da data de início até a desmobilização das empresas de montagem.
$CM$ = custo (mão de obra), benefícios adicionais de valor para os trabalhadores negociados na negociação coletiva.

Nesse modelo, qualquer bônus e qualquer pagamento especial ou benefício[20] que o sindicato local tenha negociado com a contraparte são custos que

---

[20] Auxílio educação; cesta básica; cesta de natal; regras diferenciadas em relação à legislação; horas extras, período de folga ou qualquer situação não definida na data da assinatura do contrato; bônus e qualquer pagamento especial ou benefício devem ser aplicados imediatamente após a negociação desses itens. Nesse caso, a proponente considera qualquer bônus ou quaisquer outras exigências negociadas, além do reajuste salarial (barganha coletiva), como responsabilidade do contratante e deverão ser adicionados ao preço, pois nenhuma provisão para essas despesas adicionais foi considerada no preço.

devem ser adicionais ao reajuste de preços de acordo com a fórmula "ponto CM = custo com mão de obra".

### Estudo de caso

*Reajuste contratual envolvendo investimento com mão de obra*

Durante um contrato modelo *engineering procurement construction* (EPC), o epecista contratou a empresa para a construção civil de sua "ilha de fornecimento". Passados 12 meses, na data de aniversário do contrato, o epecista solicitou o reajuste do investimento com a mão de obra estabelecido pelo acordo coletivo de trabalho, assim como outros reajustes incidentes que lhe foram repassados pela contratada para a construção civil.

Ao se analisarem os itens que estavam compondo os valores de ressarcimento envolvendo os demais custos com mão de obra (horas extras, cesta básica etc.), observou a proprietária (dona da obra) que no pleito (*claim*) o epecista via contratada estava repassando "custo cheio" envolvendo alguns feriados com a alegação de que esse custo não havia sido considerado no planejamento de sua contratada quando da proposta comercial.

*Pergunta: o que fazer? Acreditar na contratada e pagar o pleito (claim) cobrado ou simplesmente ignorar e não concordar com o pagamento? Que instrumento ou ferramenta pode ser utilizada para evitar esse tipo de pleito (claim)?*

### Programa de compartilhamento de risco (PCR)

Nos modelos contratuais aplicados existem muitas formas para assegurar riscos, mas não é possível prever, em contrato, todos os riscos. Assim, quer seja por intermédio de seguradora, fiança bancária ou por sistemas de financiamentos com cláusulas de garantia etc., esses instrumentos devem ser considerados como alternativa para alguns riscos.

Toda atividade envolve riscos na construção e montagem e eles serão proporcionais à envergadura ou ao tamanho do empreendimento. Por mais que se conheçam os riscos, muitos são imprevisíveis.

Em decorrência dessa imprevisibilidade, é prudente criar processos de compartilhamento financeiro para que esses riscos sejam amenizados. Mitigar riscos reduz impactos: técnicos, operacionais e econômicos.

Em grandes empreendimentos envolvendo número elevado de empresas e massa de trabalhadores, deve-se considerar o compartilhamento de risco, embora os modelos contratuais em geral transfiram a responsabilidade pela mão de obra às contratadas. Ainda assim, movimentos insurgentes envolvendo massa de trabalhadores, quando ocorrem, trazem prejuízos econômicos e financeiros que poderão acabar em intermináveis discussões de responsabilidade.

O presente programa que passaremos a denominar programa de compartilhamento de riscos (PCR) é uma ferramenta didático-pedagógica que visa assegurar eficácia, imputando corresponsabilidade a todas as contratadas mobilizadas.

Aqui se faz distinção entre crises evitáveis, que estão relacionadas com a competência gerencial, e crises inevitáveis, que independem da ação gerencial. Causas que independem da ação humana, acontecimentos aos quais o homem não pode se opor, ou seja, o homem não pode resistir.

Sun Tzu (2009:136) afirma:

> quando os homens do inimigo se dispersavam, os líderes de valor impediam sua concentração; e, quando os homens do inimigo estavam concentrados, esses líderes tinham maneiras de mantê-los em confusão. Quando havia vantagens a serem conquistadas, esses líderes faziam seus movimentos de ataque; do contrário, mantinham-se estáticos. Se me perguntassem o que fazer frente a uma massa compacta de inimigos, formados de maneira concatenada e prestes a iniciar o movimento de ataque, eu diria: comece por tomar alguma coisa que tenha muito valor para ele, ele se mostrará mais flexível.

Em primeiro lugar, as lideranças precisam se antecipar aos movimentos de massa, manter o controle, identificar lideranças negativas capazes de liderar movimentos de massa, observar cuidadosamente o bem-estar da equipe, "agregando itens de valor para eles", não fazer exigências em excesso e, sobretudo, enfraquecer movimentos insurgentes por meio da boa liderança.

*Montante monetário dos riscos*

O contingenciamento de riscos compartilhados deverá estar vinculado à ocorrência dos eventos e, portanto, não vinculado à formação de fundo específico.

*Quem participa*

Todas as empresas presentes nos canteiros de obras serão corresponsáveis pelo custo da crise.

*Critérios do programa de compartilhamento de risco*

Para se estabelecer um conceito de compartilhamento, nos quadros a seguir se propõe o que poderá ser considerado objeto do programa de compartilhamento.

A seguir, alternativas para a estruturação do programa de compartilhamento de riscos, as quais podem ser adaptadas em conformidade com a necessidade de cada empreendimento e/ou projeto.

**Evento — crises externas**
**(quadro ilustrativo)**

| Referente | Proprietária | Contratada & subcontratada |
|---|---|---|
| Epidemias, cuja contaminação seja superior a .....% do efetivo total da obra | 50% | 50% |
| Falha de energia causada pela concessionária (*blackout*) | A) - 50%<br>B) - 0% | 50%<br>0% |
| Greve na Receita Federal | A) - 50%<br>B) - 0% | 50%<br>0% |

*Parametrização (força maior)*
*Falha de energia causada pela concessionária (*blackout*)*
A) durante todo o período da obra em até ...... horas ( ... dias úteis), 50% da contratante e 50% das contratadas e subcontratadas.
B) Acima deste parâmetro, 100% da contratante.

*Greve na Receita Federal*
A) Greves que causarem impactos de até ...... dias úteis no cronograma da obra, 50% do custo da contratante e 50% do custo das contratadas e subcontratadas.
B) Acima de ...... dias úteis, 100% da contratante.

Estão incluídos horas ociosas; adicionais de equipamentos, tais como andaimes, guindastes, máquinas de escavação, plataformas, máquinas de solda, caminhões, usina de concreto etc.; pessoal da contratada e subcontratadas; acomodação; alimentação; transporte; e desmobilização/remobilização de pessoal da contratada e suas subcontratadas.

No caso de greve na Receita Federal, independentemente dos dias de impacto no cronograma da obra, os custos de armazenagem em área alfandegada de materiais e equipamentos importados e *demurrage* de *containers* são arcados em 50% pela contratada e em 50% pela contratante proprietária do empreendimento.

### Evento — crises internas
(quadro ilustrativo)

| Referente | Proprietária | Contratada & subcontratada |
|---|---|---|
| Danos ao patrimônio da contratante (infraestrutura) tais como residenciais (alojamento), refeitórios, centro social, portarias, placas de sinalização etc., causados pelo mau uso ou destruição voluntária efetuada por empregados das contratadas ou subcontratadas (até o valor da franquia). | 0% | 100% |
| Intoxicação alimentar cujo laudo da vigilância sanitária, ou, na sua falta, laudo emitido por entidade tecnicamente habilitada, evidencie foco nos restaurantes industriais internos e/ou nos residenciais (alojamento) a um número do efetivo de cada pacote de EPC ou contratada direta e seus subcontratados. | 100% | 0% |

### Evento — ações preventivas
(quadro ilustrativo)

| Referente | Proprietária | Contratada & subcontratada |
|---|---|---|
| Materiais de campanhas voltados a segurança, higiene e saúde, meio ambiente.<br>Torneios e campeonatos a serem realizados.<br>Atividades, premiações em datas festivas tais como carnaval, festa junina, Natal e ano-novo, realização de shows, contratação de humoristas e bandas etc.<br>Programas de saúde tais como saúde bucal, palestras voltadas a higiene e saúde, DST, Aids, alcoolismo e drogas etc. | 50% | 50% |

## Paralisações

Paralisação ou greve motivada por problemas diretos, questões e/ou falhas no gerenciamento interno. Paralisação ou greve será qualquer distúrbio trabalhista coletivo que produza a paralisação ou redução do ritmo dos trabalhos, incluindo bloqueio total ou parcial de acesso.

No caso de paralisações ou greves limitadas à(s) empresa(s) e suas subcontratadas, estas deverão arcar com o custo da paralisação.

Paralisações ou greves em que haja a participação de mais de uma empresa, paralisando toda a atividade nos canteiros de obras, serão arcadas em 75% pela contratante e em 25% pelas contratadas e suas subcontratadas.

**Quadro ilustrativo***

| Referente | Proprietária | Contratada & subcontratada |
|---|---|---|
| Empresa(s) causadora(s), envolvida(s) diretamente na paralisação. | A) - 0% | 100% |
| Empresa(s) envolvida(s) indiretamente (não causadoras). | B) - 75% | 25% |

* Ressalta-se que este modelo é de compartilhamento e, sobretudo, um instrumento pedagógico; assim, há coparticipação da proprietária, mesmo não tendo envolvimento direto (pelo conceito). Essa coparticipação pode variar de projeto para projeto.

A) Paralisações, greves e outros distúrbios trabalhistas coletivos limitados a uma empresa (seu fornecedor ou um de seus subcontratados) por motivos de:
Descumprimento de obrigações trabalhistas legais ou previstas em instrumento coletivo tais como pagamentos de salários e benefícios, recolhimento de encargos sociais e pagamento de horas extras;
Condições insalubres nos residenciais (alojamento), quando não alojados nos residenciais da contratante;
Qualidade inadequada do transporte de pessoal;
Condição de segurança fora das normas, falta de Equipamento de Proteção Individual (EPI) etc.;
Falha no cumprimento das normas e da legislação pertinente aos assuntos relativos à medicina e à segurança do trabalho.
B) Quaisquer outras paralisações, greves e distúrbios trabalhistas coletivos, envolvendo mais de uma empresa ou subcontratada, inclusive por motivos externos ao empreendimento, tais como por influência de sindicatos ou outra organização, ou por motivos causados pela contratante.

## Impactos financeiros de todos os itens negociados em data-base
(quadro ilustrativo)

| Referente | Proprietária | Contratada & subcontratada |
|---|---|---|
| Índice de reajuste salarial | Contrato | Contrato |
| Benefícios temporários ou permanentes | Contrato | Contrato |
| Impactos financeiros de todos os itens relacionados com a negociação coletiva fora de data-base, decorrente de uma paralisação, greve ou outro distúrbio coletivo trabalhista | Contrato | Contrato |

Os únicos custos passíveis de compartilhamento nesta seção são: horas ociosas; adicionais de equipamentos tais como andaimes, guindastes, máquinas de escavação, plataformas, máquinas de solda, caminhões, usina de concreto etc.; pessoal da contratada e suas subcontratadas; acomodação e dormitórios; alimentação; transporte; desmobilização/remobilização de pessoal da contratada e suas subcontratadas; diárias de transportadoras em decorrência de materiais e equipamentos fornecidos pela contratada não descarregados; franquia de seguro cobrindo danos causados ao fornecimento contratual; equipamentos de construção e montagem da contratada e suas subcontratadas roubados, furtados, perdidos e/ou danificados.

O custo das concessões é feito em razão de negociação de acordo coletivo de trabalho (ACT).

*A utilização e aplicação do programa*

A aplicação do PCR deve seguir critérios preestabelecidos nos eventos descritos anteriormente.

### Estudo de caso

*O compartilhamento de riscos*

Cinco proponentes foram qualificados pela área de compras (*supply*) cujo contrato seria na modalidade EPC. Durante o processo final de negociação, cada um dos cinco proponentes qualificados ficava com suas equipes em salas separadas.

O programa de compartilhamento de risco (PCR) foi apresentado individualmente a cada proponente. Do total de cinco proponentes, quatro assinaram o programa de compartilhamento e um dos proponentes recusou-se a assiná-lo com o argumento de que não concordava em compartilhar os riscos, afirmando que a proposta não teria sido aceita pelo CEO de sua organização.

*Pergunta: você utilizaria alguma argumentação e/ou ação para convencer o proponente ou aceitaria o declínio, eliminando o proponente do processo?*

## Conclusão

Vencidas as etapas: 1. estudo de viabilidade econômica; 2. estruturação de equipes; e 3. definição de projetos, é hora da etapa 4. *comprar e contratar*. Conforme verificamos, o processo de compras ocorrerá com qualidade se o escopo técnico e respectivas especificações técnicas estiverem bem estruturados, e venha possibilitar que os proponentes (fornecedores), quer sejam de serviços, tecnologia ou produtos, possam efetuar suas propostas técnicas e comerciais o mais próximo possível da realidade e necessidade do cliente.

Um escopo técnico bem estruturado refletirá em compra com qualidade. Assim, em aquisições complexas sob o ponto de vista tecnológico, construtivo e de elevado valor agregado, que envolvam significativa quantidade de mão de obra, deve-se contar com equipe multidisciplinar para assegurar que o mínimo de inconsistências possa estar contido no escopo.

Todos os eventos aqui tratados têm grande relevância, porém este capítulo tratou de uma importante fase que é a elaboração do *escopo técnico, compra e contratação*.

Nesta etapa há que se tomar precauções evitando que deformações congênitas venham a contribuir para crises-conflitos futuros.

A busca pelo melhor preço deve ser considerada, porém deve-se assegurar o menor número possível de imperfeições estruturais.

Algumas despesas não deveriam ser consideradas custos e sim investimento. Devem ser definidas de forma clara, especificando os itens que deverão ser cumpridos pelas contratadas e suas subcontratadas de forma a atender a legislação trabalhista, as Normas Regulamentadoras (NRs), a Associação Brasileira de Normas Técnicas (ABNT) e demais questões relevantes consideradas importantes pela força de trabalho.

# CAPÍTULO IV

# Central de serviços administrativos (CSA)

# Introdução

A estruturação e a implantação adequada da central de serviços administrativos são fundamentais na organização de um empreendimento de grande porte.

É na central de serviços administrativos que tudo se inicia. Todas as empresas e equipes a serem mobilizadas adentram o empreendimento por meio da CSA.

Na CSA efetua-se o cadastramento de todo o "capital humano" das empresas mobilizadas, assim como máquinas, equipamentos, instrumentos, ferramentas, veículos leves e veículos pesados, e efetua-se a supervisão de todos os serviços de apoio, documentos etc.

A CSA deve ser estruturada para fornecer documentalmente relatórios para acompanhamento gerencial. A CSA deve atender a todas as atividades e serviços da infraestrutura de apoio. Tem a responsabilidade pelo controle e gestão envolvendo a implantação do empreendimento.

São atividades da CSA a gestão, administração, fiscalização, supervisão, auditorias e recepção das empresas e seus empregados, assim como a coordenação e o controle dos seguintes serviços: acessos às portarias, gestão documental (obrigações acessórias), fiscalização de cumprimento das obrigações acessórias, segurança patrimonial, transporte coletivo, residenciais (alojamentos), restaurantes (produção de alimentos e refeitórios), supervisão e fiscalização de repúblicas e hotelaria, elaboração e confecção de relatórios, serviços de limpeza predial, gestão na coleta de resíduos, treinamentos de integração, gestão de mobilização e desmobilização etc.

A CSA deverá possuir informações em tempo real e online sobre:

- Número de veículos e equipamentos mobilizados;
- Volume de pessoas mobilizado por contrato;
- Quantidade de contratos, ativos e inativos;
- Quantidade de repúblicas, hotéis, residenciais (alojamentos), quando existirem;
- Nível de escolaridade da força de trabalho e respectivos tempos de experiência;

- Controle de acessos diários por empresa;
- Gestão de informação da qualidade da alimentação servida;
- Gestão de serviços de limpeza e arrumação;
- Gestão de transporte de pessoal;
- Fiscalização e gestão de serviços e respectiva qualidade envolvendo as NRs 18 e 24;
- Fiscalização e auditorias nas obrigações acessórias envolvendo empresas contratadas e subcontratadas etc.

No modelo a seguir, exemplificamos a estrutura de uma CSA. Essa estrutura pode ser ajustada e adaptada em conformidade com o projeto e seu grau de complexidade.

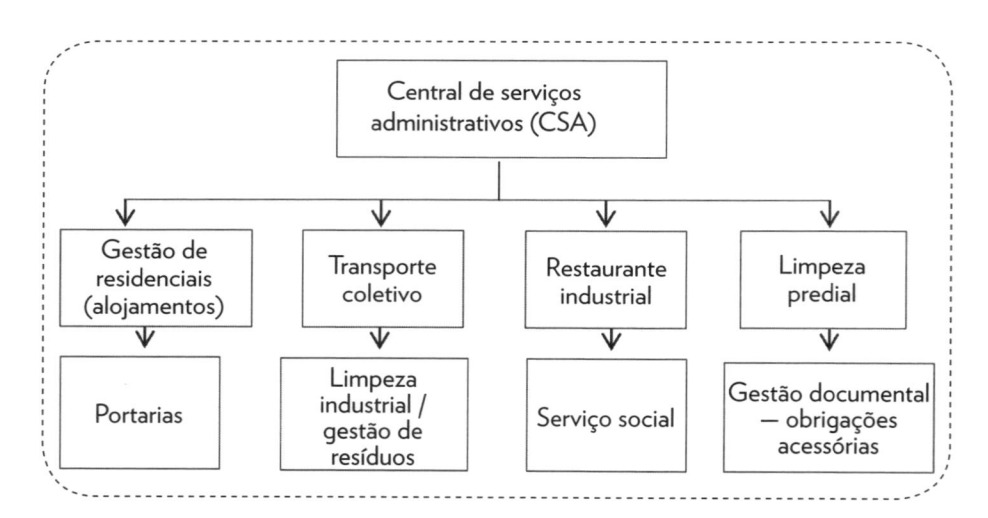

```
                    Central de serviços
                    administrativos (CSA)
                            |
      ┌─────────────┬───────┴───────┬─────────────┐
      ▼             ▼               ▼             ▼
  Gestão de      Transporte     Restaurante    Limpeza
  residenciais    coletivo       industrial    predial
  (alojamentos)
      ▼             ▼               ▼             ▼
                  Limpeza                     Gestão documental
  Portarias     industrial /    Serviço social  — obrigações
                 gestão de                       acessórias
                  resíduos
```

Podemos elencar como atividades principais de uma central de serviços administrativos:

- Receber das contratadas e subcontratadas documentações como: Programa de Prevenção de Riscos Ambientais (PPRA), Laudo Técnico das Condições Ambientais de Trabalho (LTCAT), Programa de Conservação Auditiva (PCA), Programa de Controle Médico e Saúde Ocupacional (PCMSO), Atestado de Saúde Ocupacional (ASO), contratos de trabalho, cópia dos contratos comerciais que comprovem a relação entre contratadas e subcontratados;

## CAPÍTULO IV – CENTRAL DE SERVIÇOS ADMINISTRATIVOS (CSA)

- Emitir, administrar e supervisionar a emissão de crachás de identificação para todos os trabalhadores das empresas contratadas e subcontratadas para a construção do empreendimento;
- Administrar e efetuar o gerenciamento da lavagem de roupas de cama, enxoval composto por lençóis, fronhas e travesseiros, de residenciais/alojamentos quando existentes para hospedagem da mão de obra necessária;
- Administrar pequenas manutenções e reparos dos residenciais, assegurando qualidade dos serviços prestados (manutenção hidráulica, elétrica e civil);
- Supervisionar, fiscalizar e auxiliar na manutenção da ordem e segurança de residenciais, repúblicas e hotelaria;
- Supervisionar a limpeza e a organização dos serviços médicos ambulatoriais;
- Supervisionar as áreas de lazer dos residenciais, portarias e refeitórios, e promover programas de recreação & lazer para os usuários (hóspedes) dos residenciais, quando existirem;
- Supervisionar e fiscalizar o sistema de transporte coletivo;
- Fiscalizar e supervisionar os banheiros dos canteiros de obras, assegurando que estejam em conformidade com a NR18;
- Avaliar e fiscalizar inadimplências locais, praticadas por empresas contratadas e subcontratadas na área de influência do empreendimento;
- Manter profissionais de nutrição para supervisionar os serviços de alimentação nos canteiros de obras e nos residenciais, quando este último existir;
- Supervisionar e fiscalizar as repúblicas destinadas aos trabalhadores que não estejam nos residenciais próprios, fornecidos pelo empreendimento;
- Auditar as obrigações acessórias (encargos sociais, previdenciários, trabalhistas, folha de pagamentos, recolhimentos sindicais);
- Emitir relatórios gerenciais de acompanhamento (refeitórios, controle de acessos, ambulatórios, residenciais, repúblicas, serviço de transporte, arrumação e limpeza em geral) etc.

Para melhor gestão das atividades administrativas envolvendo a mobilização das empresas contratadas, deve ser desenvolvido e customizado programa de gerenciamento informatizado para facilitar o processo de cadastramento de todas as empresas e profissionais que estarão sendo efetivamente mobilizados por empresa contratada e/ou subcontratada.

O cadastramento das empresas contratadas e subcontratadas é efetuado pela CSA e o cadastramento dos profissionais a serem mobilizados pela própria empresa vencedora do processo concorrencial e/ou licitatório; essa ação poderá ser efetuada via internet por meio do sistema de gerenciamento da CSA.

Esse procedimento elimina custo operacional na CSA.

A entrega documental deverá ser efetuada preferencialmente em papel, porém alguns empreendimentos optam por receber documentos em meio eletrônico.

A ação reduz custo operacional, mas poderá implicar recebimento de documentos falsos. Assim, nessa ação, deve-se deixar explícita a responsabilidade da contratada quanto à procedência e à qualidade dos documentos entregues.

O gráfico a seguir ilustra a distribuição de contratos por área de atuação durante o processo de construção e montagem industrial.

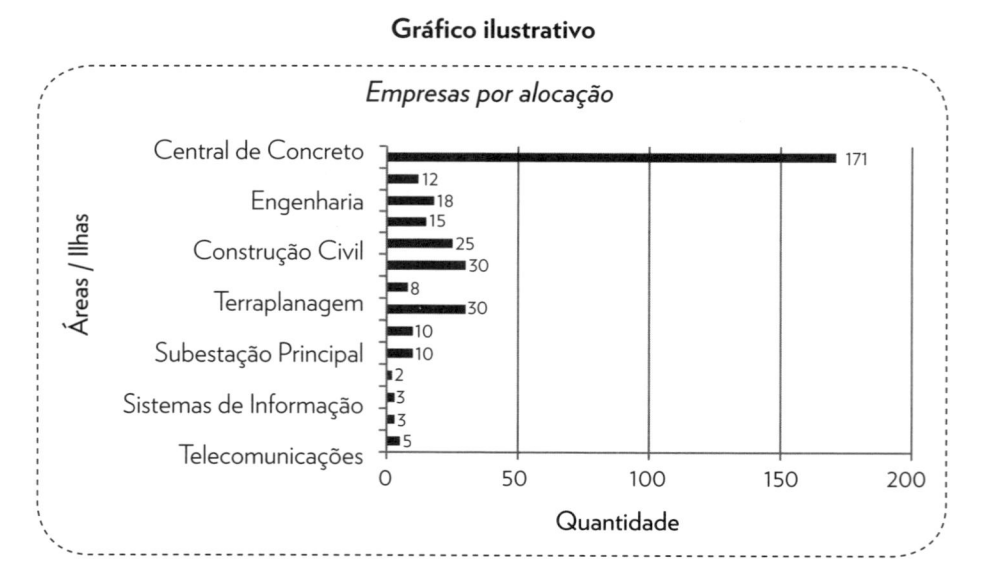

**Gráfico ilustrativo**

*Empresas por alocação*

| Áreas / Ilhas | Quantidade |
|---|---|
| Central de Concreto | 171 |
|  | 12 |
| Engenharia | 18 |
|  | 15 |
| Construção Civil | 25 |
|  | 30 |
|  | 8 |
| Terraplanagem | 30 |
|  | 10 |
| Subestação Principal | 10 |
|  | 2 |
| Sistemas de Informação | 3 |
|  | 3 |
| Telecomunicações | 5 |

Todas as informações cadastrais deverão ficar sob a tutela da proprietária do empreendimento (dono da obra), sobretudo se a opção pela gestão da CSA for efetuada por empresa contratada para essa finalidade.

# CAPÍTULO IV – CENTRAL DE SERVIÇOS ADMINISTRATIVOS (CSA)

Essas informações poderão ser disponibilizadas, quando solicitadas, para contratadas e subcontratadas após as devidas aprovações internas. A manutenção dessas informações auxilia na gestão administrativa para atendimento das mais diversas ocorrências, quer sejam: acidentárias, trabalhistas, comunitárias etc.

A área compras (*supply*), após a contratação, deverá enviar à CSA a *carta de anuência,* conforme mencionado no capítulo III — Compras (*supply*) e contratos; formulário específico para informar à CSA acerca da contratação e mobilização da empresa contratada e/ou subcontratada. A CSA, após essa anuência, efetuará o cadastramento da contratada no sistema de gerenciamento.

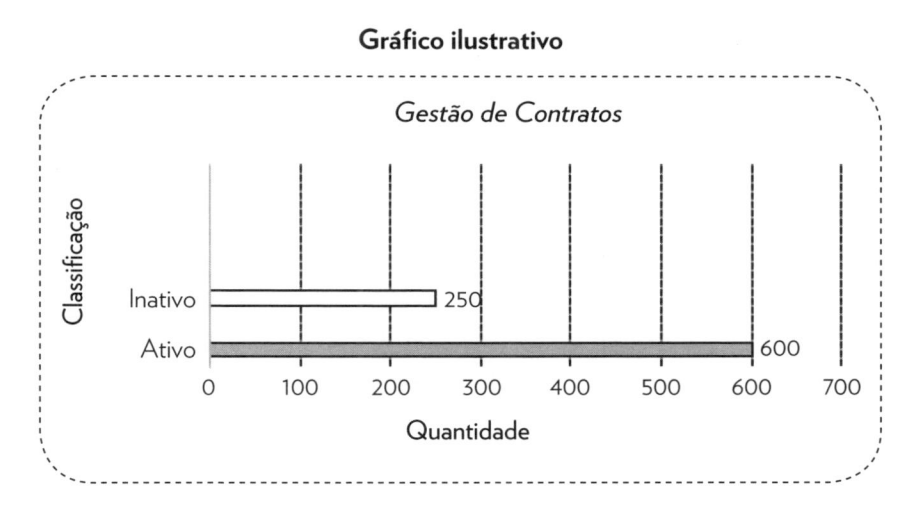

**Gráfico ilustrativo**

*Gestão de Contratos*

Classificação

Inativo — 250
Ativo — 600

0   100   200   300   400   500   600   700
Quantidade

A CSA, neste modelo de gerenciamento, terá informações cadastrais que poderão ser utilizadas para avaliação de perfil de mão de obra, escolaridade, faixa etária, procedência etc. Essas informações são úteis para o gerenciamento, podendo, num estudo, ser utilizadas para verificar questões envolvendo ocorrências, produtividade e eventual relação de qualificação ou capacitação técnica da mão de obra mobilizada, faixa etária, assim como outras avaliações de cunho social ou trabalhista. A seguir, gráfico de escolaridade da mão de obra. O gráfico representa o nível de formação escolar encontrado nos empreendimentos analisados envolvendo 90 mil trabalhadores.

**Gráfico ilustrativo**

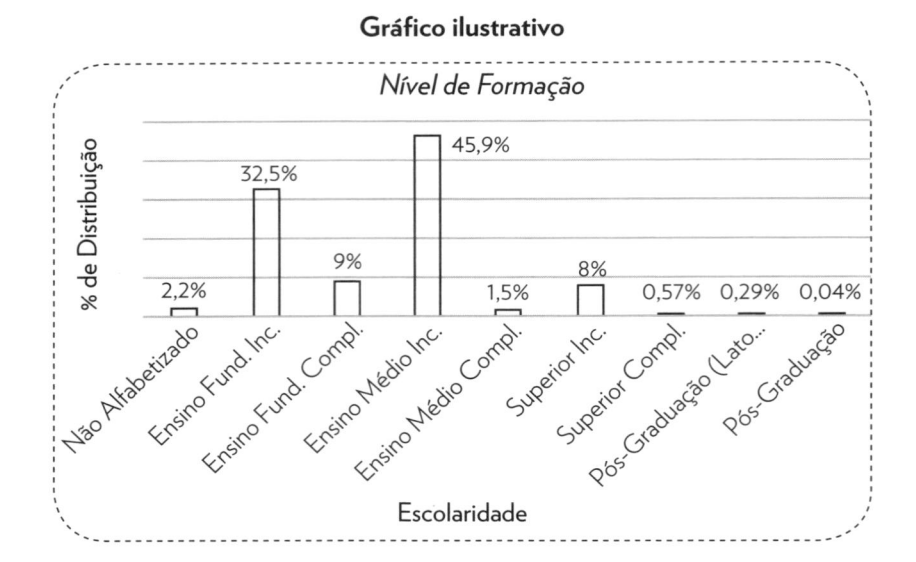

*Nível de Formação*

- Não Alfabetizado: 2,2%
- Ensino Fund. Inc.: 32,5%
- Ensino Fund. Compl.: 9%
- Ensino Médio Inc.: 45,9%
- Ensino Médio Compl.: 1,5%
- Superior Inc.: 8%
- Superior Compl.: 0,57%
- Pós-Graduação (Lato...): 0,29%
- Pós-Graduação: 0,04%

% de Distribuição / Escolaridade

A baixa escolaridade é um dos fatores que interferem na produtividade e tornam a automação, a inovação tecnológica e o treinamento para melhoria da qualificação um desafio.

Na CSA, poderá ocorrer estratificação por contratos e por ilhas de construção e montagem, por exemplo, a faixa etária da força de trabalho.

A seguir, o gráfico representando a faixa etária encontrada nos empreendimentos analisados, envolvendo 90 mil trabalhadores.

**Gráfico ilustrativo**

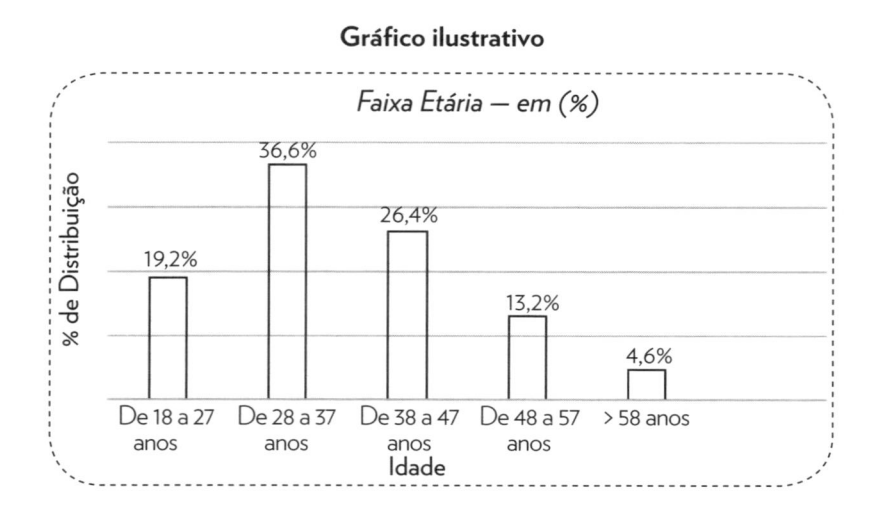

*Faixa Etária — em (%)*

- De 18 a 27 anos: 19,2%
- De 28 a 37 anos: 36,6%
- De 38 a 47 anos: 26,4%
- De 48 a 57 anos: 13,2%
- > 58 anos: 4,6%

% de Distribuição / Idade

## CAPÍTULO IV – CENTRAL DE SERVIÇOS ADMINISTRATIVOS (CSA)

O estudo demonstrou que a força de trabalho nesses empreendimentos é constituída por jovens, sendo 55% com idade média abaixo de 37 anos.
A seguir, gráfico ilustrativo de procedência da mão de obra.

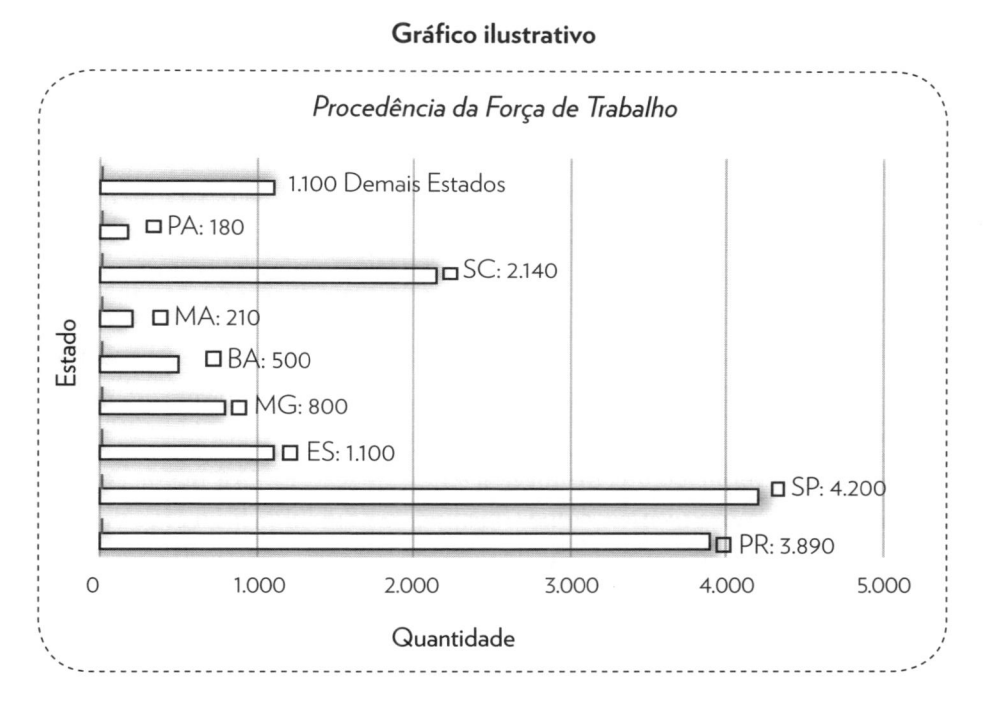

**Gráfico ilustrativo**

Procedência da Força de Trabalho

- 1.100 Demais Estados
- PA: 180
- SC: 2.140
- MA: 210
- BA: 500
- MG: 800
- ES: 1.100
- SP: 4.200
- PR: 3.890

Estado / Quantidade

A localização geográfica do empreendimento definirá o raio mais recomendado para a captação. Quanto mais remota for a construção do empreedimento, maiores serão as dificuldades para a captação.

Recomenda-se estabelecer locais e regiões próximos ao local de construção do empreendimento; a ação evitará agregar custos e despesas adicionais envolvendo benefícios com folga de campo como: viagens, passagens e alimentação durante a implantação; custos estes que impactarão o orçamento do empreendimento.

Deve-se considerar estas premissas na ação "organizar para implantar", e a CSA deverá considerar as fases construtivas do empreendimento:
- Construção pesada (terraplanagem);
- Construção civil;
- Montagem eletromecância; e

- Grau de dificuldade de captação por parte das inúmeras contratadas e subcontratadas para a construção do empreendimento que estarão ligadas às fases de construção e montagem do empreedimento.

Nas fases iniciais envolvendo a construção pesada (terraplanagem) e construção civil analisadas, identificou-se maior facilidade para a captação de mão de obra. Embora existam posições cujo ofício depende de habilidades específicas, as quais implicam maior dificuldade de captação.

Para algumas posições dentro da construção civil, leve ou pesada, ocorrem dificuldades devido a escassez, decorrente das mudanças educacionais associadas ao perfil dos jovens que já não se interessam por atividades braçais.

Alguns ofícios estão em extinção, como operadores de motoniveladoras.

Um bom profisisonal operador de motoniveladora, por conta da escassez no mercado, percebe salários bastante atraentes, assim como outros ofícios ligados às atividades da construção civil e montagem.

Na fase da montagem eletromecância, a captação exigirá maior conhecimento e capacitação técnica, o que trará maiores dificuldades na captação.

Observar e avaliar a capacidade de fornecimento de mão de obra da região onde se estará construindo o empreendimento é de extrema importância na medida em que a baixa disponibilidade de fornecimento de mão de obra implicará a necessidade da migração, elevando os riscos para a construção e os custos de implantação.

Após essa avaliação, deve-se desenhar o formato da captação de mão de obra local, regional e/ou de estados vizinhos. A delimitação dessa captação poderá mitigar crises-conflitos e custos adicionais decorrentes da migração.

Estas informações deverão estar definidas no processo concorrencial e/ou licitatório e nos escopos técnicos a serem enviados ao mercado, o que pode ser efetuado por meio do encaminhamento de *normativa de gerenciamento de implantação*, desenhada e estruturada pela proprietária do empreendimento (dono da obra) e encaminhada aos proponentes para precificação das propostas comerciais.

Definições de gerenciamento por normatização são importantes, sobretudo, em empreendimentos que contam com financiamentos de instituições como: Banco Interamericano de Desenvolvimento (BID); Banco Internacional de Reconstrução e Desenvolvimento (Bird), mais conhecido como Banco Mundial; International Finance Corporation (IFC), instituição membro do Banco Mundial voltada para o fortalecimento do setor privado nos países em desenvolvimento com vistas a combater a pobreza; e Banco Nacional de Desenvolvimento Econômico e Social (BNDES), entre outros financiadores.

Via de regra, essas instituições exigem sistemas de gestão e controle envolvendo mão de obra, segurança no trabalho, saúde, gestão de impactos comunitarios, gestão ambiental, gestão social, sustentabilidade etc.

A existência de um forte sistema de gestão simplifica trabalhos subsequentes envolvendo criação de relatórios a serem encaminhados às entidades financiadoras, poupando tempo, recursos humanos e custo financeiro.

Outra atribuição da CSA é o acompanhamento em tempo real de cumprimento das obrigações acessórias de empresas contratadas e subcontratadas no que tange a recolhimentos previdenciários e trabalhistas.

Essa ação é importante para evitar a degeneração do clima organizacional, ocorrência comum causada por não conformidades relacionadas com recolhimentos das obrigações sociais por contratadas e subcontratadas.

A seguir, documentações passíveis de exigência, cuja apresentação deverá ser efetuada pela contratada no momento da mobilização. São elas:

- Programa de Prevenção de Riscos Ambientais (PPRA), com recolhimento da Anotação de Responsabilidade Técnica (ART);
- Programa de Controle Médico e Saúde Ocupacional (PCMSO);
- Programa de Conservação do Meio Ambiente do Trabalho (PCMAT) (quando aplicável);
- Atestado de Saúde Ocupacional (ASO);
- Análise Preliminar de Riscos (APR) (conforme cronograma de atividade);
- Comissão Interna de Prevenção de Acidentes (Cipa): sempre que a empresa tiver o efetivo igual ou superior a 20 funcionários, deverá compor a Cipa, porém, se o número de funcionários não chegar a 20 pessoas, a empresa deverá indicar um representante para participar das reuniões ordinárias da Cipa da proprietária da obra;
- Investigação e análise de incidentes/acidentes (quando houver registro da ocorrência);

- Listagem de produtos químicos a serem utilizados — toxicidade, periculosidade e riscos toxicológicos (quando aplicável, com Ficha de Informação Sobre Produtos Químicos — FISPQ);
- Diálogo de desenvolvimento de segurança (DDS).

Observação: PPRA, PCMSO, APR e ASO deverão ser apresentados na CSA antes de a empresa iniciar as atividades.

No que se refere às obrigações assessórias que devem ser recolhidas por parte das empresas contratadas e suas subcontratadas, poderão ser solicitados os seguintes comprovantes:

GFIP/Sistema Empresa de Recolhimento do FGTS e Informações à Previdência Social (Sefip), que deve conter:
- Relação dos trabalhadores;
- Relatório analítico do Guia de Recolhimento do FGTS (GRF);
- Relatório analítico de GPS;
- Comprovante de declaração das contribuições à previdência e outras (INSS);
- Resumo das informações à Previdência;
- Resumo do fechamento FGTS;
- Tomador da obra, mencionando o mesmo e competência;
- Conferir se profissionais e credenciados coincidem com os estampados na GFIP/Sefip;
- Conferir data de competência.

*Protocolo de conectividade*

Protocolo de envio de arquivos (conectividade social).

*Recolhimentos a título de INSS*
- Conferir se os fornecedores inserem os códigos de recolhimento apropriados (2.100 e 2.003 para folha de pagamento e 2.119 quando retenção).
- Conferir valores com resumo da Folha e relatório da GFIP/Sefip.
- Quando houver abatimento de guia por retenção, a empresa deverá enviar anexado o documento que comprove a retenção/abatimento.
- Conferir a data de pagamento de recolhimentos, a autenticação bancária e eventuais rasuras. Conferir se a razão social do contribuinte

## CAPÍTULO IV – CENTRAL DE SERVIÇOS ADMINISTRATIVOS (CSA)   107

que recolheu o encargo verificando se coincide com a do fornecedor contratado.

*Recolhimentos a título de FGTS*
- Conferir se o valor recolhido corresponde ao que de fato é devido, considerando os dados do relatório GFIP/Sefip.
- Conferir indicação dos empregados constantes na Sefip, visando garantir o recolhimento integral do FGTS.
- Conferir a data de pagamento, a autenticação bancária e eventuais rasuras. Conferir se a razão social do contribuinte que recolheu o encargo coincide com a do fornecedor contratado.

*Certidão Negativa de Débito (CND) (INSS / FGTS / Federal / Estadual e Municipal)*
- Conferir prazo;
- Conferir finalidade e solicitar esclarecimento em caso de "positiva com efeito de negativa" ou simplesmente "positiva";
- Garantir se o fornecedor estampado na certidão é o mesmo contratado.

*Acordo/convenção coletiva de trabalho*
- Fiscalizar cláusulas econômicas e sociais e aplicação prática;
- Duração, validade, alcance. Examinar categorias e empresas que o assinam, visando conferir sua aderência;
- Conferir o recolhimento pelos empregadores a ser descontado dos empregados em favor das entidades sindicais em conformidade com o ACT ou CCT.

Nas desmobilizações, o seguinte documento deverá ser apresentado:

*Baixa de funcionários*: toda desmobilização de colaboradores deverá ser informada em até 24h após a desmobilização com entrega de documentos descritos adiante.

Em caso de dispensa, estes serão os documentos a serem apresentados:

*Termo de Rescisão do Contrato de Trabalho (TRCT)*
- Conferir a causa da rescisão contratual;

Conferência geral da integridade do documento, campos em branco, rasuras, falta de assinatura, falta de prova de homologação;

Verificar se os dados de preenchimento conferem, se o valor recolhido corresponde ao que de fato é devido, considerando os dados da TRCT.

*Atestado de Saúde Ocupacional (ASO)*

Exame médico demissional. Será obrigatório desde que o último exame médico ocupacional tenha sido realizado há mais de 90 dias, conforme prevê legislação pertinente;

Conferir assinatura médica e do colaborador.

*Cópia da Carteira de Trabalho e Previdência Social (CTPS) com baixa*

Conferir se a data de desligamento está de acordo com o descrito no TRCT.

*Crachá*

Em caso de transferência de obra:

Declaração de transferência (deve conter nome, CPF, função, data de transferência e local da transferência).

Essas verificações documentais são importantes em se tratando de grandes empreendimentos industriais, pois não conformidades administrativas relacionadas com os recolhimentos têm se apresentado como causa de insatifações, implicando degeneração do clima organizacional e levando a crises-conflitos da força de trabalho mobilizada.

Outra importante atribuição da CSA é o monitoramento dos compromissos financeiros das empresas contratadas e subcontratadas para com o mercado onde está sendo inserido o empreendimento. Assim, a CSA deverá acompanhar os processos de inadimplência que vierem a ocorrer envolvendo empresas contratadas e subcontratadas para a construção e montagem do empreendimento. Esse tema será discutido posteriormente.

**Cadastramento de empresas — contratadas e subcontratadas**

Todas as empresas mobilizadas devem ser cadastradas imediatamente após a contratação. Para isso, a área de compras (*supply*), conforme já mencionado no capítulo III — Compra (*supply*) — contratos, deverá informar a CSA.

A seguir, modelo sugerido para cadastramento de empresa contratada, subcontratada, fornecedores e demais prestadores.

|  | |
|---|---|
| Empresa | |
| Número do Contrato | |
| Data de Início | |
| Data Final | |
| Histograma | |
| Local | |
| Valor Mensal | |
| Empresa Responsável | |
| Observação | |
| Escala-Padrão | |
| Filial | |
| Tipo de Serviço | |
| Tipo de Contrato | |
| Local de Execução do Serviço | |
| Data da Alteração | |
| Detalhes do Contrato | |
| Instruções / Observações | |
| Login — Contrato / Portal Web | |

*Cadastramento de colaboradores e prestadores de serviço (mobilizados)*

O cadastramento é fundamental. Todas as informações devem estar disponíveis em tempo real, de forma que todos os contratados estejam alocados em um contrato. Há que se disponibilizar sistema informatizado e customizado que reúna informações capazes de facilitar o processo de gerenciamento por empresas mobilizadas.

O cadastramento da força de trabalho a ser mobilizada deve ser efetuado pela própria empresa, conforme definido anteriormente. A qualidade das informações a serem inseridas é de responsabilidade da contratada e/ou subcontratada, todas estas orientações deverão ser levadas ao conhecimento de todas as contratadas através de normativa de gerenciamento de implantação e, concomitantemente, via reuniões específicas a serem realizadas com as equipes administrativas das contratadas

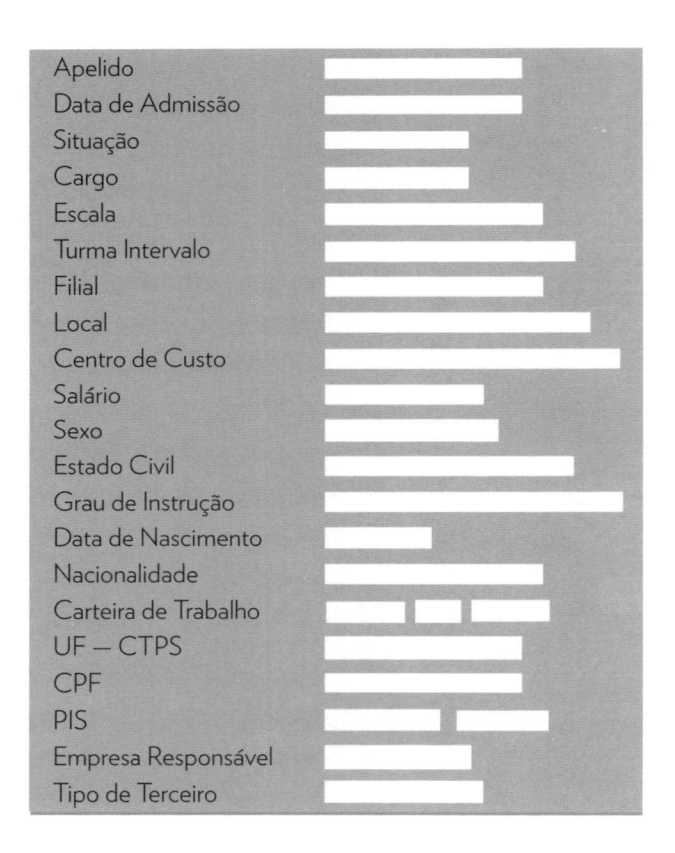

|  |  |
|---|---|
| Apelido | |
| Data de Admissão | |
| Situação | |
| Cargo | |
| Escala | |
| Turma Intervalo | |
| Filial | |
| Local | |
| Centro de Custo | |
| Salário | |
| Sexo | |
| Estado Civil | |
| Grau de Instrução | |
| Data de Nascimento | |
| Nacionalidade | |
| Carteira de Trabalho | |
| UF — CTPS | |
| CPF | |
| PIS | |
| Empresa Responsável | |
| Tipo de Terceiro | |

**Identificação — emissão de crachás**

A identificação é o primeiro passo para o acesso. Assim, as empresas a serem mobilizadas deverão entregar na CSA, antes do início de sua atividade (mobilização), a documentação necessária a ser utilizada no cadastramento para conferência, podendo ser efetuada por meio eletrônico para que a CSA providencie as ações de mobilização.

A ação ocorre após o candidato, colaborador da empresa contratada, ter sido aprovado em todos os processos seletivos de contratação. Finalizado esse processo, a empresa recebe a autorização para a mobilização de seu efetivo. Devido à metodologia de gestão, de verificação documental, recomenda-se que todas as contratadas pré-selecionem os candidatos; porém, a definição de contratação (resposta ao candidato) só seja efetivamente confirmada após todos os trâmites processuais no que tange a testes de aptidão prática, teórica, psicológica e análise documental terem sido concluídos, esta ação evitará não conformidades no processo de contratação e mobilização do colaborador da empresa contratada.

Crachás (identificação) devem ser entregues imediatamente após o treinamento de integração. Nesse ato, as empresas prestadoras de serviço devem receber a documentação necessária a ser assinada como: termos de compromisso em conformidade com a NR-18 e a Portaria nº 3.214, declaração de responsabilidade (atividade de função específica), compromisso do fornecimento dos equipamentos de segurança (EPIs) antes do encaminhamento dos trabalhadores aos canteiros de obras.

A CSA deve manter registro com data e hora da entrega das documentações a fim de gerenciar o processo de liberação de crachás. A entrega deve ser realizada pela CSA no mesmo dia do pós-treinamento de integração. A ação leva em consideração a data e a hora da entrega de todas as documentações necessárias para o cadastramento da empresa e de seus colaboradores que irão acessar os canteiros de obras. A ação gerencial de controle evita a ocorrência de *claim*, com a alegação de morosidade no processo de mobilização.

O crachá emitido pela CSA se constitui no principal documento de controle de acesso do profissional a todos os serviços como: acesso a refeitórios, acesso a residenciais-alojamentos (quando existirem), acesso aos canteiros de obras e ambulatórios etc. Todo o processo de gerenciamento deve ser efetuado por meio de sistema informatizado, customizado para essa finalidade.

Layout *dos crachás*

O documento crachá deve ser aplicado e utilizado para acesso e identificação de todos os profissionais próprios e/ou contratados a serviço do projeto de implantação. O procedimento para emissão de crachá poderá ser consultado nos anexos.

*Tipos de crachá*

### Crachá definitivo

O crachá definitivo deve ser emitido para todo colaborador cuja empresa tiver cumprido todos os trâmites para a mobilização (gestão documental) após o colaborador ter concluído o treinamento de integração. A validade desse crachá estará vinculada ao tempo de duração do contrato e/ou ao tempo de permanência do colaborador na atividade.

### Crachá provisório

Crachás provisórios são emitidos quando houver perda do crachá pelo colaborador, e sua validade é limitada. A solicitação desse crachá deverá ser efetuada pelo colaborador à área administrativa da empresa contratante e a responsabilidade pela devolução e baixa será da empresa responsável pela solicitação junto à CSA.

### Crachá de visitante

Esses crachás são destinados a visitante sem atividade técnica, específica e/ou operacional. Sua emissão deve ter validade máxima pelo período definido para a permanência do visitante, e sua renovação somente poderá ocorrer, por exemplo, após 30 dias de intervalo entre uma emissão e outra. Esse tipo de crachá aplica-se a visitantes esporádicos como gerentes corporativos das contratadas e subcontratadas, diretores, consultores técnicos e pessoal com participação eventual no empreendimento.

### Controle de acesso

O controle de acesso é recomendável em todas as organizações, assim como nos grandes empreendimentos (canteiros de obras) onde há grande volume de trabalhadores, incluindo máquinas e equipamentos. Para essa finalidade deve-se utilizar sistema de gestão e controle de acesso preferencialmente informatizado. A ação é mais facilmente aplicada em empreendimentos envolvendo ambientes fechados do que abertos, porém deve-se considerar a gestão para o controle de acesso em todas as situações, abertos ou fechados. A customização de um sistema para gerenciamento é necessária, pois, além de controlar acessos, pode-se controlar a jornada de trabalho (evitando que ocorra jornada excessiva), interjornada, intrajornada e gestão do descanso semanal remunerado (DSR).

Essa ação é gerencial e deve ser aplicada para controle de acesso ao empreendimento por parte da proprietária. Para efeito de folha, contratadas e subcontratadas deverão utilizar sistemas próprios de ponto em seus canteiros de obras conforme determina a Portaria nº 1.510 do MTE. Para essa ação, a proprietária do empreendimento deverá disponibilizar espaço físico para todas as contratadas e subcontratadas.

### Treinamento de integração

Embora contratadas efetuem integrações envolvendo sua força de trabalho repassando-lhes informações sobre a empresa como direitos, deveres e benefícios, em grandes empreendimentos deve-se considerar a aplicação de treinamento de integração centralizado a todos os profissionais mobilizados, independentemente do nível hierárquico. A ação tem a finalidade de alinhar regras, direitos, deveres e benefícios de todos os profissionais mobilizados. O treinamento de integração deve ser estruturado de forma a mitigar deformações ocasionadas por desinformação.

Todos os colaboradores devem passar pelo treinamento de integração, cujo conteúdo deverá envolver: administração, gerenciamento, benefícios, segurança do trabalho, saúde (atendimento médico e ambulatorial), meio ambiente, serviço social, acordo coletivo ou convenção coletiva, relações sindicais, noções comportamentais e de higiene envolvendo cuidados com a saúde (doenças sexualmente transmissíveis, ações preventivas etc.).

Os conteúdos e o tempo de duração de cada módulo deverão estar customizados de acordo com o público-alvo e, também, considerar o local de realização do empreendimento e respectivos riscos envolvidos.

Colaboradores transferidos de empresa dentro do mesmo canteiro (empreendimento) não têm *a priori* a necessidade de passar por novo treinamento de integração. A CSA deverá gerenciar essa necessidade e avaliar, sobretudo, se não houve alteração de função/atividade.

Visitas técnicas ou atividades com baixo risco devem passar por treinamento básico, conforme programa de treinamento de integração específico.

O modelo sugerido encontra-se nos anexos (programa de treinamento de integração) e poderá ser adaptado e/ou ajustado em conformidade com o cenário (empreendimento) e necessidade.

### Capacitação e qualificação da mão de obra

Contratadas e subcontratadas devem manter os trabalhadores devidamente treinados e dar conhecimento sobre o projeto e/ou serviços, bem como o local onde serão executadas as obras. Deve-se analisar o critério salarial previsto na convenção coletiva de trabalho e/ou acordo coletivo ante a política aplicada pela empresa e o empreendimento em conformidade com a categoria à qual pertence o profissional, assim como normas, regulamentos e benefícios previstos no ACT do local de realização do empreendimento, incluindo os requisitos envolvendo segurança do trabalho, meio ambiente, hospedagem, folgas de campo, saúde etc.

### Desmobilização de colaboradores

Embora o processo não seja encarado como desligamento, e sim desmobilização, sob o ponto de vista de término de obra (conclusão do empreendimento e finalização do contrato), na prática é isso efetivamente o que ocorre, pois se está rescindindo o contrato de trabalho por não haver continuidade das atividades.

Assim, é de extrema importância que as empresas *amenizem o trauma ao fazer o desligamento e deem ao indivíduo tratamento digno*, demonstrando agradecimento ao serviço prestado, assegurando a preservação da dignidade, mesmo considerando-se que se trata de uma atividade temporária com data de início e fim, e a maioria tenha conhecimento disso.

A experiência tem demonstrado que número importante de profissionais que adentram na justiça do trabalho não entra contra a empresa e, sim, contra

## CAPÍTULO IV – CENTRAL DE SERVIÇOS ADMINISTRATIVOS (CSA)

o líder (chefe) que, ao efetuar o desligamento, não tomou o devido cuidado em preservar a dignidade da pessoa que, ao se dar conta das deficiências administrativas vividas, se vê encorajada a buscar seus direitos.

Estes desligamentos devem ser efetuados em escritórios externos mantidos com a finalidade de atendimento externo à força de trabalho contratada. A CSA, nesse caso, atua tão somente na operacionalização documental do processo de desmobilização interna do empreendimento.

A desmobilização de colaboradores deve ser criteriosamente gerenciada pela CSA, a qual deverá ser informada de toda ocorrência envolvendo desmobilização, e a contratada deve efetuar a devolução de crachá e demais documentos comprobatórios rescisórios (obrigações acessórias) pertinentes à desmobilização. Instituições financiadoras com forte apelo às questões sociais têm exigido nos grandes empreendimentos: critérios, políticas e procedimentos claros no que tange ao processo de desmobilização da força de trabalho e seus respectivos impactos.

Visando assegurar a eficácia no sistema de gerenciamento, um instrumento eficaz é a aplicação pela CSA de penalidades contratuais à contratada quando da não constatação da entrega documental pós-desmobilização por trabalhador/crachá não devolvido e demais documentos comprobatórios de desmobilização.

Como demonstrado a seguir, há prazo definido por lei de que a quitação das obrigações trabalhistas deve ser efetuada conforme prevê o art. 476 da Consolidação das Leis do Trabalho (CLT):

§6º — O pagamento das parcelas constantes do instrumento de rescisão ou recibo de quitação deverá ser efetuado nos seguintes prazos:
a) até o primeiro dia útil imediato ao término do contrato;
b) até o décimo dia, contado da data da NOTIFICAÇÃO da demissão, quando da ausência do aviso prévio, indenização do mesmo ou dispensa de seu cumprimento.

O prazo de pagamento (não confundir com homologação) passa a ser contado a partir da notificação; por exemplo, se a notificação ocorrer dia 1º, o prazo para pagamento se encerra no dia 10.

Deve-se, na medida do possível, planejar as desmobilizações assegurando o pagamento das verbas rescisórias o mais rapidamente possível, evitando que o profissional permaneça sem ocupação, na região e/ou em alojamento (hotelaria), o que em muitos casos pode implicar atos de indisciplina, incorrendo em riscos para a contratante, sobretudo se o ex-empregado estiver alojado sob sua responsabilidade.

O trâmite demissional envolve bancos e os processos para pagamento demandam tempo. Assim, o recomendável é que os pagamentos sejam viabilizados na mesma data da ocorrência do desligamento, sobretudo quando o trabalhador for desligado por indisciplina, evitando que o empregado desligado permaneça hospedado sob a tutela da contratada.

Método eficaz para evitar distorções na informação de controle do efetivo mobilizado, ativo, ao final de cada mês, crachás operacionais sem acesso, ou falta injustificada há mais de 30 dias, recomenda-se que sejam considerados como efetivo desmobilizado, portanto, os crachás devem ser inativados. A ação deverá ser informada à contratada.

A captação de mão de obra no local, região do entorno e/ou estado é recomendável; porém, muitas vezes devido à baixa disponibilização de mão de obra com experiência, há que se considerar a captação de mão de obra de outras regiões e estados.

A migração implica custos e despesas adicionais envolvendo tanto a mobilização como a desmobilização. Assim, é pertinente que se estabeleçam regras evitando que esses custos venham embutidos das mais diversas formas nos contratos, o que irá refletir em volume adicional de recursos necessários para a implantação, impactando o orçamento inicialmente estabelecido.

Normalmente, todos os trabalhadores contratados têm direito a passagem de retorno ao local de origem (local de contratação) e custeio de despesas (alimentação). Logo, quanto mais distante for a captação desse talento, maior será o custo. Na implantação, ocorre migração de mão de obra. O volume de mão de obra migratória é tanto mais elevado quanto maior for a crise econômica, em que pese as empresas trabalhem com mão de obra essencialmente migratória as quais acompanham os empreendimentos.

Apesar de ainda haver empregadores que não cumprem as regras previstas na legislação no que tange a migração e/ou contratação de mão de obra migrante captada em região diferente do local de trabalho, cabe ressaltar a necessidade de que se deve cumprir a Instrução Normativa do MTE de 28/4/2011, a qual deverá reduzir níveis de insatisfação dos profissionais captados e, concomitantemente, os riscos para o contratante e empreendimento.

Constatou-se, em vários grandes empreendimentos analisados, a ocorrência de aliciamento de mão de obra, implicando em uma das causas da degeneração do clima organizacional que, por conseguinte, em vários casos analisados contribuiu para paralisações e greves. Esse processo de captação será tratado na sequência (capítulo V — Capital humano: o desafio).

### Obrigações acessórias

O cumprimento das obrigações acessórias inerentes à área trabalhista no Brasil constitui relevante encargo adicional para as empresas; todas indistintamente suportam ônus tributário elevado. Apesar de a fiscalização ser *a priori* de competência do Estado, em grandes empreendimentos reúne-se grande número de empresas de porte variado, com elevado número de trabalhadores.

A diversidade de portes das empresas e de capacidades de pagamentos impõe riscos ao empreendimento, sobretudo quando ocorre inadimplência pelo não recolhimento de encargos sociais da força de trabalho, falta de pagamento ou atraso. Visando reduzir o risco, a CSA deverá atuar junto às empresas contratadas e subcontratadas realizando auditorias, conferência da documentação fiscal e trabalhista tais como: recolhimento do INSS sobre a folha de pagamento, compensações de impostos, FGTS, GFIP/Sefip, GPS e pontualidade de pagamentos.

O contratante mobilizado, ao subcontratar outra empresa para prestar serviços não incluídos em seu escopo (atividade-fim), deve se responsabilizar por coletar a documentação comprovando o cumprimento das obrigações fiscais e trabalhistas de suas subcontratadas à proprietária do empreendimento (dono da obra).

Contratadas e subcontratadas devem efetuar o recolhimento dos encargos sociais previstos na legislação tributária (federal, estadual e municipal) e entregar comprovantes à CSA para conferência.

O cumprimento dessa etapa deverá ser auditado e sofrer acompanhamento via emissão de relatórios pela CSA à contratante. O descumprimento das obrigações relativas a essa etapa poderá gerar pendência contratual com consequente penalidade envolvendo pagamento previsto em contrato à contratada.

A coleta desses documentos deve ser obrigatória para prestadores de serviços com mão de obra aplicada de forma continuada e prestadores de serviços contínuos com mão de obra mobilizada, exceto para as atividades sazonais e pontuais sem mão de obra mobilizada.

O contratado deverá enviar mensalmente os seguintes documentos:
- Guia Previdência Social (GPS — INSS);
- Guia com autenticação bancária (comprovante de pagamento) e composição dos valores que compõem a guia, CNPJ da empresa no campo identificador e Código de Pagamento 2100 ou 2119;
- Guia de Recolhimento do FGTS (GRF);
- Guia com autenticação bancária (comprovante de pagamento), CNPJ da empresa no campo de inscrição e Código 150 (obra empreitada parcial).

*Inadimplência*

Grandes empreendimentos atraem volume considerável de empresas. A experiência tem demonstrado ganhos econômicos consideráveis para a região e para as comunidades onde eles são inseridos, atraindo muitos negócios e oportunidades traduzidos em emprego, renda, melhoria na arrecadação fiscal para municípios e estados, serviços etc. Porém o denominado progresso traz também problemas relacionados a crédito, impactos sociais diversos, podendo gerar conflitos.

Ao término, tem-se constatado volume considerável de inadimplência por compromissos não saldados por empresas contratadas e subcontratadas. Essa inadimplência poderá ocorrer por vários fatores, sendo os principais:
   a) Esforço comercial para fechamento de contratos, proponentes reduzem valores (preços) da proposta comercial implicando falta de recursos (fluxo de caixa);
   b) Erros no planejamento orçamentário necessário para a prestação do serviço (construção ou montagem) levando a contratada a insolvência, faltando recursos para saldar compromissos;
   c) Má gestão financeira dos recursos; e
   d) Insuficiência de capital de giro para fazer frente aos compromissos.

A contratante principal (dono da obra) via de regra está excluída da responsabilidade de solidarizar-se com dívidas deixadas pelas contratadas. Contratualmente, cabe às contratadas honrarem com os compromissos comerciais junto a seus fornecedores e prestadores de serviços.

Porém, não há impedimento para que a proprietária possa exercer ação sobre sua contratada e até sobre a subcontratada.

Visando mitigar a inadimplência, deve ser considerado pela proprietária o esforço na captação de contratadas e subcontratadas idôneas que estejam gozando de boa saúde financeira, evitando empresas com histórico de problemas financeiros recorrentes.

Para tanto, deve-se elevar o critério na qualificação de prestadores, bem como buscar orientar a comunidade do entorno para que adotem *medidas de proteção de crédito* existentes no mercado, assegurando o menor impacto possível.

Esse procedimento deve ser igualmente adotado pelas contratadas em relação às suas subcontratadas, cuja relação contratual está distante da proprietária do empreendimento. Empresas contratadas deverão ficar atentas no que se refere à idoneidade e à capacidade de pagamento (situação econômica financeira) de sua subcontratada.

### Subcontratação de mão de obra

Empresas subcontratadas, sobretudo de médio e pequeno porte, acabam recebendo atividades que empresas de grande porte não se interessam em executar e transferem essas atividades a subcontratadas. A razão principal está no baixo valor agregado (atividade menos lucrativa).

De modo geral observa-se que a contratante, ao subcontratar, não esclarece as regras estabelecidas pela proprietária, regras estas que a subcontratada teria que ter considerado em sua planilha de custos para que efetue adequado orçamento para a realização da atividade.

A não consideração e/ou informação deformada implica prejuízo à subcontratada que na prática busca compensar a perda econômica e financeira, podendo levar à precarização do trabalho e, por conseguinte, impondo riscos.

Nesses casos, o indicado é se restringir ao menor número possível a mobilização de elevado número de empresas subcontratadas para realização de atividade que está no escopo fim da principal contratante. Essa ação mitigará a ocorrência de imperfeições, em que pese a reforma trabalhista de 2017 tenha agora regulamentado a terceirização de atividades.

A terceirização poderá ainda ter característica de *quarteirização*, o que compreende a contratação de empresas cujo escopo da mão de obra esteja dentro da atividade-fim da empresa terceirizada, em que pese a reforma da legislação trabalhista permitir a subcontratação, especificamente a terceirização.

Considerando-se as afirmativas anteriores, vamos imaginar que a empresa A, contratada pelo fornecedor de tecnologia (epecista) para efetuar a montagem mecânica, possui em seu quadro mecânicos montadores, soldadores, encanadores industriais. Essa empresa não deveria a princípio subcontratar outra empresa para montagem, uma vez que foi contratada com finalidade específica, devendo atender ao escopo: qualidade, prazo e orçamento. Esse exemplo pode ser estendido também para as construtoras de obras civis, apesar de na construção civil ser comum o fatiamento de atividades e sua distribuição para várias empresas com a mesma atividade-fim. Quanto mais fatiamentos houver, maiores serão os riscos e, nesse caso, o procedimento estará implicando em quarteirização.

### Quarteirização

A quarteirização foi bastante encontrada e esse modelo com frequência dá causa à degeneração do clima organizacional, deterioração. Em vários casos analisados, se constituiu em causa de deflagração de crises-conflitos trabalhistas.

A seguir, a hierarquia:

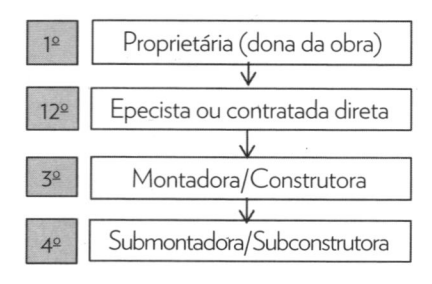

| | |
|---|---|
| 1º | Proprietária (dona da obra) |
| 2º | Epecista ou contratada direta |
| 3º | Montadora/Construtora |
| 4º | Submontadora/Subconstrutora |

CAPÍTULO IV – CENTRAL DE SERVIÇOS ADMINISTRATIVOS (CSA)   121

Os riscos envolvido em uma quarteirização são amenizados quando a atividade a ser realizada é pontual, envolvendo atividade de curta duração, e está fora do escopo contratual da contratada mobilizada para a construção ou a montagem do empreendimento.

**Estudo de caso**

*A subcontratação (terceirização/quarteirização)*

Em um grande empreendimento com regime de contrato EPC, o epecista ficou responsável pela contratação da construtora civil. A construtora civil, ao iniciar sua mobilização, apresentou à proprietária do empreendimento via central de serviços administrativos (CSA) 14 empresas subcontratadas. A proprietária, ao se deparar com a situação, indagou a construtora sobre o porquê de tantas empresas subcontratadas.

A construtora argumentou conforme segue: a atividade de alvenaria será executada pela empresa X — esta empresa tem produtividade duas vezes maior que nossa própria equipe; o assentamento de pisos será realizado pela empresa Y — além da produtividade, tem qualidade superior à da nossa equipe. A fundação será realizada pela empresa Z, e assim foi argumentando, justificando as demais 12 empresas subcontratadas.

Pergunta: os argumentos apresentados são convincentes? Quais os riscos que este modelo apresenta?

**Estudo de caso**

*A quarteirização*

O epecista forneceu uma planta industrial e contratou construtora para a construção civil, e montadora para a montagem eletromecânica. Ao longo da execução, atrasos ocorreram na montagem eletromecânica, o que levou o epecista a pensar em buscar outra montadora e, assim, atender aos prazos contratuais. Após várias reuniões, ficou decidido entre epecista e sua primeira montadora, com acompanhamento da proprietária, que a contratação de outra montadora seria a solução.

O epecista decidiu que o novo contratado não ficaria sob sua administração e sim sob a de sua primeira montadora já contratada.

*Pergunta: a decisão tomada está correta? Existem riscos não observados pelo epecista que deveriam ter sido analisados?*

**Infraestrutura**

Os locais de alojamento têm elevada importância para trabalhadores envolvidos na construção e montagem, justificada pelo fato de estarem longe de suas casas e de familiares. Assim, a insuficiência e/ou a deficiência e qualidade levam a insatisfação e descontentamento. A alocação de residenciais (alojamento) com qualidade deve ser considerada um importante investimento.

Quando o empreendimento se situa em região com disponibilidade de hotelaria e/ou alojamentos, a proprietária poderá considerar transferir a responsabilidade às suas contratadas. No entanto, deverá assegurar a qualidade e a quantidade dessas acomodações, em conformidade com a NR-18, definindo as regras em normativa de gerenciamento a ser cumprida pela contratada, anexa aos contratos.

Deve-se evitar que contratadas busquem auferir lucro alocando a força de trabalho em locais de menor valor (qualidade e custo), o que poderá causar descontentamentos e insatisfações interferindo no clima organizacional, podendo elevar o risco de "continuidade".

Em determinadas regiões, a proprietária deverá considerar a construção de alojamento para a força de trabalho estabelecendo o valor da diária e serviços que deverão ser considerados pelas contratadas nas propostas comerciais. Nesse modelo, toda a força de trabalho fica alojada em infraestrutura disponibilizada pelo dono do empreendimento (proprietária). Esse investimento se faz necessário quando não há infraestrutura disponível no local de implantação do empreendimento.

*Residenciais — alojamento*

Propositadamente, ao longo desta obra, ao se fazer referência ao local onde serão alojados trabalhadores mobilizados, será utilizado o termo "residencial".

## CAPÍTULO IV – CENTRAL DE SERVIÇOS ADMINISTRATIVOS (CSA)

A palavra "residência" leva ao sentimento de pertencimento, apropriação ou casa.

Assim, ao ficar alojado em infraestrutura disponibilizada pelo contratante, a intenção é que o residente tenha o sentimento de estar em sua própria casa e, para tanto, deverá cuidar e comportar-se como se em sua casa estivesse. Para que isso ocorra, é preciso criar ambiente adequado para essa percepção.

As acomodações, quando fornecidas para alojar trabalhadores, independentemente do modelo a ser adotado, deverão estar de acordo com a NR-18. Em alguns empreendimentos observaram-se "qualidade" e "zelo", já em outros, desconsideração de sua importância e relevância, impondo precarização. Essa precarização tem forte influência nos níveis de satisfação e, consequentemente, na produtividade.

A seguir, figura ilustrativa envolvendo a qualidade dos banheiros construídos pela proprietária, destinados ao alojamento da mão de obra de empresas contratadas e subcontratadas.

Ao se apresentar a qualidade destas instalações que seriam fornecidas aos trabalhadores para um "executivo" de uma das empresas contratadas que alojaria sua força de trabalho nessas instalações, o "executivo", ao ver os banheiros, perguntou: "Vocês construíram esta infraestrutura para alojar *peões*"?

*Resposta*: "Não, essas instalações foram construídas para alojar pessoas".

Pensamentos como esse demonstram o quanto ainda há que se evoluir no que se refere à administração de "gente", lembrando que estamos em pleno século XXI.

### Ações de gestão de residenciais — alojamentos

Residenciais (alojamentos) devem ser organizados assegurando que os residentes possam realizar suas refeições no próprio local (desjejum, almoço e jantar). Os residentes em residenciais devem receber crédito diário para cada refeição. Uma vez consumido esse crédito, o sistema de gerenciamento não deve permitir novo acesso. Essa ação visa evitar que o comensal possa fazer nova alimentação nos canteiros de obras após já tê-la efetuado no residencial (alojamento), onerando a contratada.

A ação, além de evitar despesas duplicadas, elimina congestionamento no atendimento do desjejum a ser realizado em refeitórios disponibilizados nos canteiros de obras, que deverão atender profissionais que estão fora do residencial disponibilizado pelo empreendimento, evitando filas e trazendo qualidade para o serviço. É função administrativa das empresas contratadas e subcontratadas esclarecer aos colaboradores operacionais a serem alojados sobre: regras a serem seguidas para alimentação.

Dependendo da distância geográfica do empreendimento, muitos trabalhadores alojados têm que se levantar *demasiadamente cedo para realizar o desjejum*. Assim, devem-se analisar alternativas buscando ajustar esses horários com a jornada de trabalho. A ação evita a degeneração do clima organizacional pela insatisfação desses trabalhadores. A insatisfação tem sido comum, e foi encontrado em vários empreendimentos somando-se a outras não conformidades.

A utilização maciça de repúblicas para alojar pessoal operacional com frequência tem causado crises-conflitos nas comunidades. Deve-se evitar a criação maciça desse modelo concentrado, sobretudo em comunidades de pequeno porte. Em áreas urbanas de grande porte, o impacto não é percebido devido à pulverização pela distribuição da massa de trabalhadores.

Em grandes empreendimentos, com localização geográfica em zona remota, pode ocorrer indisponibilidade de hotelaria para alojar grandes volumes de trabalhadores; assim, constroem-se residenciais (alojamentos).

## CAPÍTULO IV – CENTRAL DE SERVIÇOS ADMINISTRATIVOS (CSA)

Quando construídos, devem ser destinados a alojar colaboradores (oficiais e profissionais especializados). Deve-se buscar evitar alojar ajudantes, serventes e auxiliares; eles devem preferencialmente ser captados no local de realização do empreendimento, quando possível; a ação reduz impacto financeiro com alojamento.

Devem-se admitir nos residenciais, preferencialmente, profissionais contratados de fora do local de realização das obras que desempenhem funções operacionais em níveis de oficiais especializados. Em não havendo mão de obra de apoio (serventes e ajudantes) local, tendo ela que ser migrada, pode-se considerar alojar essa força de trabalho nos residenciais.

Os residenciais, quando existentes, devem possuir estrutura administrativa para gestão, controle e supervisão de todas as necessidades administrativas internas.

Ao se disponibilizar infraestrutura para o recebimento da força de trabalho, devem-se tomar os seguintes cuidados básicos:

a) Residenciais devem seguir regulamentação específica da NR-18 e NR-24;

b) A alocação de profissionais nos residenciais deverá ser em estruturas divididas por blocos, preferencialmente por empresa;

c) Os residenciais devem possuir infraestrutura de cozinhas, refeitórios e áreas de lazer;

d) Esses residenciais devem ser limpos diariamente e o enxoval de cama trocado uma vez por semana;

e) Todos os residenciais deverão possuir coletores de lixo (seletivos) por tipo de descarte e a coleta deverá ser efetuada diariamente por empresa especializada que transportará os resíduos gerados até o destino final em conformidade com o tipo de resíduo. O resíduo reciclável deverá ser encaminhado para reaproveitamento;

f) Eventuais danos causados na infraestrutura por colaboradores das empresas não cobertos por seguro devem ser ressarcidos pela contratada;

g) Contratadas e subcontratadas devem efetuar o desalojamento de seus colaboradores imediatamente após efetuada a desmobilização (desligamento), não podendo mantê-los após a desmobilização;

h) Contratada e subcontratada devem disponibilizar e manter responsáveis administrativos para apoio ao pessoal alojado. Esses profissionais deverão acompanhar toda a gestão e fazer visitas a fim de dar suporte à equipe.

*Gestão disciplinar nos residenciais — alojamentos*

Indisciplinas em residenciais (alojamentos), refeitórios, canteiros de obras e demais instalações não devem ser toleradas. Trabalhadores devem receber todas as informações quanto à intolerância disciplinar, podendo a indisciplina implicar ação administrativa impossibilitando permanência na área.

Contratadas e subcontratadas devem utilizar a infraestrutura disponibilizada, evitando a utilização de residenciais externos (repúblicas), exceto para funções não operacionais como: cargos de nível superior, técnicos de nível médio e demais profissionais técnicos, administrativos e supervisores; em alguns casos, a liderança é alojada nestes residenciais, o que impõe respeito, sendo recomendável.

A atração para a utilização estará vinculada ao custo da cessão das instalações. Como todas as contratadas alocam valores de custeio já subsidiado, informado pela proprietária do empreendimento para a utilização dos residenciais com todos os serviços embutidos, a tendência é a de utilização dessas instalações, pois o custo com utilização de instalações externas *a priori* será mais elevado. Exceto se houver acordo entre as partes, permitindo a utilização de instalações externas, cujo custeio deverá limitar-se ao valor informado pela proprietária do empreendimento.

Observou-se que há contratadas que se utilizam do argumento da segurança para a não utilização da infraestrutura cedida temendo que em caso de greve (insurgência de trabalhadores) o que tem sido uma prática encontrada nestes grandes empreendimentos, seu efetivo seja prejudicado, além, em muitos casos, da baixa qualidade da hoteleira fornecida pelos empreendimentos em detrimento do que muitas contratadas disponibilizam para suas equipes.

Repúblicas, de modo geral, imputam custos adicionais ao empreendimento, necessitam de fiscalização e podem incorrer em ruídos na comunidade, sobretudo quando o residente em repúblicas tem o hábito de promover festas nos finais de semana. Residências externas, quando utilizadas, deverão ser inspecionadas pela CSA visando assegurar o atendimento da NR-18.

## CAPÍTULO IV – CENTRAL DE SERVIÇOS ADMINISTRATIVOS (CSA)

*Como calcular a necessidade de residenciais (alojamentos)*

Os cálculos para definição de necessidade de residenciais (alojamento) envolvem variáveis a serem consideradas e esbarram nos desvios dos histogramas e procedência da mão de obra.

Pode-se utilizar a fórmula a seguir para definir a quantidade de vagas necessárias para atender a mão de obra migratória. Essa fórmula aplica-se considerando a disponibilização de vagas em hotéis/alojamentos e repúblicas (casas de aluguel) no local ou próximo de onde será construído o empreendimento, sendo que o déficit em relação ao histograma de mão de obra, previsto no pico da obra, estabelecerá o número de vagas a ser disponibilizado via residenciais (alojamentos):

$$A = H_1 - H_2 - L - R_1 \times F_0 \, (\%)$$

$H_1$ = Histograma previsto no pico = 13.000;
$L$ = Mão de obra local = 2.500;
$H_2$ = Número de vagas em hotéis disponíveis = 1.800;
$R_1$ = Número de vagas em repúblicas a serem utilizadas = 1.000;
$A$ = Número de vagas necessárias a serem disponibilizadas (alojamentos);
$F_0$ = Fator da mão de obra mobilizada = 60%.

Nesse exemplo, o número de vagas a serem disponibilizadas para alojar a força de trabalho é de $A = 4.620$.

Quanto menor a disponibilidade de mão de obra local e infraestrutura de hotéis e residências (a serem utilizadas como repúblicas), maior será a necessidade de disponibilização de residenciais (alojamentos).

Deve-se evitar disponibilizar residenciais (alojamentos) com capacidade para alojar quantidades elevadas de trabalhadores. Essa ação reduz a pressão da massa humana sobre a infraestrutura e, consequentemente, riscos.

A seguir, são apresentados gráficos ilustrativos de ocupação de residenciais em um empreendimento que contou com 17 mil profissionais no pico de mobilização num projeto previsto para ser executado em 30 meses.

A construção e disponibilização destes residenciais deve seguir cronograma de volume de mão de obra e respectivos períodos de mobilização planejados para a construção.

**Gráfico ilustrativo**

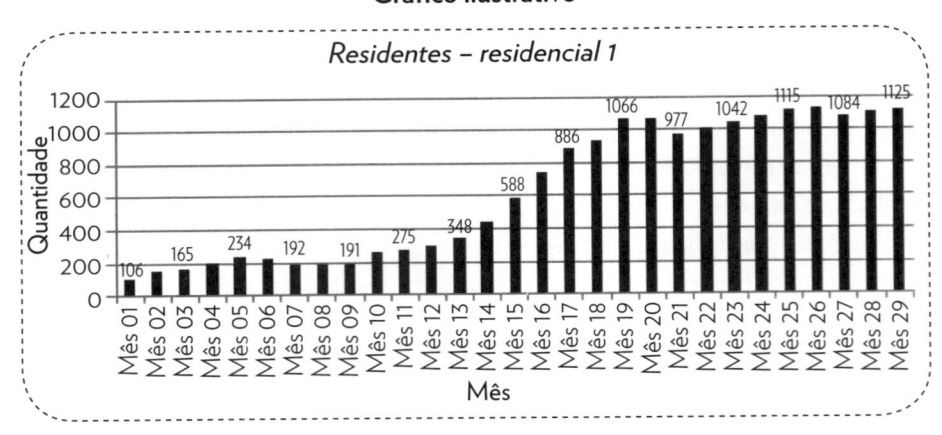

*Residentes – residencial 1*

| Mês | Quantidade |
|---|---|
| Mês 01 | 106 |
| Mês 02 | 165 |
| Mês 03 | 234 |
| Mês 04 | 192 |
| Mês 05 | 191 |
| Mês 06 | 275 |
| Mês 07 | 348 |
| Mês 08 | 588 |
| Mês 09 | 886 |
| Mês 10 | 1066 |
| Mês 11 | 977 |
| Mês 12 | 1042 |
| Mês 13 | 1115 |
| Mês 14 | 1084 |
| Mês 15 | 1125 |

Residenciais, quando construídos e disponibilizados, têm sua ocupação gradual. Para melhorar as ocupações, deve-se planejar criteriosamente a disponibilização à luz dos histogramas de mão de obra.

As taxas de ocupações analisadas demonstraram que no início a ocupação tem sido lenta, porém, quando as contratações e mobilizações entram em ritmo de normalidade, as ocupações ocorrem de forma dinâmica, como demonstra o gráfico de ocupação a seguir.

**Gráfico ilustrativo**

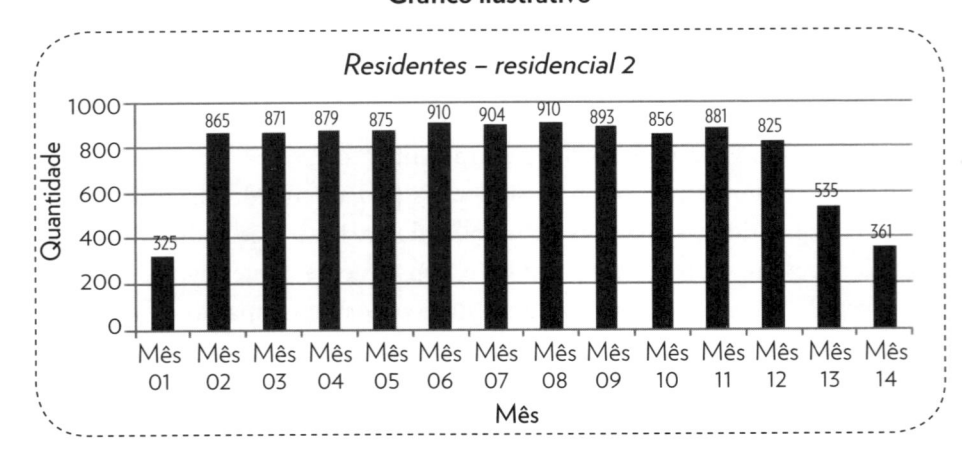

*Residentes – residencial 2*

| Mês | Quantidade |
|---|---|
| Mês 01 | 325 |
| Mês 02 | 865 |
| Mês 03 | 871 |
| Mês 04 | 879 |
| Mês 05 | 875 |
| Mês 06 | 910 |
| Mês 07 | 904 |
| Mês 08 | 910 |
| Mês 09 | 893 |
| Mês 10 | 856 |
| Mês 11 | 881 |
| Mês 12 | 825 |
| Mês 13 | 535 |
| Mês 14 | 361 |

## Restaurantes industriais — alimentação

A alimentação dentro e fora deve ser considerada prioritária em qualidade e quantidade. Profissionais de campo possuem baixa tolerância com má qualidade da alimentação, logo, deve-se buscar excelência ao se planejar restaurantes industriais e refeitórios.

Qualquer distinção no atendimento deve se limitar a horários e empresas, não devendo ocorrer distinção de acesso por hierarquia, o que significa que todos os colaboradores, independentemente de posição hierárquica (lideranças e administrativos), deverão efetuar suas refeições conjuntamente com suas equipes de trabalho em conformidade com os horários e refeitórios estabelecidos.

Esse modelo visa obter corresponsabilidade das lideranças e pessoal administrativo no acompanhamento de suas equipes durante a alimentação, auxiliando na manutenção da qualidade dos serviços de alimentação, elevando a credibilidade dos serviços perante a visão da força de trabalho, reduzindo insatisfações, desconfiança e demais problemas decorrentes da ausência das lideranças durante a realização do serviço de alimentação.

Observou-se em alguns empreendimentos a separação dos refeitórios por níveis hierárquicos; essa ação deve ser evitada. O desenvolvimento do conceito de time ou equipe fica prejudicado quando se efetua a separação dos grupos de trabalho por hierarquia.

A seguir, quadro demonstrativo de consumo alimentar em empreendimentos que contaram em média com 40 mil trabalhadores (histograma de mão de obra total) em regime de *turnover*, durante 30 meses:

**Alimentação**

| Energia humana | Milhões |
| --- | --- |
| Desjejum | 4,1 |
| Almoço | 4,2 |
| Jantar | 1,8 |
| Lanches | 0,374 |

## Estratificando a proteína consumida

| Referente | Ton. | Equivalência |
|---|---|---|
| Carne bovina | 660 ton. | 1.320 bois de 500 kg |
| Carne de frango | 510 ton. | 204 mil frangos de 2,5 kg |
| Carne suína | 320 ton. | 3.200 porcos de 100 kg |
| Peixe | 40 ton. | 50 mil tilápias de 800 g |
| Ovos | 45 ton. | 1,5 milhão de ovos de 30 g |

*Pesquisa de satisfação — qualidade da alimentação*

Em pesquisas envolvendo a qualidade da alimentação, tem-se considerado aceitável avaliação = ou > que 80% de satisfação. Ao se detectar grau de insatisfação < que 80%, deve-se procurar identificar as causas e tomar medidas para correção.

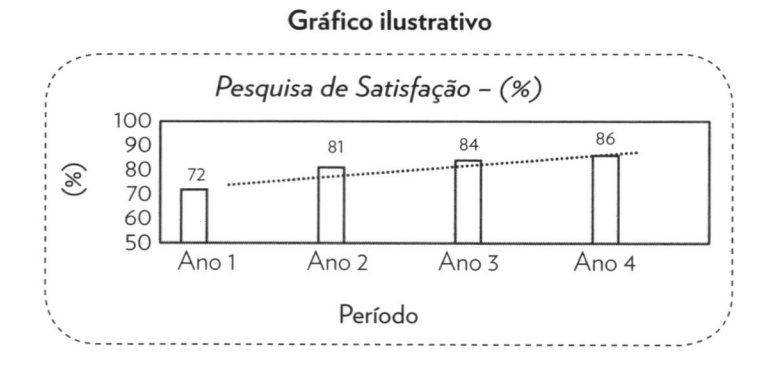

### Gráfico ilustrativo

Pesquisa de Satisfação – (%)

- Ano 1: 72
- Ano 2: 81
- Ano 3: 84
- Ano 4: 86

Período

Ao se medir o grau de satisfação em relação à qualidade da alimentação, deve-se verificar se a metodologia aplicada na pesquisa reflete a realidade e não está sendo utilizada somente para avaliar o prestador de serviço.

*Fornecimento de alimentação*

O fornecimento de alimentação é item relevante. Assim, deve-se dar atenção especial à disponibilização desse serviço, buscando fornecedora de alimentos com experiência em fornecer e servir alimentação para grandes empreendimentos (canteiros de obras). A definição do cardápio (qualidade, quantidade e respectivas calorias necessárias para a força de trabalho) deverá ser criteriosamente analisada. Trabalhadores ligados a construção e montagem industrial têm necessidade de consumo elevado de calorias para realização das atividades.

Deve-se evitar que empresas adquiram alimentos externos. A ação evita riscos com intoxicação.

*Faturamento de alimentação*

Há diversas formas de faturar a alimentação em grandes empreendimentos com mobilização de grande número de empresas e trabalhadores, porém, duas formas são as mais utilizadas: a proprietária do empreendimento deverá fazer a opção que mais lhe convier.

Pode-se optar por um *contrato guarda-chuva* no qual um único fornecedor de alimentação fornecerá alimentos a todos os trabalhadores de todas as empresas contratadas; fornecimento centralizado.

As formas de pagamento podem variar conforme segue:
a) Pagamento direto pela contratada ao fornecedor; ou
b) Pagamento efetuado pela proprietária do empreendimento ao fornecedor contratado.

No pagamento efetuado pela empresa contratada de forma direta ao fornecedor, os consumos são acumulados (desjejum, almoço, jantar, lanches etc.). A CSA gera relatório, obtém a anuência da contratada e o fornecedor emite NF para que a empresa efetue o pagamento diretamente ao fornecedor contratado.

Na modalidade pagamento efetuado pela proprietária do empreendimento, a proprietária paga toda a alimentação realizada por todas as empresas contratadas ao fornecedor de alimentação e emite nota de débito (ND) cujo valor é abatido da fatura a ser paga pela proprietária do empreendimento à contratada. Igualmente ao procedimento anterior, a CSA gera relatório e obtém a anuência da contratada antes de a proprietária efetuar o pagamento ao fornecedor.

A fonte dos relatórios deve ser, preferencialmente, informatizada e customizada para essa finalidade. Esse sistema, após devidamente customizado, torna o processo de gestão ágil, simples, prático e operacional.

O faturamento nesse modelo deverá ser efetuado após o aceite dos relatórios em três vias: (1ª) via para o fornecedor, (2ª) via para o consumidor e (3ª) via para a CSA.

Normalmente, os fornecedores de mercado trabalham com faturamento quinzenal.

## O provisionamento da alimentação

O provisionamento deverá ser realizado via sistema informatizado semanal, e qualquer alteração (ajuste) deve ser efetuada com antecedência. Por exemplo, 10 horas antes da realização do serviço (almoço, jantar ou desjejum), tanto para os refeitórios dos canteiros de obras como para alojados em residenciais (quando existirem). Os faturamentos poderão ser efetuados das seguintes maneiras:

*Sobre o realizado* (consumido), tanto para os refeitórios dos canteiros de obras como para alojados nos residenciais; ou

*Pelo provisionado*, caso o número seja superior ao consumo real. O correto provisionamento da alimentação, quer seja desjejum, almoço e/ou jantar, evita custos adicionais desnecessários para a contratada e/ou subcontratada. Nesse caso, evitam-se prejuízos com alimentação produzida e posteriormente descartada.

Se o *realizado* pela empresa (trabalhadores) for menor que o *provisionado*, a contratada paga pelo provisionado (produzido para consumo).

Visando obter corresponsabilidade, contratadas e subcontratadas são responsabilizadas pelas eventuais falhas decorrentes do provisionamento. Assim, aplica-se multa por erros no provisionamento sendo a menor, quando ocorrer, na razão de 0,5 (meia) refeição por erro cometido.

Esse critério só deve ser efetivamente aplicado via decisão da proprietária do empreendimento, visando evitar que o fornecedor (terceiro) transforme a ação em uma fonte de lucro, causando problemas de relacionamento entre *players*. Essa ferramenta deve ser considerada didático-pedagógica e não punitiva.

Assim, propõe-se que, toda vez em que a diferença no consumo for igual ou maior que 5% do provisionado, a penalidade poderá ser aplicada pela empresa responsável pelo fornecimento da refeição, mediante expressa autorização da proprietária, que analisará o efeito pedagógico da ação.

A seguir, exemplo de provisão a menor (quando se estima menos do que o realmente consumido). Se a empresa efetuou provisionamento de consumo de 70 refeições (desjejum, almoço ou jantar) e consumiu 90, ela pagará, além do consumido (90 refeições), mais 10 refeições de multa, totalizando 100 refeições.

## As provisões

Em qualquer das opções, quando houver necessidade de ajustes e alterações no provisionamento de alimentação, deve-se estabelecer critérios, como: somente aceitar alterações de provisionamento se efetuadas com, no mínimo, 10 horas de antecedência em relação ao início do processo de produção. Essa alternativa auxilia e facilita as empresas consumidoras na correção de provisionamento.

O correto provisionamento em função da necessidade é crucial para o bom andamento e a qualidade dos serviços prestados. Provisionar a menor implica menor produção e, consequentemente, problemas com falta de alimentos. A falta de alimentos impõe risco à operação e gera descontentamentos.

Quando o faturamento for efetuado à contratada, sugere-se que o faturamento seja efetuado sempre para o primeiro contratado. Caso o contratado possua subcontratado e contratualmente direcione para que o faturamento seja efetuado diretamente ao seu subcontratado, deverá informar à CSA e assinar um documento específico para a utilização dessa modalidade com o consentimento da subcontratada, a qual também deverá assinar o documento da opção de faturamento.

Para profissionais alojados, deve ser considerado no custo da hotelaria o desjejum e o jantar, e almoço para aqueles que estejam em regime de trabalho diferenciado e/ou em processo de integração. Em caso de viagem e/ou ausência do alojado, a empresa deverá informar à CSA para que não seja considerada a necessidade de provisão de alimentos. Caso não seja efetuada a comunicação, a empresa pagará pelo alimento que foi produzido, embora não tenha sido consumido. Ações como essa evitam ou mitigam a falta de alimentos e potenciais descontentamentos.

Qualquer questionamento referente a inconsistências no faturamento deve ser efetuado em até cinco dias corridos da data do recebimento da fatura à CSA, não cabendo interpelação de valores após esse prazo; em se confirmando divergência, os ajustes serão efetuados no mês subsequente.

## Refeitórios

Para acessar os refeitórios, todos os profissionais independentes da empresa contratada ou subcontratada devem utilizar crachá que identificará o usuário e a empresa a que ele pertence, gerando relatório para controle, faturamento e administração por local de utilização.

Empresas contratadas e subcontratadas poderão dispor de crachá máster a ser utilizado por equipe administrativa para dar acesso a seus visitantes e/ou prestadores de serviço que venham ao empreendimento sazonalmente.

O crachá deverá ter crédito limitado diário para a realização do café da manhã (desjejum), almoço e jantar, ou seja, o comensal não poderá utilizar seu crachá para mais de uma refeição.

Esse modelo implica que, previamente, todas as contratadas e subcontratadas considerem no seu orçamento operacional o custo da alimentação a ser realizada no âmbito da construção do empreendimento — desjejum e almoço (canteiro de obra); desjejum e jantar (residenciais).

### Recreação & lazer

Dependendo da localização geográfica do empreendimento, sobretudo os que ficam em zona remota onde não há disponibilidade de lazer e a força de trabalho ficará de certa forma confinada, deve-se considerar a disponibilização de programas para recreação & lazer. A ação reduz o estresse e possibilita a socialização entre as equipes.

Com o objetivo de reduzir custo, observamos que em alguns casos analisados optou-se por alocar alojamentos para os trabalhadores dentro dos canteiros de obras e/ou bastante próximos; porém, o modelo eleva o estresse. O trabalhador poderá ter a sensação de que nunca deixa o ambiente de trabalho, levando à fadiga coletiva, favorecendo ocorrências disciplinares.

O recomendável é a disponibilização dos equipamentos (residenciais/alojamentos) fora do empreendimento.

Uma ação que tem demonstrado bons resultados é a criação de calendários de recreação & lazer para todo o período de implantação do empreendimento, cujas atividades levem à descontração como: torneios, campeonatos (pebolim, tênis de mesa, sinuca, truco, futebol etc.).

### Residentes em repúblicas

República é o nome dado ao local utilizado para alojar a força de trabalho, normalmente efetuado em residências alugadas. Essas repúblicas são geralmente utilizadas para alojar pessoal de nível superior, técnicos de nível médio, pessoal administrativo e lideranças, embora existam empresas que por política alojem toda a força de trabalho em repúblicas, inclusive a operacional de campo, por julgar que suas equipes estarão mais bem acomodadas.

Nos casos em que contratadas optam por alojar a força de trabalho operacional em república por política, a CSA deve fiscalizar as repúblicas assegurando que as instalações estejam de acordo com a NR-18.

A ação evita insatisfações e descontentamentos procedentes das condições das repúblicas disponibilizadas que possam trazer riscos de continuidade. As repúblicas impõem a necessidade de se organizar o fornecimento de alimentação, sobretudo jantar e refeição nos finais de semana e feriados. Assim, quando em residenciais (alojamentos) fornecidos pela proprietária do empreendimento, essa ação deixa de ser necessária.

**Transporte de pessoal**

O transporte é item percebido pelos trabalhadores usuários como de importância elevada. Diante dessa constatação, devem-se definir critérios mínimos de qualidade do transporte fornecido de forma a se obter satisfação. O transporte tem sido observado como item de insatisfação incluído em pautas de reivindicações e, em alguns casos observados, tornou-se motivo de paralisações e greves.

Para o transporte coletivo, algumas empresas contratadas locam veículos (ônibus e/ou vans), já outras possuem veículos próprios para o transporte. Assim, se faz necessário que premissas sejam definidas levando-se em consideração o local de realização do empreendimento e as condições de estradas a serem utilizadas para o transporte de forma a assegurar condições mínimas de qualidade e de segurança. Os veículos deverão dispor de cintos de segurança, condições mecânicas adequadas, qualidade de pneus, idade adequada dos veículos, ar-condicionado em regiões de temperatura elevada e multimídia quando o deslocamento é longo (o sistema multimídia poderá ser utilizado para campanhas informativas envolvendo saúde e segurança, por exemplo). Deverão ainda ser considerados os aspectos a seguir no que se refere ao transporte de pessoal.

*Seguro por evento e por veículo*

A ação visa garantir que empregados sejam transportados por veículos (ônibus ou vans) cobertos por apólice de seguro. Vans deverão possuir seguro proporcional ao número de embarcados segurados. A comprovação de seguridade deverá ser entregue na CSA. A cobertura por seguro visa evitar que um caso de eventual sinistro envolvendo o transporte se transforme em crise.

*Capacitação dos motoristas*

Motoristas de ônibus e vans ou similares utilizados para o transporte de pessoal a serviço de um grande empreendimento devem possuir qualificação adicional em direção defensiva, além da habilitação para o transporte coletivo de pessoal, segundo a categoria de transporte. Para essa gestão, atribui-se à CSA o papel de supervisionar e fiscalizar o cumprimento.

## Portarias

Após estruturação e conhecimento do volume de mão de obra (histograma) do empreendimento, será necessário planejar as portarias necessárias para atender a demanda de acessos, assim como definir os tipos de portarias necessárias. Somente depois de efetuadas essas definições de volume de histograma planejado é que as portarias deverão ser construídas, adequadas e equipadas para atender toda a demanda de acessos.

## Acessos de veículos

Acessos de veículos (transporte de materiais e equipamentos) devem ser solicitados neste modelo de gerenciamento centralizado à central de serviços administrativos (CSA); porém, a fiscalização no que se refere à entrada e saída deve ser efetuada pela segurança patrimonial (ver modelo de procedimento nos anexos).

Para transporte de máquinas e equipamentos efetuados com caminhões pesados, seguir a NR-11 — transporte, movimentação, armazenagem e manuseio de materiais. Para melhor gestão e controle, todos os equipamentos motorizados a adentrarem o empreendimento devem ser credenciados.

## Autoatendimento bancário

A disponibilização de área física para instalação de caixas eletrônicos de autoatendimento para atender às necessidades dos canteiros de obras tem sido, até então, uma constante observada em vários empreendimentos.

A ação evita que trabalhadores tenham que se deslocar a bancos em dia de pagamento, o que afeta a produtividade. No entanto, em decorrência de falta de segurança, os bancos têm se recusado a efetuar as instalações, assim como os empreendimentos têm constatado risco na instalação.

Deve-se considerar um modelo, considerando o risco à segurança do empreendimento, viabilizando formas para que os trabalhadores que estão longe de suas famílias possam efetuar serviços de transferências e outras operações bancárias.

Em alguns empreendimentos constatou-se a liberação da força de trabalho no dia de pagamento em ½ período e/ou até o período integral. Ou seja, os trabalhadores nos dias de pagamento são dispensados para o recebimento do pagamento, exclusivamente, para se deslocar aos bancos e realizar operações necessárias; em alguns casos, essa necessidade de liberação foi definida em acordo coletivo de trabalho.

## Conclusão

A estruturação de uma central de serviços administrativos deverá estar alicerçada em critérios claros, normas e procedimentos previamente definidos para se obter a excelência necessária nas ações de gestão evitando a conotação de "cartório", ou seja, a CSA deverá ser uma área geradora de resultados para o empreendimento, prestando serviço que venha a contribuir com o aumento da produtividade, da satisfação individual e coletiva além de efetuar análises documentais, aprovar acessos, mobilizar e desmobilizar, fiscalizar e auditar serviços. Assim, a CS deverá estar alinhada à estratégia definida, apoiada em diretrizes e políticas a serem emanadas do empreendimento, do projeto propriamente dito.

CAPÍTULO V

**Capital humano — o desafio**

## Introdução

Nos grandes empreendimentos, com grande número de empresas e trabalhadores mobilizados em um mesmo espaço construtivo, o desafio vai além da engenharia construtiva. O maior desafio é a organização das empresas e respectivo *capital humano* a serem mobilizados, embora o desafio da engenharia envolvendo a construção e a montagem permaneça devido às variáveis entre a elaboração dos projetos de engenharia e sua aplicação em campo.

No campo humano, antes de iniciarmos as contextualizações, algumas perguntas carecem de resposta, tais como:

Como mitigar a não ocorrência de crises-conflitos envolvendo massa de trabalhadores?

Como organizar grande volume de mão de obra assegurando produtividade, prazo, custo e qualidade?

Como estruturar o empreendimento de forma a mitigar *claim*?

Este capítulo tem o objetivo de levar o leitor à reflexão, propondo ações para mitigar deformações que levem a pleitos (*claim*), crises-conflitos e deterioração das relações no trabalho, cujos eventos são responsáveis pelo não cumprimento de prazos, custo e qualidade.

O desafio ultrapassa as fronteiras da engenharia construtiva. Variações no câmbio, preços de insumos e materiais, associadas a variações no investimento inicialmente previsto com mão de obra e baixa produtividade têm influência direta no orçamento. Assim, mais uma vez se requer do ativo *humano* responsável pela condução do empreendimento *expertise* e sólida experiência para dar sustentação, assegurando o cumprimento do prazo, qualidade e orçamento.

Desvios orçamentários devem ser criteriosamente evitados, embora ocorram em maior ou menor grau; quando não puderem ser evitados, deverão ser adequadamente justificados.

Após acompanhamento *in loco* envolvendo várias crises-conflitos, incluindo paralisações (greves) envolvendo massa de trabalhadores e *claims* impetrados por contratadas e subcontratadas contra o dono da obra, e considerando que o país carece de grandes investimentos públicos e privados envolvendo construção, renovação e ampliação de novos parques industriais, há que se refletir e rever os atuais modelos de gestão utilizados nos empreendimentos.

As crises trabalhistas e *claims* analisados tiveram como causa principal, em sua imensa maioria, falhas administrativas.

Grandes empreendimentos envolvem uma quantidade importante de empresas, fornecedores, prestadores de serviços, trabalhadores e um considerável volume de recursos financeiros e econômicos. Empresas contratadas mobilizam-se para construir e/ou montar o empreendimento para o cliente, trazem na bagagem, à cultura organizacional, suas políticas e procedimentos administrativos com diferenças importantes entre os vários *players* envolvidos e mobilizados num mesmo espaço geográfico.

Agrupar essas diferenças, efetuando o alinhamento e, ao mesmo tempo, preservando as diferenças garantindo a excelência no processo construtivo, é um grande desafio.

A informação é a melhor estratégia e o conhecimento se constituirá na base de sustentação. Assim, há que se normatizar administrativa e gerencialmente a implantação, preservando a cultura das empresas mobilizadas e transferindo a informação que será transformada em conhecimento.

Empreendimentos implantados com sucesso serão aqueles que controlam de forma eficaz a informação por meio de gerenciamento do conhecimento.

Pioneiro na área de capital intelectual, Stewart (1998:68-70) escreveu o livro *Capital intelectual: a nova vantagem competitiva das empresas.* Sua proposta foi demonstrar como transformar o conhecimento não aproveitado e não mapeado de uma empresa em sua maior arma competitiva. Esse conhecimento é encontrado no talento dos funcionários e na lealdade dos clientes, na cultura, sistema e processos de uma empresa.

Para efeito didático, Stewart subdivide o capital intelectual em: *capital humano*, capital estrutural e capital do cliente. O autor salienta:

> capital intelectual são os recursos materiais intelectuais sob capacidades tácitas e explícitas, dados, informação, conhecimento sob a forma de ativos. O *capital humano* cria valores para a organização, é formado por pessoas cujo talento e experiência criam produtos e serviços, que são o motivo pelo qual os clientes procuram a empresa e não as concorrentes. O capital estrutural é o arcabouço, a infraestrutura que apoia o *capital humano*. O capital do cliente

é o valor dos relacionamentos de uma empresa com as pessoas com as quais faz negócios.

Com estas contextualizações, vê-se a importância deste ativo para a organização, sem o qual ela não poderá existir. A escassez de talento e/ou a falta de qualificação, associadas ao contexto interno deformado quando a estrutura organizacional não é flexível, cerceiam a criatividade e a *inovação*, o que pode levar a doenças fatais, retirando a capacidade de competitividade da organização.

A inovação se inicia com e através de "gente", reaparecendo novamente em pleno século XXI, em universidades, organizações, centros de tecnologia, pesquisa e desenvolvimento e, sem dúvida, tem contribuído para a rápida e crescente evolução tecnológica. Porém o tema não é novo; nos anos 1970, Drucker (1975:115), com visão à frente de seu tempo, referia-se à "inovação" como o diferencial capaz de manter a sobrevivência das organizações ao longo do tempo e, para tanto, essas organizações devem estar continuamente se reinventando. Conceitualmente, estabeleceu o objetivo da inovação como:

> é o objeto pelo qual a companhia operacionaliza a sua definição de "o que deveria ser o nosso negócio". Há essencialmente três tipos de inovação em qualquer empresa: inovação de produtos ou serviços; inovação no mercado e no comportamento e valores do consumidor; e inovação nas várias técnicas e atividades necessárias para se fazer os produtos e os serviços e levá-los ao mercado.

Neste novo contexto, surge o trabalhador intelectual também denominado de trabalhador do conhecimento, cada vez mais requisitado.

Drucker (1975:307) já contextualizava e definia o perfil deste profissional como:

> este precisa ser um profissional do saber. Isto significa que ninguém pode motivá-lo. Ele tem que motivar a si próprio. Ninguém pode dirigi-lo. Ele tem que se autodirigir. Acima de tudo, ninguém pode supervisioná-lo. Ele é o guardião dos seus próprios padrões, seu próprio desempenho e seus próprios objetivos. Ele só pode ser produtivo se for responsável pelo próprio trabalho.

No capítulo II — Entendendo gente, trabalhamos o que chamamos de estrutura hierarquizada que dificilmente poderá transformar o indivíduo. Profissionais do saber ou intelectuais, as estruturas hierarquizadas poderão se constituir em empecilho à criatividade e à inovação. Assim, a liderança nestes ambientes envolvendo centros de pesquisa, desenvolvimento de tecnologia etc. deverá ter grande habilidade de relacionamento humano, ser flexível, para liderar equipes com elevado grau de intelectualidade e maturidade, caso contrário, os resultados a serem alcançados serão pífios.

Atualmente, vivemos num mundo em que o recurso fundamental para a economia é o *capital humano*, cujos serviços são baseados no conhecimento.

Hoje seria desnecessário confirmar o que centenas de especialistas em gestão de *gente* têm afirmado: que a competitividade das organizações em qualquer segmento de atuação depende diretamente do conhecimento agregado de seu *capital humano*.

Cardoso Junior (2005:21-28), argumentando sobre a necessidade de aprofundamento dos estudos envolvendo a implementação da inteligência competitiva nas organizações empresariais, afirma:

> as empresas vivem naturalmente em clima de confronto, tal é a realidade da competição de mercado, nada mais justo que venham a buscar, na atividade de inteligência competitiva, meios lícitos para alcançar seus objetivos. No mundo globalizado a sobrevivência de uma organização empresarial depende cada vez mais de sua capacidade de antecipação diante das ameaças e oportunidades que surgem no ambiente. A inteligência competitiva e o conhecimento são cada vez mais reconhecidos como os recursos mais valiosos das organizações da nova economia. O processo produtivo das organizações exige configurações de ambientes adequados para que trabalhadores do conhecimento possam utilizar suas capacidades com criatividade para gerar a inovação. O mundo entrou na era pós-industrial, o que se convencionou chamar a sociedade do conhecimento, na qual a obtenção e o processamento de informações estratégicas tornaram-se críticos para todas as organizações.

Empresas, sobretudo as que atuam sazonalmente no mercado, precisarão rever estratégias de gestão de inteligência empresarial competitiva e de gestão do conhecimento, buscando ações que assegurem competitividade em custo, inovação, produtividade e qualidade, o que passará, necessariamente, pelo *capital humano* agregado.

Lamentavelmente, ao ocorrer uma crise econômica, o conhecimento do *capital humano* agregado é desconsiderado. Ou seja, joga-se fora todo o investimento e conhecimento feitos ao longo do tempo para desenvolver, aperfeiçoar e qualificar profissionais e, muitas vezes, disponibiliza-se esse conhecimento à concorrência no mercado.

Se fôssemos elencar exemplos de *capital humano* preteridos, encontraríamos inúmeros que, ao serem disponibilizados no mercado, tornaram-se algozes e/ou carrascos de suas antigas organizações e, em alguns casos, quase levaram seus ex-empregadores à falência e, em outros, possibilitaram à concorrência entrar no mercado, pois sem o conhecimento agregado desse capital isto não seria possível.

Antes de discorrer sobre "gestão e organização humana em grandes canteiros de obras", é oportuno avaliarmos qual o papel da área de gestão desse capital nas organizações.

Seu papel é meramente operacional ou estratégico?

Há inúmeros autores que há muito vêm defendendo que a área *é estratégica*.

Sendo estratégica, não deve lidar somente com assuntos operacionais, burocracias documentais, mas sim influenciar o negócio da empresa com aplicação de ferramentas e instrumentos que tragam resultados efetivos e mensuráveis.

Na indústria da construção e montagem constatou-se que é comum essa área ficar ligada hierarquicamente ao gestor de obra em campo ou gestor de contrato. Entretanto, na sua essência, deveria estar ligada ao principal executivo e alinhada ao planejamento estratégico do negócio.

Os interesses da liderança de campo, embora todos legítimos, diferem ente si, o que *a priori* não deveria ocorrer, pois, independentemente da área de atuação, todos deveriam estar alinhados à estratégia principal e, sobretudo, focados no resultado. A divergência está na forma com que se busca o resultado, na visão como se vê o capital humano, não como "recurso" e sim como o meio de obtenção de resultados.

Profissionais de campo, no exercício legítimo da atividade principal do negócio, que é a construção e/ou montagem, podem negligenciar o principal ativo necessário à obtenção de resultados.

Observa-se que a maioria dos profissionais das áreas técnicas está focada na produção, sem necessariamente considerar de forma adequada a importância do elemento humano. Esse perfil pode levar à instalação de ruídos e conflitos organizacionais, embora se encontrem exceções quando existem profissionais ligados à produção de campo com competências e habilidades tanto para a produção como para a gestão humana.

É notório que os objetivos empresariais divergem dos objetivos individuais. Aqui, portanto, residem paradigmas a serem trabalhados e enormes são os desafios de dirigentes e profissionais da área de gestão de "gente".

Ao serem analisados os objetivos individuais de empregados de grandes empreendimentos (canteiros de obras), observa-se que esses objetivos não diferem muito dos objetivos encontrados nas organizações perenes, em que a atividade não tem prazo determinado. Entretanto, a grande diferença está no imediatismo. As exigências são elevadas, considerando-se a característica de temporariedade da atividade, e há pouca tolerância, comparando-se estes empregados com empregados que trabalham em organizações nas quais não há início e fim conhecido.

Neste item reside o grande desafio: saber como conciliar objetivos assegurando a continuidade operacional durante uma atividade com período predefinido, evitando crises e garantindo a satisfação individual e coletiva.

O gestor contratual buscará atender prazos contratuais ao mesmo tempo que deverá assegurar forte gestão de custo, garantindo a lucratividade prevista em contrato. Porém, não raro encontram-se contratos que dão prejuízo.

O desafio é conciliar a lucratividade do contrato ante as aspirações da força de trabalho mobilizada. Portanto, devem-se buscar assegurar a satisfação salarial e os benefícios associados à qualidade de vida no trabalho por meio do respeito mútuo para que, assim, a equipe possa ter orgulho da empresa contratante. Isso não é tarefa fácil, já que a maioria dos trabalhadores é contratada considerando a duração da obra.

Wooldridge (2012:78-79), em *Os senhores da gestão*, faz relato interessante sobre os trabalhadores vistos por Peter Drucker:

> destaca o trabalho de Drucker na GM, o qual defendia à época que os trabalhadores deveriam ser tratados como recurso e não como custo. Drucker

insistia que os trabalhadores deveriam ter orgulho do trabalho e do produto decorrente de seu trabalho. Era um crítico das linhas de montagem da época. Para ele, "quanto mais eficiente fosse um trabalhador, mais ele ficava parecido com uma máquina e menos humano seria". Drucker, à frente de seu tempo, não teve êxito junto à GM que, na década de 40, rejeitou seus ensinamentos e assistiu a técnica ser utilizada pelos japoneses na década de 70. Quando os japoneses da Toyota chegaram ao mercado da Grã-Bretanha em 1980, preconizando que os operários além de rebitar, soldar e martelar também iriam pensar, foram zombados pelas lideranças britânicas da época. A visão humanista de Drucker defendia que as linhas de produção eram monótonas e que tornavam o processo ineficiente. Esta ineficiência era devido ao fato da linha de montagem ser ajustada para o trabalhador mais lento e também porque os trabalhadores nunca obtinham satisfação de seu trabalho.

Numa tradução literal, ainda necessitamos de *mais líderes e menos chefes*. Segundo Wooldridge (2012:79), "Os gestores precisam aprender como envolver mentes e não apenas controlar as mãos dos trabalhadores".

Há que se inovarem as estruturas organizacionais, os processos e os métodos, tornando o trabalho mais eficiente. Ao mesmo tempo, deve-se promover a satisfação da força de trabalho para que ela tenha orgulho de trabalhar na empresa, mesmo em um segmento que, culturalmente, ainda opere com métodos administrativos *taylorianos*, mecanicistas, com ênfase na tarefa, no qual o ser humano é apenas um meio, e não um recurso que sente, pense e age segundo sua motivação.

## Salários e o alinhamento

Nos grandes empreendimentos as diferenças salariais podem se constituir em fator de descontentamento, impor riscos de continuidade e, ainda, gerar um ambiente de *turnover*, competitividade entre as empresas que atuam dentro do mesmo empreendimento.

O salário para o indivíduo é o retorno à contraprestação que a organização retribui em espécie a uma pessoa que, com seu esforço, conhecimento e habilidade, agrega valor ao negócio e, por conseguinte, garante, por meio da remuneração auferida, o suprimento de suas necessidades. Esse saciar de necessidades foi analisado por Maslow, cujos conceitos já tratamos nesta obra.

Corroborando a afirmativa de pensamento de muitos autores, o salário pode ser analisado como custo e ao mesmo tempo como investimento. Se o salário compõe o preço final de um produto, ele é "custo", se o salário é aplicado na produção, ele passa a ser investimento.

Empregados em qualquer segmento de atuação buscam melhores salários. Por esse motivo, os salários têm sido utilizados como um dos principais argumentos envolvendo paralisações e greves, porém nunca aparecem como causa isolada.

O salário, embora tenha peso importante, isoladamente não contribui para a melhoria e a manutenção do clima organizacional, e tampouco evita crises-conflitos (greves e paralisações). Outros fatores podem gerar mais insatisfação que desnível salarial como: ambiente de trabalho, orgulho de se trabalhar na organização, qualidade de vida no trabalho, satisfação, respeito e consideração da organização para com o indivíduo. Esses indicadores devem ser percebidos pela força de trabalho, e ações buscando a satisfação individual e coletiva deverão ser praticadas pelas lideranças.

Embora o salário tenha importância relevante, não é essencial. A não essencialidade demanda que sejam considerados outros fatores para assegurar a satisfação do indivíduo na organização.

Isso não significa que devemos negligenciar a questão salarial. Ao se detectar dissonância salarial com o mercado, devem-se efetuar alinhamentos para assegurar competitividade e retenção de talentos.

Em grandes empreendimentos (canteiros de obras), onde convive um número elevado de empresas em um mesmo espaço geográfico, há que se buscar alinhamento dos pisos salariais e dos benefícios.

Muitas organizações incorrem em risco de conflitos quando os trabalhadores percebem divergências nos pisos salariais e nos benefícios, sobretudo para ocupações similares.

Não é necessário alinhamento para ocupações distintas, quando não há base para comparação. Porém, em muitos casos acompanhados foi observada a falta de gestão por parte do contratante junto à força de trabalho de forma a esclarecer que poderão ocorrer diferenças salariais e que essas diferenças são consequência da política da empresa em, por exemplo, premiar por mérito e/

ou antiguidade os trabalhadores, o que pode resultar em diferenças na remuneração.

Esses e outros esclarecimentos deverão ser levados ao conhecimento de todas as lideranças, que deverão repassá-los às suas equipes, incluindo o próprio sindicato. No capítulo VI — Relação trabalhista e sindical — organização, estaremos trabalhando o pensamento e as razões que levam os sindicatos a atuarem considerando o faturamento bruto do negócio sem necessariamente considerar o impacto, os riscos e as dificuldades das organizações.

A aplicação do alinhamento dos salários e benefícios poderá esbarrar na política de remuneração da contratada, razão pela qual as regras deverão estar estruturadas em *normativa de gerenciamento de implantação*, buscando mitigar distorções que poderão impactar e, portanto, deverão ser definidas antes das contratações das empresas (montadoras e construtoras).

Empresas do segmento da construção e montagem praticam política salarial seguindo estratégia de posicionamento de mercado ou praticam os pisos salariais e benefícios definidos em sua convenção coletiva ou acordo coletivo específico.

Ao atuarem fora de seu estado de origem, essas empresas, sobretudo as ligadas a construção e montagem, terão a necessidade de efetuar o alinhamento salarial seguindo o ACT local. Assim, deverão assegurar essa equiparação a fim de atender o acordo coletivo, sem necessariamente mexer na base salarial praticada.

Se o valor praticado local tiver pisos salariais maiores que o praticado pela empresa, deverá ser efetuada a adequação documentando que a diferença salarial se deve pelo fato de atuar fora da base por conta do ACT praticado no novo local, e essa condição permanecerá até que a nova condição seja encerrada, mantendo a base salarial inalterada.

Ao encerrar-se a empreitada, o empregado retornará ao salário base. A ação deverá ser devidamente esclarecida ao empregado, o que evitará descontentamento por desinformação e se constituirá em diferencial vantajoso ao empregado durante o período de prestação do serviço. A ação poderá representar incentivo para o deslocamento temporário.

Análises efetuadas envolvendo várias empresas do segmento da construção e montagem demonstraram que o investimento com mão de obra é elevado e tem peso importante na atividade de prestação de serviço. Assim, muitas empresas veem nesse item oportunidade de redução de custo na implantação, sobretudo quando o *capital humano* é visto pela organização como custo e não como investimento.

Como os contratos são fechados preponderantemente pelo menor preço, é um desafio às empresas que operam neste segmento sobreviver num ambiente competitivo, onde há forte pressão tributária e social incidente sobre a folha de pagamento; somam-se ainda as normas regulamentadoras, pressão dos trabalhadores e sindicatos por melhores condições de trabalho, salários e benefícios.

O alinhamento dos pisos salariais e benefícios a serem praticados é imprescindível quando várias contratadas estão mobilizadas no mesmo ambiente.

A proprietária deve nesses casos definir as regras que os proponentes deverão considerar em suas propostas. Estes investimentos serão repassados ao proprietário, porém, o alinhamento desses investimentos contribuirá para melhoria do desempenho, da produtividade, e mitigará crises-conflitos envolvendo a força de trabalho.

Para essa ação, será necessário estruturar e planejar a estratégia para a instalação do acordo coletivo de trabalho e o formato mais adequado a ser seguido.

Em ambientes onde reúne-se grande massa humana (força de trabalho), várias categorias preponderantes em um mesmo espaço geográfico, o modelo que demonstrou maior eficácia foi a instalação de acordo coletivo de trabalho único, já testado, envolvendo vários sindicatos.

## Benefícios

No passado, os benefícios eram ligados, conceitualmente, ao paternalismo, ou seja, uma organização com muitos benefícios era considerada paternalista. Hoje eles estão associados à retenção e captação de talentos.

Com o acirramento da competitividade, as organizações, para atrair e reter talentos, necessitaram rever suas políticas de benefícios. O empregado passou a valorizar a remuneração indireta. Os sindicatos passaram a incluir, cada vez mais, nos contratos coletivos de trabalho, cláusulas envolvendo benefícios sociais tais como seguro de vida, assistência médica, auxílio creche, natalidade, funeral, cesta natalina. A legislação trabalhista e previdenciária atribuída às organizações passou a representar meios lícitos de deduções e aponta para a necessidade de contribuir para o bem-estar dos funcionários e da comunidade.

No segmento, observam-se grandes distorções no que se refere aos benefícios praticados. Em qualquer segmento de atuação o benefício oferecido tem elevada importância. Não raros colaboradores buscam empresas que ofereçam melhores benefícios.

A busca por melhores benefícios e/ou equiparação compõe pautas de reivindicações, sobretudo quando o trabalhador percebe que as demais empresas que atuam no mesmo empreendimento praticam benefícios melhores.

Para atenuar o risco, deve-se evitar desalinhamento, garantindo que os benefícios a serem praticados pelas contratadas estejam alinhados ao mercado.

Apesar de os benefícios terem elevada importância, os indivíduos que têm orgulho e se sentem comprometidos com a organização em que trabalham, por terem excelente ambiente de trabalho, respeito e consideração, pensarão duas vezes em mudar de organização, daí a importância de uma liderança qualificada.

Nos canteiros de obras analisados (grandes projetos), observou-se que os benefícios considerados mais relevantes são: planos de saúde, folgas de campo, vale alimentação, pagamento de hora *in itinere*, recessos de final de ano, alimentação e alojamento. Esses itens, além de gerarem satisfação, trarão ganhos em produtividade. Lembrando que as horas *in itinere* foram excluídas pela reforma trabalhista efetuada em novembro de 2017, já tratada anteriormente.

**Estabilidade no emprego**

Embora um objetivo individual encontrado nas organizações já pesquisadas por vários autores seja a estabilidade no emprego, esse objetivo individual é pouco percebido para uma boa parte dos profissionais no mercado do segmento da construção.

O que é percebido pela força de trabalho neste segmento é que se trata de uma atividade de empreitada e, portanto, sua permanência no emprego será por tempo determinado. Os trabalhadores têm consciência da característica de temporariedade, na qual a estabilidade não é um item relevante, porém constata-se elevação das exigências visando auferir ganhos.

A avaliação incorreta dos fatores motivacionais e higiênicos poderá levar à rápida deterioração do clima organizacional.

A característica de temporariedade impõe ao profissional deste segmento, sobretudo na mão de obra flutuante, a tirar o máximo proveito de sua curta permanência. Esse comportamento dificulta as negociações dos acordos coletivos de trabalho.

Sob o ponto de vista organizacional, deve-se considerar o que é possível ser praticado, tendo em conta que o impacto é temporário e que o custo deverá ser tratado como investimento.

A estabilidade também é percebida como segurança no trabalho. Quando o trabalhador percebe fragilidade financeira e econômica na empresa em que está atuando, eleva-se o *turnover*, acarretando risco de continuidade e, consequentemente, o custo, afetando ainda mais o contratante.

*Segurança do trabalho*

A segurança do trabalho é um objetivo individual encontrado e se refere ao anseio de preservação da integridade física do trabalhador. Esse item é percebido pelos trabalhadores como essencial. Assim, a falta de segurança no trabalho e/ou ocorrências envolvendo acidentes graves ou fatais podem levar a crise-conflitos. A segurança do trabalho será tratada no capítulo VII — Segurança do trabalho, M&A, SP e bombeiros.

**Qualidade de vida no trabalho**

É vista pela categoria como a necessidade de melhores condições ambientais no trabalho, é um item que compõe quantidade importante de reclamações.

Essa necessidade tem peso importante para todas as categorias e em todos os níveis, independentemente do segmento ou organização. Considerando que é no trabalho que o indivíduo passa a maior parte do tempo de sua vida, as condições deverão ser as melhores possíveis.

São inúmeros os artigos, pesquisas acadêmicas e autores que tratam do tema. O ambiente de trabalho, pelas características das atividades de campo, se constitui em ambiente hostil que requer grande esforço físico. O ambiente de trabalho nessas circunstâncias passa a ter grande importância.

As preocupações para com o ser humano nestas condições deverão ser redobradas, tanto no ambiente onde se realiza a atividade laboral como fora dele, na hora de descanso e lazer, quanto na intrajornada ou interjornada.

As equipes administrativas devem implementar ações que evitem desgastes decorrentes da falta de qualidade de vida, levando a força de trabalho a ter orgulho em trabalhar na organização.

### Histograma de mão de obra

Há conhecimento agregado considerável no que tange à tecnologia de engenharia empregada e, a todo instante, surgem inovações tecnológicas. O grande desafio está na organização e estruturação dos grandes empreendimentos com grande número de empresas e trabalhadores.

A complexidade do indivíduo tem influência direta na produtividade, na cultura, no clima organizacional e, consequentemente, no resultado das organizações.

Assim, as variáveis que compõem o indivíduo têm se constituído em um dos desafios observados que é: o *planejamento do histograma de mão de obra*.

Não raro nos deparamos com anomalias como o *histograma de mão de obra ter ficado acima do inicialmente planejado*. Histograma de mão de obra executado acima do planejado, além de elevar custos e despesas e impactar o resultado do contrato, aumenta o risco, pois quanto maior for o número de trabalhadores, maiores serão os riscos, sobrecarrega-se a infraestrutura inicialmente planejada para atender aos trabalhadores e, assim, perde-se em qualidade, e cresce a necessidade de investimento.

Muitas variáveis interferem no correto dimensionamento dos histogramas de mão de obra. Empresas contratadas e subcontratadas devem planejar a mão de obra necessária ao cumprimento do cronograma levando em consideração questões que interferem diretamente no desempenho: a legislação pertinente; a produtividade; acordos e convenções coletivas das categorias preponderantes envolvidas; folga de campo, recessos de final de ano, devendo ser considerados dias perdidos por absenteísmo; *turnover*; limitações de jornadas de trabalho; condições climáticas; feriados municipais, estaduais e federais etc.

O planejamento da mão de obra necessária deve ser o mais próximo possível da realidade, evitando mobilizações adicionais no decorrer da construção e montagem para se retirarem eventuais atrasos. Mobilizações de última hora impõem riscos desnecessários, sobretudo envolvendo a continuidade, pois a mão de obra recrutada de última hora, recém-chegada, não terá o mesmo comprometimento quando comparado ao efetivo já mobilizado, adaptado.

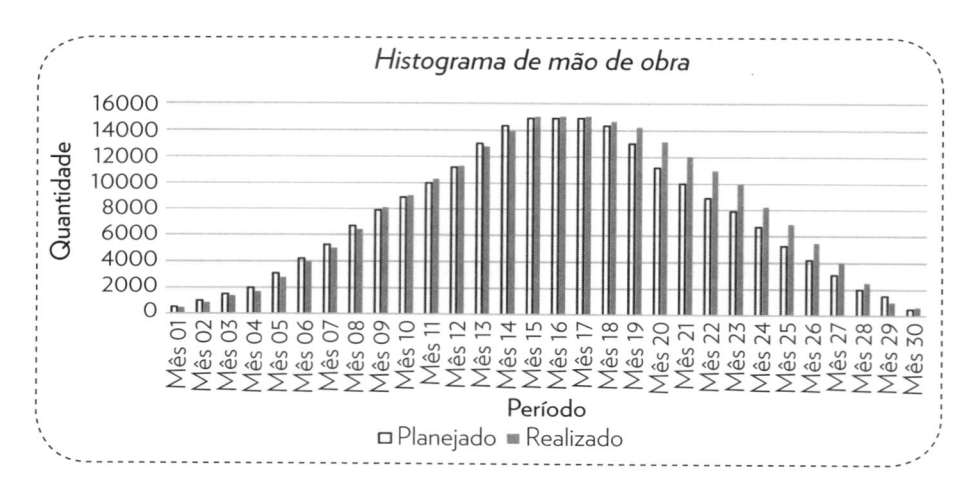

*Histograma de mão de obra*

[Gráfico de barras mostrando Quantidade (0 a 16000) por Período (Mês 01 a Mês 30), comparando Planejado e Realizado.]

Excesso de mão de obra traz transtornos à infraestrutura com impacto direto na logística, transporte de pessoal; na capacidade de atendimento nos refeitórios e nos ambulatórios médicos; e na comunidade, e sobre este último se o empreendimento estiver sendo implantado em "zona remota", envolvendo comunidade com baixa densidade demográfica.

A maioria das empresas atua em regime de empreitada. Não mantêm em seu quadro mão de obra operária fixa, pois a flutuação de contratos e serviços não permite a manutenção de quadro efetivo. A maioria trabalha com um quadro mínimo fixo (lideranças) e alguns poucos técnicos de nível superior e médio, podendo, em raríssimos casos, possuir mão de obra operacional fixa em número reduzido.

Essa característica tem influência no desempenho, e reflete em baixa produtividade e qualidade.

As sazonalidades de mercado impõem riscos adicionais decorrentes do perfil da mão de obra captada, a qual denominamos aqui de "mão de obra flutuante".

Mão de obra flutuante é a mão de obra que não pertence ao quadro fixo das empresas contratadas para o empreendimento. Essa mão de obra é

## CAPÍTULO V — CAPITAL HUMANO — O DESAFIO

captada no momento em que a empresa a ser contratada fecha o contrato de empreitada.

Modelo sazonal, envolvendo mão de obra flutuante, eleva risco de continuidade operacional; profissionais contratados têm baixo comprometimento para com a empresa na qual estão trabalhando e, concomitantemente, para com o empreendimento e sua proprietária.

O risco maior é decorrente do comportamento de massa. Esse comportamento de massa será trabalhado no capítulo VI — Relação trabalhista e sindical — organização.Outro fator relevante é o tamanho das ilhas/canteiros de obras, que cada contratada pode realizar.

A seguinte indagação deverá ser considerada para reflexão:

*Qual seria o tamanho ideal das ilhas nos canteiros de obras a ser destinado a determinada empresa contratada e/ou subcontratada?*

Em resposta ao tamanho da empresa por ilha, deve-se analisar a capacidade da empresa (contratada) em gerir grande volume de trabalhadores, observando-se os seguintes indicadores:

*Ocorreram crises envolvendo trabalhadores onde a empresa atuou?*

*A empresa apresenta boa saúde financeira, econômica?*

*Possui estrutura organizacional e política adequada para a gestão de "gente"?*

*Qual a taxa de frequência de acidentes do trabalho da contratada?*

Observa-se que a taxa de frequência envolvendo acidentes do trabalho apresentada "pode não ser representativo da realidade". Muitas empresas analisadas no mercado operam administrando as taxas e indicadores por meio da classificação dos acidentes. Nem sempre os acidentes são registrados em conformidade com o definido pela legislação. Algumas organizações são criativas nestas classificações. No capítulo VII — Segurança do trabalho, M&A, SP e bombeiros, estaremos trabalhando estas classificações.

Talvez não haja tamanho ideal de ilha de construção e montagem a ser definida por contratada. Essa delimitação poderá estar ligada à qualidade da empresa em processo de contratação, ao se considerarem sua estrutura, *expertise* e capacidade administrativa em gerenciar grande volume de trabalhadores.

Num modelo centralizado de gerenciamento e mobilização, toda contratada, ao fazer a mobilização da equipe, deve apresentar seu histograma de mão de obra contratual, conforme definido no capítulo IV — Central de serviços administrativos (CSA), destacando-se o percentual do efetivo a ser contratado no local de realização da obra, na região circunvizinha e no estado, respectivamente.

### Histogramas de pessoal *versus* jornada de trabalho

Experiência em campo tem demonstrado deficiência nos planejamentos da mão de obra necessária, como já foi mencionado. Os planejamentos de volume necessário de mão de obra incluem as horas extras a serem realizadas pela força de trabalho.

A cultura das horas extras está impregnada e tem se configurado como um acordo tácito entre as empresas que possuem trabalhadores ligados a este segmento, pactuando estes com a "indústria das horas extras", criando, assim, adicional salarial.

Identificou-se que alguns contratantes, já no processo de captação, ao contratar o profissional, afirmam o quanto poderá auferir na remuneração, considerando o salário fixo mais os adicionais de horas extras.

Esta afirmativa de possibilidade de ganho nem sempre é cumprida, sobretudo quando a empresa utiliza intermediários para a contratação. Essa falsa promessa, quando ocorre, ao ser percebida pela força de trabalho contratada, é transformada em insatisfação, o que deteriora o clima organizacional.

Na cultura das horas extras ocorre o que poderíamos denominar de incentivo à *baixa produtividade*. Ocorre o denominado "passo de tartaruga", quando não há pressa na execução de qualquer atividade em regime de remuneração normal, pois se sabe que atrasos serão recuperados por meio de horas extras. O impacto financeiro dependerá do que vai ser firmado em acordo ou convenção coletiva de trabalho com os sindicatos.

A cultura das horas extras eleva os custos por má qualidade e tem forte impacto econômico e financeiro, seja em obra privada ou pública.

Não conformidades são geradoras de custos, que são transferidos à contratante e oneram o empreendimento acima do que foi originalmente planejado.

Deve-se limitar a realização de horas extras, jornada de trabalho, respeitar a intrajornada, a interjornada etc., realizando-as dentro do permitido pela legislação, ou o que for estabelecido em acordo coletivo de trabalho ou convenção coletiva de trabalho.

A limitação da jornada de trabalho decorre do direito à vida, na medida em que o excesso de horas poderá interferir na sua qualidade. Visa ainda, sobretudo, minimizar e reduzir a possibilidade de ocorrência de acidentes no trabalho que possam ser ou estar relacionados com a fadiga humana.

Ao se planejar a implantação, o ideal seria evitar a sobreposição de categorias durante o processo construtivo. Essa ação dependerá de análise e estudos dos impactos da ação no cronograma de execução e no orçamento, incluindo a avaliação da necessidade de atendimento ao mercado.

Na prática, a sobreposição de categorias sobrecarrega o histograma e traz riscos, leva à necessidade de alinhamento dos pisos salariais e impacta o orçamento.

### Estudo de caso

*Histograma de mão de obra*

Um proponente contratado para a construção de grande empreendimento apresentou histograma de mão de obra com 600 profissionais planejados para realizar a tarefa dentro do prazo preestabelecido em contrato pela contratante. Em um dado momento durante a construção, a liderança da proprietária identificou que estavam mobilizados 480 profissionais. Ao se identificar esse desvio, cobrou que fosse mobilizada a diferença, ou seja, 120 profissionais.

*Pergunta: a cobrança para o complemento do efetivo está correta? Que outras considerações deveriam ser feitas e analisadas?*

### Estudo de caso

*Histograma* versus *produtividade*

Durante a montagem industrial, a empresa contratada apresentou problemas com recolhimento dos encargos sociais, o que levou os trabalhadores a mobilizarem-se.

O sindicato, após esgotar as ações para que a contratante regularizasse a pendência, via epecista e montadora, sem obter sucesso, decidiu abrir rodada de conciliação no Ministério Público do Trabalho (MPT), onde foram arrolados à contratada inadimplente o epecista e a proprietária.

*Pergunta: que ações podem ser aplicadas para evitar a ocorrência de inadimplência envolvendo os recolhimentos sociais?*

## Estrutura administrativa — capital humano

*Contratadas e subcontratadas*

Assegurar qualidade nos serviços administrativos é essencial para mitigar conflitos. Assim, contratadas e/ou subcontratadas, com efetivo importante de colaboradores, devem considerar, no quadro administrativo para a gestão e administração de "gente", profissionais para atuarem nas áreas sociais e na relação trabalhista e sindical. A estrutura organizacional e o número dependerão do risco e eficiência buscados na gestão, a qual pode estar atrelada à necessidade de atendimento das exigências da proprietária contratante.

A ação evita sobrecarga das equipes técnicas de campo, retirando-lhes a incumbência e necessidade de envolverem-se nas questões administrativas em que pese possa existir algum grau de envolvimento. Profissionais de gestão administrativa do *capital humano* deverão possuir sólida experiência (*expertise*) com delegação de responsabilidade e autoridade.

## Eliminando deformidade administrativa

As atividades das equipes administrativas devem buscar excelência, implementando melhorias nos processos como:
- Assegurar que rescisões contratuais sejam realizadas dentro do menor tempo possível em conformidade com a legislação aplicável;
- Assegurar atendimento digno e respeitoso a todos os colaboradores nos canteiros de obras, especialmente no atendimento às necessidades administrativas e sociais;
- Acompanhar os colaboradores *in loco*, supervisionando diariamente os serviços de alimentação, qualidade das repúblicas, dos residenciais (hotelaria) e dos refeitórios, dentro e fora do âmbito dos canteiros de obras;
- Assegurar e efetuar a devolução dos documentos exigidos pelo empreendimento quando da desmobilização dos colaboradores à CSA;
- Gerir as desmobilizações e a gestão documental;

- Assegurar a continuidade operacional, eliminando ruídos responsáveis pela degeneração do clima organizacional.

Distorções percebidas pelas equipes ligadas à administração estão, muitas vezes, desalinhadas quando comparadas com a percepção dos trabalhadores em campo. Assim, devem-se implantar ferramentas de suporte, visando mitigar essas distorções não percebidas e, por conseguinte, evitar o que denominaremos de "o monstro da precarização do trabalho". No capítulo VI — Relação trabalhista e sindical — organização, estarão sendo trabalhadas algumas ferramentas de suporte recomendadas.

A seguir os principais itens identificados como responsáveis pela precarização do trabalho

**O monstro da precarização do trabalho**

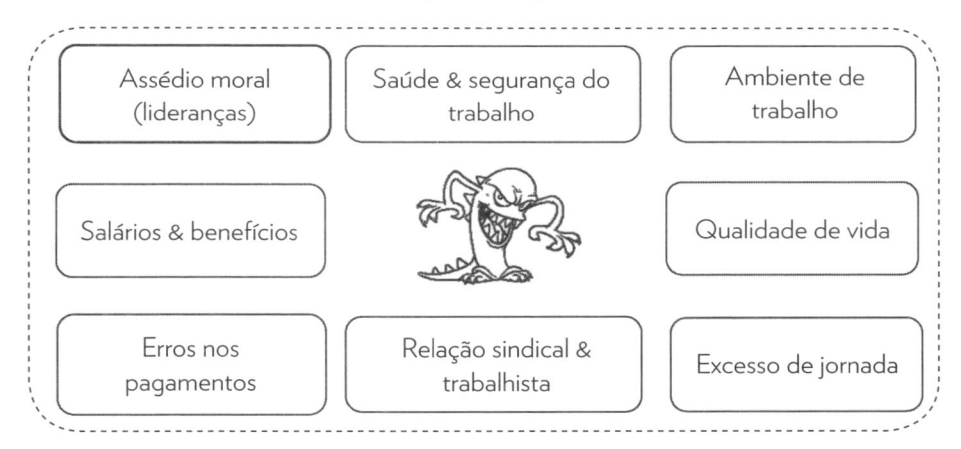

- Assédio moral (lideranças)
- Saúde & segurança do trabalho
- Ambiente de trabalho
- Salários & benefícios
- Qualidade de vida
- Erros nos pagamentos
- Relação sindical & trabalhista
- Excesso de jornada

## Captação de talentos

## Desafios da captação

O país vive um apagão de mão de obra qualificada, experiente, diversos segmentos da economia têm encontrado dificuldades em captar profissionais para atender às suas necessidades e, assim, manter a competitividade.

No segmento da construção e montagem, a característica de sazonalidade contratual impede que empresas que nele atuam mantenham mão de obra em seus quadros, sobretudo a operacional. Isso gera problemas quanto à qualidade, com influência direta na produtividade, apesar dos testes de aptidão e qualificação aplicados durante a seleção para captação, efetuados por um número importante de contratantes.

Esse segmento convive com os seguintes desafios:
- As convenções e acordos coletivos de trabalho tornam-se cada vez mais agressivos;
- Profissionais ligados à construção e montagem, conscientes da característica de temporariedade e sazonalidade da atividade, tornam-se mais exigentes;
- Captar, reter e manter talentos tornou-se um desafio, as atratividades oferecidas são pouco competitivas.

Com o passar dos anos, muitas organizações optaram por delegar a responsabilidade pela captação de talentos a terceiros. Muitos terceiros contratados para essa finalidade não conhecem a organização para a qual foram contratados ou apenas a conhecem superficialmente.

Embora a empresa contratante tenha a oportunidade de escolha final dos candidatos finalistas, erros ocorrem.

São dois os erros mais comuns:
- A organização não é o que o profissional esperava;
- O profissional não é o que a organização esperava.

Devem ser definidos critérios claros (competências) e necessários de forma a garantir qualidade na captação e mitigar erros. Erros no processo de captação têm custo elevado.

Delegar a terceiros a responsabilidade pela captação e seleção traz riscos. Por essa razão é que há a necessidade de envolvimento direto da contratante, mesmo que se opte por utilizar terceiros.

Em se tratando de mão de obra operacional, os riscos aumentam significativamente.

Muitas empresas não possuem área estruturada para *captar e reter talentos*, e aquelas que possuem têm deficiências, o que fica mais contundente nas pequenas e médias empresas analisadas.

Em geral, nas pequenas e médias empresas deste segmento as captações de mão de obra operacional são efetuadas pelo que se denomina no mercado de "gato". Esse é o apelido dado ao intermediário que recruta grandes quantidades de mão de obra operacional, geralmente pedreiros, carpinteiros, montadores de andaimes, soldadores, ajustadores, montadores mecânicos, eletricistas etc.

Nesse processo de captação, em muitos casos, ocorre o que se denomina de aliciamento de mão de obra. Há a cobrança pelo serviço de captação por parte do aliciador diretamente ao trabalhador interessado e, ainda, ocorre a promessa de salários, benefícios e horas extras, que nem sempre serão praticados pelas empresas contratantes.

Essa ação traz riscos às captações efetuadas, deformando e degenerando rapidamente o clima organizacional devido à insatisfação gerada quando o profissional, já recrutado e contratado, percebe que foi lesado, iludido.

*Premissas para a captação*

Uma boa alternativa para assegurar qualidade na contratação de mão de obra, em grandes canteiros de obras, é a definição de premissas a serem seguidas pelas contratantes. Assim, todas as contratadas e subcontratadas deverão assegurar a quantidade e a qualidade dos profissionais captados.

Algumas premissas poderão trazer ganhos substanciais em produtividade e reduzir *turnover*. Para se alcançar esse objetivo, algumas ações são importantes, tais como: investir na captação, mobilizando e deslocando profissionais especializados nessas captações às regiões de fornecimento de mão de obra com critérios claros e política de gestão; e administração do *capital humano* bem estruturada e delineada.

A proprietária poderá, após análise de localização geográfica e graus de dificuldade das captações pelas contratadas levando-se em consideração as regiões de fornecimento de mão de obra, definir a distância máxima para a captação pelas contratadas. A ação reduz o custo de implantação. Num processo concorrencial ou licitatório, todas as proponentes devem ser informadas acerca da premissa, ou seja, da regra adotada para a captação, quando poderão considerar essa premissa nas propostas comerciais.

Mão de obra migratória eleva os custos com mobilização, pois o custo é proporcional à distância da captação. Portanto, a captação de longa distância só se justificará se o empreendimento estiver sendo construído em zona remota, onde há indisponibilidade de captação e/ou a mão de obra existente é de baixa qualidade. Ainda assim se recomenda captar esses recursos o mais próximo possível do local de realização do empreendimento, para tanto, o mercado fornecedor de mão de obra deverá ser analisado.

Lideranças e profissionais de nível superior, técnicos de nível médio e profissionais administrativos podem ficar desobrigados se essa exigência oferecer menor risco migratório e são em menor número quando comparados à mão de obra operacional (flutuante).

É relevante assegurar critérios quanto ao piso salarial mínimo para o local de realização das obras para mitigar desníveis. Entretanto, isso não impede que as contratadas possam ter salários maiores para funções específicas de profissionais estratégicos e/ou de carreira, em conformidade com sua política.

Para recrutamento realizado fora do local de realização do empreendimento (mão de obra flutuante), contratadas e subcontratadas devem seguir a Instrução Normativa nº 90, de 28 de abril de 2011, do Ministério do Trabalho e Emprego (MTE), que dispõe sobre o recrutamento de trabalhadores urbanos e seu transporte para localidade diversa da de sua origem.

A Secretaria de Inspeção do Trabalho do MTE disponibiliza instrução normativa sobre procedimentos que deverão ser adotados em relação ao recrutamento de trabalhadores em localidade diversa da de sua origem. Para o transporte desses trabalhadores contratados em qualquer atividade econômica urbana, recrutados para trabalhar em outra localidade, é necessária a comunicação do fato ao órgão local do MTE por intermédio da Certidão Declaratória de Transporte de Trabalhadores (CDTT).

Considera-se como localidade diversa da de sua origem o recrutamento que implique a mudança transitória, temporária ou definitiva de residência do trabalhador.

O aliciamento e o transporte irregular de trabalhadores para localidade diversa da de sua origem constituem, em tese, crime previsto no art. 207, do Decreto-Lei nº 2.848, de 7 de dezembro de 1940 — Código Penal, quando se tratar de trabalhador nacional; e crime previsto no art. 125, inciso XII, da Lei nº 6.815, de 19 de agosto de 1980, quando se tratar de trabalhador estrangeiro.

Segundo a Instrução Normativa nº 90 do MTE, art. 2º, a CDTT será preenchida em modelo próprio, nela constando:

> I) a identificação da razão social e o número no Cadastro Nacional da Pessoa Jurídica — CNPJ da empresa contratante ou nome do empregador e seu número no Cadastro Específico do INSS — CEI e número no Cadastro de Pessoa Física — CPF;
>
> II) a identificação da razão social e o número no Cadastro Nacional da Pessoa Jurídica — CNPJ ou nome do empregador e seu número no Cadastro Específico do INSS — CEI e número no Cadastro de Pessoa Física —CPF da(s) tomadora(s), quando se tratar de contratação de trabalhadores para atender à demanda ocasionada em virtude de subcontratação de obras ou de serviços;
>
> III) o endereço completo da sede da contratante e a indicação precisa do local de prestação dos serviços;
>
> IV) os fins e a razão do transporte dos trabalhadores;
>
> V) o número total de trabalhadores recrutados;
>
> VI) as condições pactuadas de residenciais, alimentação e retorno à localidade de origem do trabalhador;
>
> VII) o salário contratado;
>
> VIII) a data de embarque e o destino.

Ainda que se estabeleçam critérios de forma a evitar o argumento do "apagão de mão de obra", dificuldades de captação, essa alegação, muitas vezes, é trazida pela contratada como argumento para atrasos, sobretudo em períodos de elevada demanda por mão de obra, contratos e pujança econômica. Contratualmente, deve-se assegurar que todas as contratadas disponibilizem equipes para a condução do processo de recrutamento, seleção e contratação de mão de obra de forma criteriosa.

### Estudo de caso

*A procedência — local de origem*

Contratadas e subcontratadas fornecem passagens de ida e retorno ao local de origem aos seus empregados principalmente nos seguintes momentos: folga de campo, mobilização e desmobilização. Essa concessão faz parte do pacote de benefícios, assim, esses custos vêm agregados nas propostas comerciais e são ressarcidos pelos empreendimentos. Observou-se que em empreendimentos nos quais não há definição de regras para a mobilização, as contratadas captam mão de obra onde está mais disponível e disposta a aceitar as condições (salários, benefícios etc.), e em sua maioria no empreendimento analisado foi captada em regiões distantes que chegaram a até 2.000 km do local de realização das obras. A regra para a folga de campo nesse empreendimento era de três a quatro dias, a cada 90 dias, para que os trabalhadores pudessem se deslocar para ver os familiares, o que era efetuado via transporte terrestre, ônibus preferencialmente.

Esse procedimento funcionou inicialmente, porém foi gerando descontentamentos, pois o volume de mão de obra migratória de longas distâncias, que já era importante, foi elevando-se.

À medida que a insatisfação foi aumentando, e como o volume de insatisfação era expressivo, surgiram lideranças negativas que levaram à paralisação não só de sua empresa como atingiram as demais contratadas que também decidiram paralisar, tendo o movimento atingido todo o empreendimento.

*Pergunta: que ações, ferramentas e instrumentos deveriam ter sido utilizados e não o foram para mitigar e evitar a instalação da crise-conflito decorrente da procedência da mão de obra?*

### Fontes de captação

Várias são as fontes para a captação de profissionais. Muitas vezes existe mão de obra disponível no mercado, embora escassa, à procura de recolocação, e existem empresas buscando mão de obra qualificada. Porém, devido a deficiências de ambos os lados, tanto no lado de quem procura o emprego como no lado de quem o oferece, o encontro não ocorre.

Os atuais sistemas utilizados, as redes sociais e as empresas de recrutamento são eficazes, porém nem sempre conseguem cobrir a vasta rede de profissionais no mercado de forma eficaz.

Empresas ligadas a este segmento, com raras exceções, possuem profissionais dedicados à captação de mão de obra. Muitas utilizam suas lideranças de campo na captação, tais como encarregados, supervisores, mestres e pessoal operacional de linha para indicarem profissionais.

A indicação pode ocorrer. Entretanto, há que se ter uma estrutura mínima composta por profissionais experientes na captação de mão de obra, a fim de avaliar o perfil psicológico, a qualificação técnica do candidato e, de forma criteriosa, verificar todos os documentos fornecidos para evitar o ingresso de candidatos com perfil indesejável. Perfis indesejáveis colocam em risco a continuidade operacional, a produtividade, elevam os custos e reduzem resultados.

Embora não seja contratualmente responsabilidade da proprietária a gestão da força de trabalho contratada, sendo responsabilidade única e exclusiva do contratante, as contratadas tendem a repassar o custo de sua má qualidade ao contratante direta e indiretamente via *claims*.

As fontes de captação são extensas. Para a captação de mão de obra operacional têm sido utilizadas as agências dos trabalhadores que são autarquias do Ministério do Trabalho e Secretarias do Trabalho, podendo ainda ser utilizadas empresas privadas para captação e seleção especializada.

### Estudo de caso

*Captação de talentos*

Uma empresa contratada para a construção civil em um grande complexo industrial recrutou, selecionou e contratou sua mão de obra com experiência em grandes construções industriais disponíveis no mercado. Como não havia definições e regras, premissas mínimas de qualidade e locais para essa captação, a responsabilidade ficou a cargo das contratadas. Algumas contratadas, por não possuírem estrutura adequada para o recrutamento, utilizaram-se dos já mencionados "gatos" ou intermediadores de mão de obra.

*Pergunta: a utilização de intermediários denominados "gatos" é a forma correta para a captação de mão de obra? Esse tipo de captação traz risco para o empreendimento?*

### Programa de treinamento para *startup* da planta industrial

A estruturação de amplo programa de treinamento para *startup* é fundamental para atingir os objetivos preestabelecidos para o empreendimento.

O programa deverá estar estruturado de forma a assegurar que a nova unidade tenha à sua disposição profissionais qualificados e treinados, tanto para a operação como para a manutenção.

Durante a implantação, a área deverá possuir estrutura que permita a preparação dos profissionais concomitantemente à construção e montagem do novo empreendimento.

O quadro de profissionais para a nova planta poderá ser composto por profissionais captados nos mercados externos e por profissionais transferidos, captados dentro da própria organização, quando se dispuser de outras plantas.

Deve-se considerar no planejamento a data de *startup* da planta para estruturar os programas de qualificação necessários para garantir a operação e manutenção da nova planta, assim como demais profissionais necessários.

Todos deverão passar por amplo programa de treinamento e estágios, somando-se à equipe com experiência captada.

Os programas de treinamento poderão ser divididos em:
a) Captação, seleção e qualificação de profissionais sem experiência a serem formados e qualificados;
b) Captação, seleção de profissionais com experiência, podendo estes atuar como monitores de treinamento dos profissionais formados, qualificados, porém, sem experiência;
c) Transferência de profissionais internos quando a organização dispuser de mais unidades industriais similares;
d) Estruturação de programa de estágios e visitas técnicas a serem realizadas em plantas similares (*bench marketing*).

Com objetivo de definir premissas para treinamento que assegure suporte e sustentabilidade às ações de comissionamento e *startup*, elencam-se a seguir procedimentos a serem considerados pelos fornecedores de tecnologia que, ao apresentarem suas propostas comerciais, deverão ter em conta essas diretrizes para capacitação e treinamento da mão de obra.

Muitas vezes os fornecedores de tecnologia apresentam propostas de treinamento inclusas no pacote. Porém, em algumas situações, poderá ocorrer de a solicitação ser efetuada pelo cliente de forma que seja cumprida em separado.

Em qualquer modelo a ser adotado, o escopo de treinamento a ser ministrado deverá considerar:
1. Cronogramas preliminares de treinamentos para *startup* da planta;
2. Períodos;
3. Cargas horárias;
4. Conteúdos programáticos;
5. Número de profissionais a serem treinados — capacidade de treinamento dividido entre operação e manutenção, entre outros;
6. Currículos dos instrutores;
7. Material didático na língua nativa em que se está implantando o empreendimento (se a tecnologia for importada);
8. Espaços e recursos didáticos necessários (salas de aulas, projetores multimídia, simuladores etc.);
9. Em havendo subfornecedores, a proposta de treinamento deverá considerar essa necessidade e deverá ser incluída na proposta técnica comercial.

A organização e aplicação dos programas devem ser realizadas de acordo com a metodologia definida pela área de treinamento da proprietária do empreendimento, visando assegurar atendimento às suas necessidades específicas.

O fornecedor da tecnologia deverá assegurar à proprietária a qualidade do treinamento e que o treinando esteja preparado para operação e/ou manutenção dos equipamentos no qual foi treinado.

Os principais objetivos do programa de formação e qualificação, imprescindíveis à sustentação operacional, são os seguintes:
- Definir o volume de mão de obra necessário por área a ser mobilizada na nova planta a ser implantada;
- Estratificar a qualidade de mão de obra captada no mercado com experiência;
- Definir os instrumentos de avaliação de competência e perfil, assegurando uma captação de talentos com aderência;
- Definir ementário das disciplinas de formação e qualificação, assegurando qualidade na capacitação.

Para estruturar a qualidade do quadro relacionado com a operação e manutenção da nova planta industrial, a seleção de candidatos é de extrema importância, assim como a qualificação nas várias áreas do conhecimento. Portanto, as etapas descritas a seguir devem ser consideradas.

*Processo seletivo*

Consiste nas ações seletivas para admissão nos programas de formação e qualificação que deverão ser estruturadas de forma a identificar os pontos fortes dos candidatos.

*Avaliação de conhecimentos*

Nesta etapa seletiva, os candidatos inscritos, para comporem o quadro efetivo da nova unidade a ser construída, deverão prestar exames que avaliarão os conhecimentos gerais nas disciplinas definidas no programa para o processo seletivo (conhecimentos gerais + conhecimentos específicos).

Devem-se estabelecer e/ou considerar candidatos adicionais por vaga disponível, em cada área. A ação garantirá número de candidatos necessários para participar da próxima fase.

*Avaliação psicológica*

Composta pela aplicação de testes psicológicos e entrevistas individuais, a aplicação de testes visa identificar os traços de personalidade, o perfil motivacional dos candidatos e as competências predominantes.

A partir da definição das competências desejadas para os futuros profissionais captados para atuar na nova planta, será possível analisar a aderência deles ao perfil desejado.

*Avaliação médica*

A avaliação médica compreende os exames médicos que deverão ser definidos pela área médica. Essa fase visa identificar eventuais limitantes físicos e/ou de saúde para o exercício de atividades pontuais no novo empreendimento, reiterando que a limitação não é incapacitante na medida em que o candidato poderá ser alocado em área compatível com eventual limitação, sobretudo atividades que possam colocar em risco sua integridade física.

*Treinamentos específicos — formação*

Os fornecedores de tecnologia, assim como outras modalidades formais de qualificação aplicadas, deverão considerar: avalição pré e pós-treinamento, qualificação ou formação para que se possa aferir o grau de efetividade da formação aplicada.

*Formação extracurricular*

Entre o período que compreende a conclusão dos programas de formação e qualificação e a integração dos recém-formados às equipes de operação e manutenção, poderão ser realizados cursos que façam parte dos requisitos legais, conforme as áreas de atuação profissional, ou seja, cursos específicos exigidos pelas normas regulamentadoras (NRs), tais como trabalho em altura, trabalho em espaço confinado, operação de pontes rolantes, operação de empilhadeiras, trabalhos com eletricidade, armazenamento e manuseio de cilindros de gases etc. Assim, o programa de formação extracurricular deverá considerar a realização dessas especializações e qualificação pontuais.

*Visitas técnicas e estágios supervisionados*

As visitas técnicas fazem parte do escopo técnico de formação dos profissionais formados e qualificados. Dessa forma, o estágio supervisionado deverá ser orientado para a conclusão dos cursos e deve contemplar temas relacionados com as atividades e áreas de atuação dos recém-formados.

*Programa de incentivo ao talento*

Incentivar o desempenho é sempre recomendável, sobretudo quando se estabelece um ambiente sadio de competitividade.

Estruturar programas para motivar uma competição saudável dos alunos (treinando) reduz evasão durante o período de formação. Para essa finalidade, deve-se estruturar programa de acompanhamento de resultados individuais premiando os melhores (talentos).

O programa talento, ou qualquer outra denominação que se queira dar, além dos indicadores de desempenho previstos, estimulará os discentes a superar seus próprios limites. Deve-se também, concomitantemente, avaliar comportamentos e atitudes em face do comprometimento esperado dos futuros colaboradores.

Os prêmios podem ser medalhas de reconhecimento, jantares, computadores portáteis, celulares, viagens etc.

## Conclusão

Conforme mencionado anteriormente, um dos ativos mais importantes, independentemente do segmento em que atua a organização, é o *capital humano*. Em se tratando de contratação de mão de obra, captar os melhores talentos é fundamental.

O grande desafio nos grandes empreendimentos será a organização de "gente" alocada em empresas diversas num mesmo espaço geográfico, tendo em conta que todas as empresas possuem cultura, políticas e procedimentos para a administração de seus recursos humanos distintos.

Deve-se considerar a força humana como investimento e não custo. Esse conceito, por si só, se constituirá no primeiro passo para o sucesso.

O ser humano pode trabalhar com adversidades, sob pressão. Como definido na linguagem jurídica, o ser humano é *homo plures* capaz de desempenhar muitos papéis; porém, sempre buscará a felicidade. No ambiente organizacional, o prazer e a felicidade para satisfazer suas necessidades básicas serão obtidos por meio de: salários, benefícios, segurança, qualidade de vida, ambiente de trabalho etc. Portanto, estar em uma empresa com boa *saúde financeira e econômica, que possua excelência na gestão de pessoas*, tem relevada importância.

A captação de talentos com qualidade será o diferencial, o divisor de águas de sucesso. Todas as empresas devem investir em técnicas e ferramentas que assegurem a captação dos melhores talentos disponíveis em todas as áreas do conhecimento.

Captar os melhores talentos significará maior produtividade, redução de custo operacional com treinamentos e capacitação, maior competividade e sobrevivência.

## CAPÍTULO VI

# Relação trabalhista e sindical — organização

## Introdução

É objeto deste capítulo tratar da organização sindical e trabalhista, tema de grande relevância para o sucesso na implantação.

As deformidades envolvendo empresas, sindicatos e trabalhadores têm sido protagonistas de crises-conflitos no Brasil desde o início do século XX, quando foram criadas as primeiras associações de classe ainda sem caráter sindical.

Antes de analisar a organização sindical, a estruturação dessa relação e sua importância para a gestão, é necessário discorrer sobre a criação e o desenvolvimento sindical e suas origens históricas no Brasil e no mundo possibilitando melhor entendimento, sobretudo para permitir avaliar o porquê de ainda convivermos com tantas mazelas que continuam dificultando as relações entre capital e trabalho.

## A organização sindical no Brasil e no mundo

Para entendermos um pouco sobre os posicionamentos e comportamentos tanto da força laboral como dos sindicatos e das organizações no que tange às relações sindicais e trabalhistas, se faz necessário historiarmos como ocorreu a criação e a formação das entidades de classe no Brasil e no mundo.

Para Brito Filho (2007:51-53),

> o surgimento do sindicalismo teve sua origem na Europa e se deve a dois fatos ocorridos na segunda metade do século XVIII, *a revolução industrial* e a *supressão de ofício*. A revolução industrial propiciou fatores que permitiram o surgimento da união dos trabalhadores nos moldes que observamos até então. O modelo alterou o sistema produtivo, provocando concentração de trabalhadores nas grandes fábricas. [...] A supressão de ofício ocorreu em 1791 na França, pós-revolução francesa quando o estado considerou que era incompatível a existência de associações ou assemelhados que pudessem se sobrepor entre o indivíduo e o estado.

Brito Filho (2007:59-61), citando Russomano (1997), afirma:

no Brasil, historicamente, a relação capital *versus* trabalho e a busca pela organização iniciam-se no império, ocorre já na constituição de 1824, em seu art. 179, que fazia alguma alusão ao direito à associação. Por outro lado, ressalta que as regulamentações e organizações do trabalho e o surgimento do sindicalismo no Brasil começaram, embora incipientes, no final do século XIX. Considera que as condições de fato para este surgimento se deram com a promulgação de nossa primeira constituição republicana em 1891, que, em seu artigo 72 §8º, garantiu o direito pacífico de associação. Este período durou cerca de 40 anos e nele foram criadas diversas associações de classes ainda sem caráter sindical, tais como a União dos Operários Estivadores (1903); Sociedade União dos Foguistas (1903); Associação de Resistência dos Cocheiros, Carroceiros e Classes Anexas (1906); a União dos Operários em Fábricas de Tecidos (1917), etc. Ocorreram neste período, a partir de 1903, diversos movimentos grevistas iniciados com os movimentos anarcossindicalistas, que influenciam a revolução sindicalista. O modelo anarcossindicalista era apolítico e voltado para as questões profissionais envolvendo imigrantes europeus, e excluía o trabalhador brasileiro. Neste período, foram iniciadas regulamentações do Estado dando direitos aos trabalhadores, como férias e concessões previdenciárias criadas pela Lei Elói Chaves, de 1923, que é considerada o marco de criação da Previdência Social no Brasil. Estas ações reduziram o número de movimentos grevistas.

Em 1917, ocorreu, em São Paulo, a manifestação grevista mais importante da história do nascente movimento sindical brasileiro. Tal evento aconteceu em uma indústria de fiação e tecelagem, na qual os manifestantes se recusaram a trabalhar no turno da noite, e aproveitaram para reivindicar outros direitos.

As reivindicações foram: direito à associação; direito à greve; abolição do trabalho envolvendo menores e mulheres; registro salarial; garantia do trabalho permanente; aumento do trabalho extraordinário; garantia de trabalho e semana inglesa.[21] Essa greve comandada pelo comitê de defesa operária estendeu-se por toda a cidade de São Paulo. A Primeira República, ao sentir-se ameaçada, reprimiu o comitê operário, que foi obrigado a negociar

---

[21] Refere-se à jornada de trabalho de oito horas de segunda a sexta-feira e de quatro horas pela manhã do dia de sábado, descanso no período do sábado à tarde e no dia de domingo, totalizando 44 horas semanais de trabalho.

## CAPÍTULO VI – RELAÇÃO TRABALHISTA E SINDICAL – ORGANIZAÇÃO

um acordo com o governo e os patrões. Nessa época, apareceram as primeiras leis sindicais, e começa a moldar-se o sindicalismo no Brasil, que sofrerá alterações durante o governo Vargas. [Trancoso, 1985]

Trancoso (1985:31), ao historiar o surgimento sindical no mundo, afirma:

dentre as teorias que visam explicar o sindicalismo, a marxista surge como a mais conhecida. Para *Marx* e *Engels* (1847), a luta de classes passaria necessariamente pelo conflito entre capital e trabalho. Ao final, haveria o domínio das classes de trabalhadores sobre os capitalistas, que acabariam derrubando os governantes capitalistas, substituindo-os pelo comunismo. Intermediariamente, porém, os trabalhadores deveriam lutar pelos seus direitos contra o capital. Assim, surge primeiro o sindicalismo e, posteriormente, o Estado, com padrões reguladores da sociedade. A sustentação empírica da tese nunca existiu. Podemos ainda afirmar que, na antiga URSS (União das Repúblicas Socialistas Soviéticas), nunca existiu o modelo pregado por Marx, e muito menos o sindicalismo conseguiu derrubar o capital nos países ocidentais. Sem dúvida, o modelo continua buscando o controle dos movimentos operários, e não visa a destituição do modelo capitalista, mas a socialização.

De acordo com Costa (1986:62),

A estrutura sindical no Brasil foi criada nos anos 30 e sistematizada na CLT em 1943. O art. 138 é uma tradução literal da declaração III da carta italiana Del Lavoro, que é fascista e data de 1927. A única diferença é que no caso italiano a estrutura estaria voltada para o contrato coletivo de trabalho e atingia toda a categoria, enquanto no caso brasileiro só abrangia os associados ao sindicato. No entanto, em 1939, quando foi regulamentada a sindicalização, esta diferença entre o modelo italiano e o brasileiro deixou de existir e os contratos coletivos de trabalho passaram a ser extensivas a toda a categoria, e não mais somente aos sindicalizados.

Ainda segundo Costa (1986:63),

embora o modelo brasileiro tenha origem no modelo Del Lavoro fascista: nem todos os membros que atuaram na sua estruturação no Ministério do

Trabalho, Indústria e Comércio e que participaram da formulação das leis sindicais de 1934 e 1939 eram simpatizantes do modelo fascista. Logo, pode-se afirmar que o modelo brasileiro não se originou como cópia integral do modelo fascista italiano, e não foi na constituição de 1937 que Vargas deu início ao controle sindical, e sim em 1931, com a promulgação do Decreto-Lei n. 19.770 dando início à formação do sindicalismo subordinado ao estado. Portanto, a concepção corporativa, autoritária, do nosso sindicalismo adotado no Brasil, desde o início do governo Vargas, tem suas raízes numa concepção doutrinária corporativa que não era exclusiva do fascismo italiano.

Conforme Trancoso (1985:12),

apesar de a origem sindical ser mais antiga, foi na constituição de 37 do Estado Novo de Getúlio Vargas que o sindicalismo sofreu uma espécie de condenação no estado totalitário e populista. A organização sindical passa a ter a incumbência de auxiliar o estado na administração de ambulâncias, clínicas e hospitais, o que era perfeitamente coerente com o estado totalitário e paternalista da época. A partir de 1977, o estado paternalista começou a mudar, a partir das primeiras greves ocorridas. Com mudanças no cenário político sindical, começaram a ser deflagradas greves no setor metalúrgico automobilístico, isto logo após este novo sindicalismo ter retirado do cenário os representantes ditos por este grupo como *pelegos*. Estes estariam satisfeitos tão somente com o repasse financeiro efetuado pelo Ministério do Trabalho à entidade, o que seria suficiente para manter a estrutura administrativa. As ações sindicais, quando efetivas, não passam despercebidas pelos trabalhadores. Os líderes sindicais vislumbraram espaço político nas relações industriais e passaram a transferir, já a partir de 1981, suas responsabilidades assistenciais aos empregadores.

Ao atualizarmos os conceitos já enunciados, podemos afirmar que o modelo brasileiro inicialmente concebido por Getúlio Vargas, o corporativismo, continua sendo uma teoria sindical. Esse modelo pressupõe que o Estado deve ser supremo, protetor, reitor, e que os sindicatos seriam a base de colaboração do Estado para atingir seus objetivos governamentais.

No governo do ex-presidente Luiz Inácio Lula da Silva (2003-10), esse modelo sindical com atuação político-partidária tornou-se novamente

CAPÍTULO VI — RELAÇÃO TRABALHISTA E SINDICAL — ORGANIZAÇÃO 175

consolidado, embora a função política dos sindicatos seja restringida pelo art. 521, letra *d*, da CLT, que afirma: "Proibição de quaisquer atividades não compreendidas nas finalidades mencionadas no art. 511, inclusive as de caráter político-partidário (incluída pelo Decreto-Lei nº 9.502, de 23.7.1946)".

Brito Filho (2007:139) evoca o enunciado da Organização Internacional do Trabalho (OIT): "A resolução adotada em junho de 1952 deixa claro que a atuação política do sindicato não deve comprometer sua finalidade, embora não negue a possibilidade de sua ocorrência". Brito Filho cita ainda Octavio Bueno Magano, que afirma que a função política constitui prerrogativa específica dos partidos políticos, porém, esclarece mais adiante que o sindicato exerce, em busca de seus objetivos, função política; o que os sindicatos brasileiros estão impedidos é de dedicar-se ao exercício político-partidário.

Segundo Brito Filho (2007:59-66),

> como a restrição apontada pela CLT não é reproduzida pela Constituição Federal de 88, trata-se de um atentado à liberdade sindical. Encerra-se o ciclo histórico sindical com a Constituição de 1988 como último marco concreto do sindicalismo brasileiro, pois atende aos reclames dos que buscavam menos interferência do Estado nas organizações sindicais, concede a estas a liberdade para regrar de forma autônoma a sua vida interna, além de impedir a interferência e a intervenção do Estado. Historicamente, no Brasil, desde a Constituição imperial de 1824 já se fazia alguma alusão ao direito à associação, dando os primeiros sinais do que viria a se transformar em uma entidade de defesa dos direitos tanto dos trabalhadores quanto dos empregadores. Tal entidade seria denominada sindicato de trabalhadores e patronais. Embora as regulamentações, organizações do trabalho e surgimento do sindicalismo no Brasil tenham efetivamente começado, ainda que incipientes, no final do século XIX, desde então têm ocorrido evoluções. Contudo, ainda permanecem os *conflitos* trabalhistas envolvendo diversas classes de trabalhadores em variados segmentos da economia. Organizações e empregados ainda não conseguiram chegar a um denominador comum, e as disputas continuam.

Brito Filho (2007:136) define a entidade sindical como "associação que tem por finalidade coordenar e defender interesses profissionais e econômicos dos trabalhadores e, em sentido amplo, também dos empregadores".

Likert (1979:2-3), trabalhando a administração de conflitos, afirma:

os processos de tomada de decisão da maioria das organizações comerciais não proporcionam aos novos empregados a participação que eles sentem e esperam ter. Isto constituiu crescente fonte de frustração e insatisfação entre os empregados. Isto vale também aos sindicatos e está levando alguns jovens a desafiarem a liderança sindical constituída, e, eventualmente, a superarem-na.

Partindo desse pressuposto, é conhecido por muitos que, em alguns conflitos trabalhistas, os líderes de massa de trabalhadores insurgentes têm desafiado sindicatos e até decisões de tribunais superiores quando contrários às suas intenções.

É importante dizer que, em grandes empreendimentos, reúnem-se dezenas de empresas contratadas e subcontratadas; até então, observa-se o fatiamento do processo construtivo, que está diretamente ligado ao tipo de contrato construtivo realizado entre as partes.

Todas as empresas possuem cultura, políticas de administração próprias; algumas possuem boas práticas e políticas de gestão de *capital humano*, já outras, práticas e políticas deficientes.

Práticas e políticas deficientes serão rapidamente percebidas pelos trabalhadores, levando à rápida deterioração do clima organizacional.

Em que pesem diferenças causadas por políticas diferenciadas entre as empresas atuando em um grande empreendimento no mesmo espaço geográfico sejam compreensíveis, pois trata-se de empresas com identidade jurídica diferenciada, as massas de trabalhadores não entenderão isso, por estarem todos atuando e trabalhando para um objetivo comum. Assim, diferenças em salários e benefícios para cargos, funções e atividades similares poderão levar à crise.

Outro fator preponderante encontrado é a migração de mão de obra de uma empresa para outra, ou a tentativa de migração. Mesmo que as diferenças salariais e os benefícios sejam pouco expressivos, tal fato cria *turnover* elevado dentro das empresas.

Caso as diferenças salariais e/ou de benefícios sejam expressivas e haja dificuldade desses trabalhadores em migrar para outra empresa, haverá pressão sobre os sindicatos na tentativa de buscar equalização.

Após análise de vários cenários envolvendo as relações sindicais nestes ambientes, recomenda-se que seja realizado, antes da implantação, o alinhamento das ações e, sobretudo, que sejam identificados onde estão os pontos críticos de sucesso.

O recomendável é antecipar-se.

Antes de iniciar o empreendimento, é importante que já se tenha desenhado a estratégia sindical a ser seguida. No entanto, sabe-se que não poderá ser negociado um ACT, até porque empresas e trabalhadores ainda não foram mobilizados. Assim, sugere-se organizar ações iniciais quando poderá ser adotada a CCT.

As CCTs consideram a economia de Estado como um todo e podem não atender as necessidades de remuneração e benefícios de mercado aplicados à categoria que será mobilizada. Desse modo, se fará necessária a estruturação do ACT após instalação via CCT.

Outro desafio: as categorias não chegam num mesmo momento, ocorrem mobilizações em tempos diferentes, o que dependerá da complexidade do empreendimento. Em campo, não há separação dessas categorias no espaço físico.

Devido à necessidade de execução (cronograma) e ao prazo de entrega, as categorias misturam-se no espaço e no tempo. Assim, o desafio e o risco são consideráveis e proporcionais à satisfação interna da massa de trabalhadores à medida que poderão verificar *in loco* as diferenças envolvendo salários e benefícios em que pese estejam em empresas diferentes.

Ressalta-se que contratadas fecham seus contratos baseadas no preço, questão tratada no capítulo III — Compra (*supply*) e contratos.

Caso não exista definição das premissas por parte da proprietária envolvendo política de gestão e administração humana, poderá ocorrer desalinhamento de salários e benefícios, uma vez que cada contratada tem sua própria política.

Nesse caso, o investimento entendido como custo pode ser relevante para ganhar o processo concorrencial e/ou licitatório, criando-se assim uma deformação administrativa que colocará em risco a continuidade operacional futura.

Embora essa questão seja de grande relevância, não se pode afirmar que a equalização de salários e benefícios resolverá todos os problemas. A questão econômica é importante, porém, não é determinante para se evitar a crise-conflito trabalhista.

### Relação trabalhista e sindical — estruturação

Na estruturação, deve-se estudar criteriosamente qual a estratégia sindical que será aplicada para alinhamento da força de trabalho.

No campo trabalhista, pode-se afirmar que é necessário investimento para mitigar crises-conflitos.

### O retrato da crise

*Gestão e prevenção de conflito*

*O conflito gera crise?*

Organizações vivem vários tipos de crises-conflitos. Conforme já estudado, o ser humano é único em sua individualidade. As diferenças de objetivos e interesses individuais produzem conflito. Ele pode ocorrer no contexto entre duas pessoas ou mais, entre grupos de pessoas e organizações, e também pode acontecer entre mais de duas partes ao mesmo tempo.

Em um conceito amplo, um conflito pode levar a uma crise e, assim, uma crise pode ser definida como um conjunto de circunstâncias (um acontecimento indesejado, a revelação de uma acusação, informação negativa) capaz de interromper ou alterar a normalidade de uma empresa.

Como consequência, a crise pode abrir brecha para a exposição pública negativa da organização e abalar o relacionamento com um ou vários de seus públicos de interesse. Além do risco de afetar os negócios e causar prejuízos, a crise também pode atingir um dos maiores patrimônios da empresa: a reputação.

A crise pode surgir a partir de problemas internos (como greves, acidentes no trabalho com vítimas, acidentes ambientais, acidentes de trânsito etc.); ou externos, sem relação direta com o negócio da empresa (greves externas de fornecedores, problemas de abastecimento, catástrofes ou ataques criminosos, entre outros).

A crise, por sua vez, pode ser definida como todo fato que fuja à normalidade, atrapalhando ou interrompendo o funcionamento da empresa com potencial para acarretar prejuízos econômicos à organização, aos empregados, a terceiros e à comunidade na qual está inserida. Consequentemente, poderá ocorrer exposição pública negativa da organização, abalando sua imagem e reputação.

Likert (1979:8) define conflito como:

a luta ativa de cada um por resultado desejável para si, o qual, quando alcançado, impede aos outros de conseguirem o resultado favorável a eles, produzindo, com isto, hostilidade. O conflito é tido como solucionado quando todas as partes oponentes estão satisfeitas com o resultado. Um conflito permanece sem solução enquanto uma das partes estiver insatisfeita.

Eis que neste conceito reside o diferencial de sucesso ou insucesso de uma negociação coletiva de trabalho ou de um conflito.

O surgimento de uma crise pode ocorrer por conflitos internos que poderão desencadear uma greve de empregados, uma paralisação isolada, e pode estar ligada à sensação de insegurança na realização das atividades (acidentes do trabalho), no ambiente de trabalho etc. Pode ocorrer, ainda, por problemas ambientais e também por fatores externos não identificados pelas equipes gerenciais como: notificações judiciais relevantes, autuações envolvendo infrações, notificações de agências regulatórias, publicação de reportagens negativas envolvendo a organização.

Para efeito deste capítulo, vamos discutir as relações e a organização das relações sindical e trabalhista; porém, antes vamos trabalhar alguns conceitos.

### Conceituando paralisação e greves

Conceitualmente, as principais forças responsáveis pela deflagração de greves ou paralisações analisadas podem ser classificadas em:

*Forças externas*
- Crises econômicas;
- Políticas governamentais;
- Políticas sindicais.

*Forças internas*
- Degeneração do clima organizacional por não conformidades administrativas;
- Falta de políticas e procedimentos claros para a gestão de "gente";

- Distorções na estrutura organizacional;
- Deficiência nos processos de captação, seleção e contratação de mão de obra;
- Maus tratos (relacionamento entre lideranças e subordinados);
- Imperfeição contratual;
- Escassez de mão de obra (oferta de trabalho maior que a procura).

A Constituição de 1988 trouxe avanço no que tange à greve no setor privado, em seu artigo 9º prescreve o que se segue: "É assegurado o direito de greve, competindo aos trabalhadores decidir sobre a oportunidade de exercê-lo e sobre os interesses que devam por meio dele defender".

No entanto, a Constituição de 1988, art. 9º, apesar de ter definido como um direito, impôs limitações quanto ao exercício da greve para o setor privado. Não seguir a legislação poderá implicar "ilegalidade" do movimento:

§1º A lei definirá os serviços ou atividades essenciais e disporá sobre o atendimento das necessidades inadiáveis da comunidade.
§2º Os abusos cometidos sujeitam os responsáveis às penas da lei".

Assim a Lei de Greve nº 7.783, de 1989, define:

Art. 1º — é assegurado o direito de greve, competindo aos trabalhadores decidir sobre a oportunidade de exercê-lo e sobre os interesses que devam por meio dele defender.
Parágrafo único
O direito de greve será exercido na forma estabelecida nesta Lei.
Art. 2º — para os fins desta lei considera-se legítimo exercício do direito de greve a suspensão coletiva, temporária e pacífica, total ou parcial, de prestação pessoal de serviços a empregador.
Art. 3º — frustrada a negociação ou verificada a impossibilidade de recursos via arbitral, é facultada a cessação coletiva do trabalho.
Parágrafo único
A entidade patronal correspondente ou os empregadores diretamente interessados serão notificados, com antecedência mínima de 48 (quarenta e oito) horas, da paralisação.

## CAPÍTULO VI – RELAÇÃO TRABALHISTA E SINDICAL – ORGANIZAÇÃO

Art. 4º — caberá à entidade sindical correspondente convocar, na forma do seu estatuto, assembleia geral que definirá as reivindicações da categoria e deliberará sobre a paralisação coletiva da prestação de serviços.

§1º — o estatuto da entidade sindical deverá prever as formalidades de convocação e o quórum para a deliberação, tanto da deflagração quanto da cessação da greve.

§2º — na falta de entidade sindical, a assembleia geral dos trabalhadores interessados deliberará para os fins previstos no "caput", constituindo comissão de negociação.

Art. 5º — a entidade sindical ou comissão especialmente eleita representará os interesses dos trabalhadores nas negociações ou na Justiça do Trabalho.

Art. 6º — são assegurados aos grevistas, dentre outros direitos:

I — o emprego de meios pacíficos tendentes a persuadir ou aliciar os trabalhadores a aderirem à greve;

II — a arrecadação de fundos e a livre divulgação do movimento.

§1º — em nenhuma hipótese, os meios adotados por empregados e empregadores poderão violar ou constranger os direitos e garantias fundamentais de outrem.

§2º — é vedado às empresas adotar meios para constranger o empregado ao comparecimento ao trabalho, bem como capazes de frustrar a divulgação do movimento.

§3º — as manifestações e atos de persuasão utilizados pelos grevistas não poderão impedir o acesso ao trabalho nem causar ameaça ou dano à propriedade ou pessoa.

Art. 7º — observadas as condições previstas nesta Lei, a participação em greve suspende o contrato de trabalho, devendo as relações obrigacionais, durante o período, ser regidas pelo acordo, convenção, laudo arbitral ou decisão da justiça do trabalho.

Parágrafo único

É vedada a rescisão de contrato de trabalho durante a greve, bem como a contratação de trabalhadores substitutos, exceto na ocorrência das hipóteses previstas nos art. 9º e 14.

Art. 8º — a justiça do trabalho, por iniciativa de qualquer das partes ou do Ministério Público do Trabalho, decidirá sobre a procedência, total ou parcial, ou improcedência das reivindicações, cumprindo ao tribunal publicar, de imediato, o competente acórdão.

Art. 9º — durante a greve, o sindicato ou a comissão de negociação, mediante acordo com a entidade patronal ou diretamente com o empregador, manterá em atividade equipes de empregados com o propósito de assegurar os serviços cuja paralisação resulte em prejuízo irreparável, pela deterioração irreversível de bens, máquinas e equipamentos, bem como a manutenção daqueles essenciais à retomada das atividades da empresa quando da cessação do movimento.

Parágrafo único

Não havendo acordo, é assegurado ao empregador, enquanto perdurar a greve, o direito de contratar diretamente os serviços necessários a que se refere este artigo.

Art. 10 — são considerados serviços ou atividades essenciais:

I — tratamento e abastecimento de água; produção e distribuição de energia elétrica, gás e combustíveis;

II — assistência médica e hospitalar;

III — distribuição e comercialização de medicamentos e alimentos;

IV — funerários;

V — transporte coletivo;

VI — captação e tratamento de esgoto e lixo;

VII — telecomunicações;

VIII — guarda, uso e controle de substâncias radioativas, equipamentos e materiais nucleares;

IX — processamento de dados ligados a serviços essenciais;

X — controle de tráfego aéreo;

XI — compensação bancária.

Art. 11 — nos serviços ou atividades essenciais, os sindicatos, os empregadores e os trabalhadores ficam obrigados, de comum acordo, a garantir, durante a greve, a prestação dos serviços indispensáveis ao atendimento das necessidades inadiáveis da comunidade.

Parágrafo único

São necessidades inadiáveis da comunidade aquelas que, não atendidas, coloquem em perigo iminente a sobrevivência, a saúde ou a segurança da população.

Art. 12 — no caso de inobservância do disposto no artigo anterior, o poder público assegurará a prestação dos serviços indispensáveis.

Art. 13 — na greve, em serviços ou atividades essenciais, ficam as entidades sindicais ou os trabalhadores, conforme o caso, obrigados a comunicar a decisão aos empregadores e aos usuários com antecedência mínima de 72 (setenta e duas) horas da paralisação.

Art.14 — constitui abuso do direito de greve a inobservância das normas contidas na presente Lei, bem como a manutenção da paralisação após a celebração de acordo, convenção ou decisão da Justiça do Trabalho.

Parágrafo único

Na vigência de acordo, convenção ou sentença normativa não constitui abuso do exercício do direito de greve a paralisação que:

I — Tenha por objetivo exigir o cumprimento de cláusula ou condição;

II — Seja motivada pela superveniência de fatos novos ou acontecimento imprevisto que modifique substancialmente a relação de trabalho.

Art.15 — A responsabilidade pelos atos praticados, ilícitos ou crimes cometidos, no curso da greve, será apurada, conforme o caso, segundo a legislação trabalhista, civil ou penal.

Parágrafo único

Deverá o Ministério Público, de ofício, requisitar a abertura do competente inquérito e oferecer denúncia quando houver indício da prática de delito.

Art.16 — para os fins previstos no *art. 37, inciso VII, da Constituição*, lei complementar definirá os termos e os limites em que o direito de greve poderá ser exercido.

Art.17 — fica vedada a paralisação das atividades, por iniciativa do empregador, com o objetivo de frustrar negociação ou dificultar o atendimento de reivindicações dos respectivos empregados (*lockout*).[22]

Parágrafo único

A prática referida no caput assegura aos trabalhadores o direito à percepção dos salários durante o período de paralisação.

Art.18 — ficam revogados a *Lei nº 4.330, de 1º de junho de 1964*, o *Decreto-Lei nº 1.632, de 4 de agosto de 1978*, e demais disposições em contrário.

Art.19 — Esta Lei entra em vigor na data de sua publicação.

---

[22] O *lockout* ocorre quando o empregador impede que seus empregados, total ou parcialmente, adentrem os recintos do estabelecimento empresarial para trabalhar.

Parágrafo único
Não havendo acordo, é assegurado ao empregador, enquanto perdurar a greve, o direito de contratar diretamente os serviços necessários a que se refere este artigo.

De acordo com Brito Filho (2007:271),

greve só não é considerada abusiva se seu objetivo for servir de base para as reivindicações dos trabalhadores no que se refere às condições de trabalho, manutenção e/ou melhoria delas. Greve que tenha outro objetivo e não possa ser considerada econômica ou político-econômica deve ser considerada abusiva em razão do motivo. Existem limites ao direito de greve. Eventuais aliciamentos de trabalhadores devem ser efetuados de forma pacífica, e, em nenhuma hipótese, podem causar danos à pessoa ou à propriedade de quem quer que seja. Qualquer inobservância da lei de greve conduzirá à condição de abusividade.

Também afirma:

o mais importante instrumento de luta dos trabalhadores, a greve, vem sendo, ao longo de sua existência, tratado das mais variadas formas e, até hoje, colhe opiniões conflitantes da doutrina, da jurisprudência e dos envolvidos nos conflitos de trabalho: trabalhadores, empregados e sociedade. É que a abstenção do trabalho, além de produzir ou tentar produzir um resultado direto nas atividades empresariais, interfere, em muitos casos, no dia a dia da coletividade, supostamente alheia ao movimento. [Brito Filho, 2007:249]

A greve, conforme indicado por Brito Filho (2007:249), de fato é o instrumento ou meio pelo qual os trabalhadores produzem impacto pela pressão exercida sobre o empregador na relação capital × trabalho. A abstenção desse instrumento, por vezes, é a única forma de encontrar o ponto de equilíbrio.

Sob o ponto de vista administrativo, organizacional, o ponto de equilíbrio nos grandes empreendimentos (canteiros de obras) onde se têm constatado conflitos trabalhistas poderá ser alcançado dando atenção e prioridade à:

a) Manutenção de salários e benefícios condizentes com o mercado;
b) Melhoria nas relações interpessoais: lideranças × subordinados;
c) Cumprimento do ACT e/ou CCT;
d) Melhoria da qualidade de vida no trabalho; e
e) Eliminação das não conformidades administrativas (erros nos pagamentos: salários, benefícios, horas extras etc.).

## A deflagração da greve

Os empregadores devem ser comunicados após decisão em assembleia com antecedência de 48 horas no mínimo conforme dispõe o art. 3º, parágrafo único, da lei de greve para serviços não essenciais e de 72 horas para serviços considerados essenciais. Vale lembrar que é abusiva a greve realizada em setores que a lei define como essenciais à comunidade.

No segmento da construção e montagem industrial, as paralisações analisadas em 90% dos casos feriram um ou outro artigo da Lei de Greve nº 7.783, de 1989; portanto, poderiam ser consideradas abusivas à luz da legislação.

As paralisações analisadas em sua maioria ocorreram "de dentro para fora", decorrendo de erros administrativos. Ao serem analisados, identificou-se que esses erros estavam associados à desinformação da força de trabalho no que se refere aos seus direitos e deveres, e ocorreram, em 75% dos casos, fora da data-base de negociação da categoria.

As paralisações analisadas poderiam ter sido evitadas não fosse a fragilidade administrativa das lideranças, que permitiram que os movimentos tomassem volume incontrolável. Em alguns casos, o movimento implicou depredação e violência ocasionada pelo efeito manada, efeito este sobre o qual discorreremos neste capítulo.

Outra constatação verificada em campo foi o *lockout contratual*, embora a lei de greve defina *lockout* de forma específica e pontual em seu art. 17: "Fica vedada a paralisação das atividades, por iniciativa do empregador, com o objetivo de frustrar negociações ou dificultar o atendimento de reivindicações dos respectivos empregados".

Essa ação foi constatada e definida como: a quebra de confiança entre contratante e contratada — a contratada busca renegociar valores contratuais não cobertos pelo escopo e/ou contrato — *claim* — para forçar o contratante, deixa de cumprir com as obrigações perante os empregados, levando os trabalhadores à paralisação e, em alguns casos, até efetuando desmobilizações antecipadas de parte do efetivo mobilizado.

A paralisação, nesse caso provocada pelo empregador, tem o objetivo de levar o contratante a sentar-se à mesa e renegociar o contrato.

Quando a ação é deflagrada em canteiros complexos de forma inadvertida, pode resultar em crise-conflito com custo imprevisível.

## A imagem e a reputação

Em uma pesquisa, foi perguntado, a 269 executivos gestores de risco em organizações privadas e públicas nos principais mercados internacionais, o que pode derrubar uma empresa. Eis o resultado em percentuais (%) por grupo de risco:

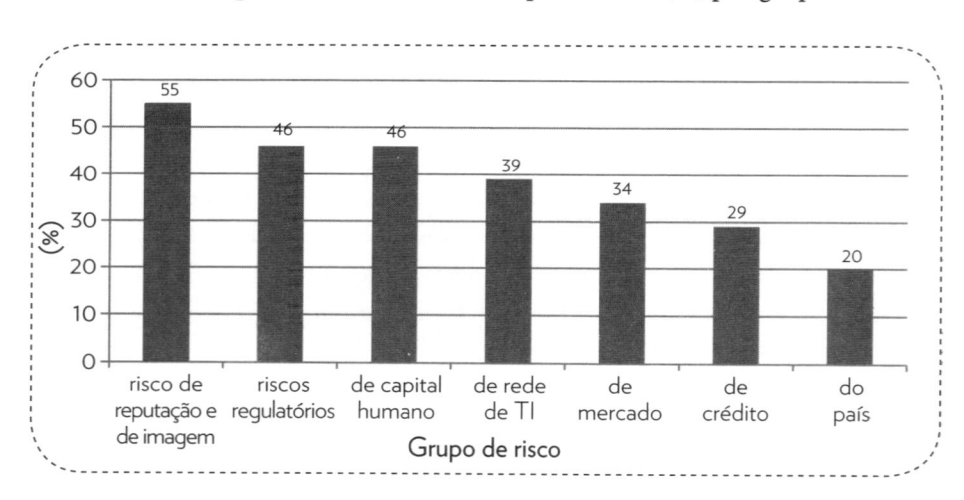

| Grupo de risco | % |
|---|---|
| risco de reputação e de imagem | 55 |
| riscos regulatórios | 46 |
| de capital humano | 46 |
| de rede de TI | 39 |
| de mercado | 34 |
| de crédito | 29 |
| do país | 20 |

Fonte: Barômetro de riscos corporativos (*Intelligence unit – The Economist*).

Do grupo de executivos entrevistados, 55% pontuaram que o risco de *imagem e reputação* tem forte impacto numa organização; e para 46% vêm o risco regulatório e *capital humano* associado a outros itens apontados no gráfico, como: mercado, TI, crédito e país.

Pastore e colaboradores (2017:46) referem-se ao

risco regulatório, que também aparece na pesquisa realizada pelo *The Economist*, como um dos problemas que dificultam o país a atrair investimentos privados, associado a outras mazelas como a exigência da participação de capital nacional na composição, taxas de juros etc. Nesse sentido, os autores indicam que fracassos em atrair capital privado podem ser atribuídos ao risco regulatório: "risco regulatório é a variação do fluxo de caixa do negócio induzida por decisões arbitrárias do governo.

Retornando ao tema *capital humano,* risco apontado com 46%: na condução de projetos onde está envolvido grande número de trabalhadores, as fronteiras vão além dos desafios tecnológicos de engenharia.

O aprimoramento dos processos de gerenciamento de riscos nestes ambientes é imprescindível. Portanto, é recomendável a criação de comitês envolvendo gestores (líderes) para atuarem no gerenciamento de risco e na prevenção de crises. Esses membros deverão ser treinados em *gestão e prevenção de crise.*

## Como estruturar um comitê e subcomitê das contratadas e subcontratadas para a prevenção e gestão de crise-conflito

O comitê de prevenção e gestão de crises tem o papel de trabalhar e atuar nas melhorias das ações administrativas (segurança do trabalho, transporte, alimentação, campanhas etc.) visando mitigar causas de insatisfação que podem levar a uma crise-conflito. O comitê deve avaliar e referendar ações e decisões gerenciais no âmbito do projeto que envolva questões relevantes de risco.

### *Subcomitê das contratadas*

Além do comitê das contratadas, é aconselhável a estruturação de subcomitê envolvendo empresas subcontratadas. Os membros nomeados, constituídos por lideranças de campo (gerentes e coordenadores), devem reunir-se periodicamente para debater questões operacionais que possam afetar o desempenho e/ou impor riscos à continuidade operacional. Quando convocado, o subcomitê deve reunir-se de forma extraordinária. Uma das funções do subcomitê das subcontratadas seria a de acatar as proposições advindas do comitê das contratadas e operacionalizá-las. O subcomitê também poderá propor ações a serem levadas à apreciação do comitê das contratadas para aprovação final.

## Demonstrativo de crises-conflitos (paralisações e greves)

A seguir, relação de grandes empreendimentos da construção e montagem que conviveram com crises, conflitos trabalhistas envolvendo terceiros na construção e montagem no período de 2005 a 2015:

- Arena do Grêmio, Porto Alegre (RS)
- Comperj: Complexo Petroquímico do RJ, Itaboraí (RJ)
- Complexo de Mineração Tabira, Itabira (MG)
- CSP, Cia Siderúrgica do Pecém, S. G. do Amarante (CE)
- Polo Petroquímico Suape, Santo Agostinho (PE)
- Projeto Anglo American, Barro alto (GO)
- Projeto Eldorado, Três Lagoas (MS)
- Projeto Horizonte I, Três Lagoas (MS)
- Projeto Veracel, Eunápolis (BA)
- Refinaria Abreu e Lima, Suape, Ipojuca (PE)
- Repar — Refinaria Presidente Getúlio Vargas, Araucária (PR).
- UHE de Jirau, Porto Velho (RO)
- UHE de São Domingo, Água Clara (MS)
- UHE, Colide (MT)
- UHE de Belo Monte, Vitória do Xingu (PA)
- Usina de Açúcar e Álcool, Regente Feijó (SP)
- UTE Pecém, Lagoinha (CE)
- UTE, Goianésia (GO)

As análises efetuadas demonstraram que as crises tiveram causas comuns e conhecidas: descumprimentos da legislação trabalhista (CLT) e acordo coletivo de trabalho, erros envolvendo pagamentos de salários e benefícios, deficiência na gestão de pessoas (lideranças), problemas com segurança do trabalho, deficiências no transporte, alimentação, moradia e melhores condições de trabalho, não equalização de salários e benefícios antes da implantação, não envolvimento das categorias sindicais antes de iniciar o processo de implantação.

É de conhecimento de todos que têm ocorrido significativas mudanças e avanços nos modos de vida da população e, por conseguinte, no comportamento dos trabalhadores. Os trabalhadores estão cada vez mais informados sobre seus direitos via disponibilização da informação por meio das diversas mídias de comunicação como: TV, internet, redes sociais etc. Entretanto, o comportamento das administrações de um considerável número de empresas ligadas ao segmento da construção e montagem industrial não evoluiu na mesma velocidade que o conhecimento adquirido pela disseminação da informação da força de trabalho. Esta não evolução dos métodos administrativos tem contribuído para as crises, na medida em que as anomalias administrativas aparecem como as maiores causas de greves e paralisações.

Se no passado as empresas negligenciavam o cumprimento da legislação trabalhista sem, no entanto, serem questionadas pelos empregados, agora as pessoas estão mais atentas aos seus direitos.

Muitas empresas proponentes em processo de contratação durante os processos comerciais ignoram o investimento necessário em *gente* devido ao temor de que o concorrente, ao não considerar o investimento, acabe ganhando a concorrência e/ou o processo licitatório. Ao buscar reduzir investimento à revelia da legislação e das necessidades humanas, inicia-se a incubação da crise ainda na fase de concepção do projeto.

Por algumas vezes ouvi as seguintes indagações e questionamentos: não fica dispendioso atender as aspirações dos trabalhadores? Os acordos coletivos de trabalho não ficaram demasiadamente caros? Afetando os custos de implantação? Tudo isso, para evitar crises-conflito, greves e paralisações?

A resposta a essas perguntas é: em um processo de negociação de acordo coletivo e/ou organização para o trabalho para garantir a sua qualidade, não se busca atender simplesmente as aspirações dos trabalhadores. O objetivo não é evitar crise-conflito a qualquer preço. Há que se considerar o mercado, a necessidade humana exaustivamente trabalhada nesta obra. Deve-se analisar o que é possível conceder ou não. Considerar o risco *versus* o custo do não investimento e não concessão.

Via de regra, as crises instaladas decorrem ou decorreram devido à instalação de imperfeições administrativas e gerenciais que deveriam ter sido eliminadas na concepção do projeto.

Algumas reivindicações são exageradas. Pode-se afirmar que o exagero é proporcional ao nível de precariedade percebido durante a implantação, ou seja, quanto maiores forem as imperfeições administrativas concebidas, maiores serão as pautas de reivindicações; quanto menores forem as imperfeições, as pautas serão menores e se limitarão às questões econômicas e financeiras. Ficarão de lado, assim, as questões higiênicas que já deveriam ter sido atendidas quando da concepção do projeto.

Deve-se considerar nesta conta, além do custo da crise-conflito, os custos adicionais envolvendo o passivo trabalhista que serão pagos anos após a conclusão.

O investimento para evitar crises-conflitos será sempre menor que o custo da crise-conflito, sobretudo envolvendo o segmento da construção e montagem industrial em grandes empreendimentos com grande número de empresas e massa de trabalhadores, onde os valores envolvidos são vultuosos.

**Crise de trabalhadores em obra privada — vandalismo e depredação**

A seguir, as fotos ilustrativas nos dão uma noção de crise-conflito trabalhista. Essas mobilizações ocorreram durante implantação de empreendimento privado envolvendo grande contingente de empresas e trabalhadores.

A seguir, matéria sobre greve na construção civil em Belém do Pará.

A categoria, que chega a ter 12 mil trabalhadores, reivindica melhores condições de trabalho, aumento salarial e segurança nos canteiros de obras. De acordo com o presidente do Sindicato dos Trabalhadores da Construção Civil de Belém, Ailson Cunha, na capital o trabalho dos operários e dos serventes é muito desvalorizado.

CAPÍTULO VI – RELAÇÃO TRABALHISTA E SINDICAL – ORGANIZAÇÃO   191

**Operários reivindicam melhores condições de trabalho, aumento salarial e segurança nos canteiros de obras**

"Tivemos uma primeira reunião com os empresários, mas eles só quiseram aumentar o nosso piso salarial em 7,5%, o que não condiz com o nosso trabalho. Estamos querendo que eles apresentem uma proposta digna", explica.

### Estudo de caso

*Paralisação em canteiros de obras*

Em 25 de janeiro, em um grande canteiro de obra, trabalhadores da contratada A iniciaram uma paralisação cujo estopim foi o transporte de trabalhadores durante o almoço (mudança de contrato com prestador de serviço de transporte). O ônibus que faria o transporte dos trabalhadores para o refeitório não foi apanhar os trabalhadores para o almoço.

Em 26 de janeiro, trabalhadores da empresa A, após desjejum, iniciaram bloqueio dos canteiros de obras, proibindo todos os demais colaboradores a entrarem para o trabalho, e se deslocaram ameaçando os demais a deixarem seus postos.

Em 27 de janeiro, paralisação total dos canteiros de obras, tendo os trabalhadores da contratada A conseguido adesão de trabalhadores da contratada

B, os quais obrigaram os trabalhadores das demais contratadas B, C etc. a paralisarem e saírem dos canteiros de obras. Na sequência, apresentaram a pauta de reivindicação: redução do tempo para folga de campo de 90 para 60 dias; passagens aéreas para trabalhadores cuja distância fosse > que 1.500 km; cesta básica de $ 250,00; reajuste salarial de 9%; e horas extras de 75% para 100% aos sábados.

*Perguntas: que ações poderiam ter sido tomadas para se evitar a paralisação? Qual o papel das lideranças? Que ações a administração deverá tomar para colocar fim ao movimento insurgente?*

### O impacto da crise na produtividade

A seguir, quadro demonstrativo envolvendo a instalação de dois empreendimentos de grande porte. A análise visa comparar empreendimentos com porte e volume construtivo similar envolvendo um mesmo segmento. O complexo A se constituiu em um empreendimento mais complexo sob o ponto de vista construtivo quando comparado com o complexo B.

**Quadro comparativo: produtividade *versus* paralisações**

| Referente | (A) | (B) |
|---|---|---|
| Estrutura e volume construtivo | > | < |
| Terraplanagem | > | < |
| Tempo de execução | = | = |
| Volume total de mão de obra mobilizada | < | > |
| Dias perdidos por greves e paralisação | < | > |

Observa-se diferença no volume total de mão de obra entre A e B. Enquanto A consumiu 40 mil trabalhadores no total e B consumiu 48 mil trabalhadores no total, os tempos de execução foram iguais. Manteve-se o prazo por força contratual quando as contratadas alocaram maior quantidade de mão de obra para atender o prazo no empreendimento B.

Pode-se atribuir o maior volume de mão de obra no complexo B) a perdas decorrentes das constantes paralisações dos trabalhadores.

## CAPÍTULO VI — RELAÇÃO TRABALHISTA E SINDICAL — ORGANIZAÇÃO

Essa análise leva-nos a concluir a importância em se buscar excelência na gestão, evitando distorções administrativas.

Observou-se que em todas as paralisações analisadas no complexo B houve concessões. Todas as paralisações tiveram como causa distorções administrativas, causadas pelas contratadas ou subcontratadas, as quais levaram a força de trabalho à insatisfação coletiva.

As insatisfações analisadas tiveram como causa-raiz fatores higiênicos que acabaram migrando para aspirações mais elevadas. Em várias situações analisadas, onde não houve gestão eficaz, pós-paralisações, acabou-se instalando o *vício da paralisação*.

Se, de um lado, os empregadores tendem a não ceder à reivindicação no momento inicial da deflagração do evento, temendo que, se cederem, haverá o entendimento de facilidade pela massa de trabalhadores e sindicatos, por outro lado, faltam-lhes líderes eficazes para gerir e evitar deformação e, consequentemente, deterioração do ambiente, essencial para mitigar descontentamentos e, portanto, paralisações ou greves.

Decorrido o tempo de maturação do movimento, acabam cedendo à pauta de reivindicação, sobretudo nos grandes empreendimentos, pois o custo do movimento começa a aparecer. Os dias parados têm custo elevado e incorre-se ainda no risco de o movimento migrar para uma ação violenta com depredação.

Em última análise, por mais impactante que possa parecer o investimento necessário para se evitar "crise-conflito" envolvendo a força de trabalho, o impacto final será menor que o imprevisto custo da crise. Há ainda que se considerar que se trata de um investimento temporário, logo, deve-se analisar o custo *versus* o benefício.

O custo de uma crise-conflito trabalhista ultrapassa as despesas diretas com a mão de obra, máquinas e equipamentos, dias perdidos etc. Deve-se incluir os danos na *imagem* e *reputação* de todos os *players* envolvidos: proprietária, fornecedores, prestadores de serviço, construtoras, montadoras, comunidade, trabalhadores e sindicatos.

O custo das *não conformidades* é elevado e será ressarcido *com* ou *sem crise* e, em muitos casos, pela proprietária, embora não tenha contratado mão de obra.

## Greves e paralisações *versus* crise econômica

Ouve-se que a crise econômica influencia o comportamento do trabalhador, ou seja, quanto maior for a crise econômica, o desemprego, menor será a possibilidade de greve. Essa afirmativa pode levar-nos a acreditar que, na crise econômica, empregados não deflagrariam greves e paralisações temendo a perda do emprego.

Em parte, a afirmativa é verdadeira, o risco diminui; mas há que se considerar que um dos fatores externos já conceituados e que pode levar à greve é justamente "a crise econômica".

Há ainda que se considerar que o objeto de estudo e análise desta obra são os trabalhadores de canteiros de obras que atuam na construção e montagem. Percebeu-se que a categoria não possui a mesma visão de futuro que um empregado de carreira.

A visão é de curto prazo. A característica de temporariedade leva à baixa tolerância no que se refere a sentimento de perda; assim, o que pode ser tolerável para empregados de carreira, com contratos por prazo indeterminado, não é aceitável na visão desses profissionais. Isso significa que o risco existe, embora seja menor, é proporcional às privações percebidas.

A seguir, quadro comparativo de acordos coletivos envolvendo o comportamento em dois empreendimentos de grande porte analisados, cujas implantações ocorreram em período de crise econômica.

| | Referente | ACT 1 | ACT 2 | ACT 3 |
|---|---|---|---|---|
| Empreendimento (B) | Reajuste | 13% | 13% | 15% |
| | Piso Mínimo | 877,56 | 991,64 | 1.140,39 |
| | Piso Máximo | 2.693,23 | 4.169,70 | 4.795,16 |
| | Cesta Básica | 320,00 | 400,00 | 500,00 |
| | PLR | 1,2 | 1,3 | 1,4 |
| | HE | 60/100/110 | 60/100/110 | 60/110/110 |
| | Ajuda Custo | 490,00 | 550,00 | 600,00 |
| | Hora *in itinere* | 60 min | 60 min | 60 min |
| | Perdas em Dias (greve) | | (+) de 100 dias perdidos | |

| | Referente | ACT 1 | ACT 2 | ACT 3 |
|---|---|---|---|---|
| Empreendimento (A) | Reajuste | 9% | 10,5% | 9,82% |
| | Piso Mínimo | 1.163,80 | 1.287,00 | 1.412,40 |
| | Piso Máximo | 3.238,40 | 4.637,60 | 5.093,00 |
| | Cesta Básica | 400,00 | 550,00/585,00 | 585,00 |
| | PLR | 1,4 salário | 1,8 salário | 1,8 salário |
| | HE | 2ª a sab: até 50h - 50% > 50h - 80%; DSR 120% | 2ª a 6ª: até 40h - 50% > 40h - 80%; sáb.: 80%; DSR: 120% | 2ª a 6ª: até 40h - 50% > 40h - 80%; sáb.: 80%; DSR: 120% |
| | Ajuda Custo | 0 | 0 | 0 |
| | Hora *in itinere* | 40 min | 40 min | 40 min |
| | Perdas em Dias (greve) | | Nenhum dia perdido | |

Assim, o que devemos fazer: organizar para implantar, visando mitigar riscos de descontinuidade? Ou implantar com imperfeições e aguardar?

Para responder às questões, há que se considerar que, em todas as crises acompanhadas, as contratadas foram forçadas a ceder à reivindicação pressionadas pela massa de trabalhadores e arcaram com o custo dos dias perdidos. Como afirmado anteriormente, trabalhar na prevenção e eliminação das não conformidades é mais econômico quando comparado ao custo da crise.

Para entendermos um pouco mais sobre o comportamento humano, em que pese já tenhamos discorrido conceitos no capítulo I — Entendendo gente, estaremos "conceituando a crise", trabalhando e aprofundando conceitos envolvendo os movimentos de massa.

### Conceituando crise — o movimento de massa

Deve-se ficar atento para o comportamento de massa, tratado por Sigmund Freud (2016) em a *Psicologia das massas e análise do eu*. Na obra, Freud cita

Gustave Le Bon e McDougall, entre outros, e discorre sobre a capacidade psíquica de uma massa ou multidão.

Freud (2016:43-50), citando Gustave Le Bon, analisando o comportamento das multidões, afirmou:

> tal massa é extremamente excitável, impulsiva, passional, inconstante, instável, inconsequente, indecisa, e ao mesmo tempo disposta a ações extremas; acessível a paixões grosseiras e aos sentimentos mais simples, extraordinariamente sugestionável, leviana em suas reflexões, violenta em seus juízos, receptiva apenas às conclusões e aos argumentos mais simples e mais incompletos, fácil de conduzir e de comover, desprovida de consciência de si, de respeito e responsabilidade, e disposta a deixar-se a arrastar por atrocidades. Numa multidão ou massa de indivíduos encontra-se orientação fixa de ideias e apagamento da personalidade individual. A multidão passa a ser dominada pelo inconsciente, podendo tornar-se facilmente heroica ou criminosa. Há que se reiterar que a massa psicológica tratada na psicologia das multidões é um ser "provisório" constituído por elementos heterogêneos que por um momento se ligam entre si. Procurando a causa, a razão do comportamento de uma massa psicológica, Le Bon afirma: em primeiro lugar o indivíduo enquanto membro de uma massa pelo fato de estar em grande número lhes confere uma sensação de invencibilidade. Em segundo lugar no contágio ocasionado pela massa psicológica, o indivíduo passa a sacrificar seu próprio interesse em benefício do interesse coletivo. E, terceiro e último, indivíduos reunidos numa massa adquirem qualidades especiais inexistentes enquanto indivíduos. Esse é aproximadamente o estado do indivíduo que pertence a uma massa psicológica. Ele não tem mais consciência de seus atos. Nele, como no hipnotizado, enquanto certas faculdades estão suspensas, outras podem ser levadas a um grau de intensidade extrema. Sob a influência de uma sugestão, ele se lançará com um impulso irresistível à execução de determinadas ações. E esse ímpeto é ainda mais irresistível nas massas do que no hipnotizado, pois, a sugestão, que é a massa para todos os indivíduos, aumenta devido a reciprocidade.

Freud (2016:40-41), citando Gustave Le Bon, ao analisar a psicologia das multidões e, por conseguinte, o comportamento de massa:

em determinadas circunstâncias, e apenas nessas, um agrupamento de indivíduos independente de nacionalidade, profissão, sexo, adquire enquanto em massa uma alma coletiva, graças à qual sente, pensa e age de modo inteiramente diferente do que cada um deles sentiria, pensaria e agiria de forma isolada, sobretudo quando há um fim coletivo quando lhes é conferida uma massa psicológica, formando uma alma coletiva, porém, transitória, submetida à lei da unidade mental das multidões.

Freud (2016:61-64), citando McDougall, afirma:

os movimentos de massa não aconteceriam sem que houvesse alguma organização, apesar de não a apresentarem à época. Para que se forme uma massa coletiva no sentido psicológico é necessário que haja, nestes indivíduos, algo em comum ou de interesse coletivo. Quanto mais fortes forem esses interesses comuns, mais facilmente formarão uma massa psicológica. Portanto, cria-se no grupo uma capacidade entre seus membros (*some degree of reciprocal influence between the members of the group*) — algum grau de influência recíproca entre os membros do grupo.

A reunião de indivíduos em massa produz um senso de afetividade. Este senso dificilmente se formaria com tanta facilidade como se forma em uma massa de indivíduos, despertando prazer e paixão, o que é chamado por McDougall de "*principle of direct induction of emotion by way of the primitive sympathetic response*" — princípio da indução direta de uma emoção por meio de resposta empática primitiva. Indivíduos reunidos em massa, além de certo grau de afetividade, passam a ter a sensação de poder irrestrito e perda de noção do perigo. É perigoso se opor a ela. As inteligências inferiores arrastam para seu nível as superiores.

Diante de todas essas afirmativas, conclui-se que há um comportamento de massa psicológica único por trás de todo movimento insurgente organizado ou não organizado.

Esse comportamento de massa, organizada ou não organizada, quando ocorre, se parece com um "estouro de manada de animais selvagens"; portanto, sob o ponto de vista gerencial, deve-se ficar atento aos anseios e desejos individuais que, por ação de alguma liderança, podem tornar-se uma aspiração coletiva, despertando movimentos de massa buscando satisfazer o anseio que era individual e tornou-se coletivo.

Em 2013, ocorreram mobilizações de massa, de multidão. Esse sentimento, alma coletiva, permeou a sociedade brasileira, e o que se viu foi uma multidão saindo às ruas num movimento de protesto contrário ao governo.

Citando Le Bon (1980:55), em uma comparação análoga à massa humana (multidão) que saiu às ruas em 2013: "Demasiado guiadas pelo inconsciente, e, por isso, submetidas à influência de hereditariedades seculares, não podem deixar de se mostrar excessivamente conservadoras. Abandonadas a si próprias, cansam-se depressa das suas desordens e encaminham-se instintivamente para a servidão".

O aspecto psicológico do comportamento de uma massa de trabalhadores, objeto de análise e estudo, por várias vezes já foi observado ao longo da história, tendo ocorrido em muitos países.

Em vários canteiros de obras de grande porte no Brasil, esses movimentos têm ocorrido com frequência espantosa, envolvendo depredação e violência. Ao analisar as crises, pode-se concluir que esses movimentos estão tendo como energia: não conformidades por má qualidade na gestão, as quais afetam o indivíduo, levando ao sentimento de "perda coletiva".

Nenhuma semente germinará em solo que não seja fértil. A fertilidade, neste caso, está no sentimento de "perda coletiva".

Estas contextualizações teóricas, envolvendo o comportamento do indivíduo e comportamento de massa, povo ou multidão complementam as contextualizações da teoria comportamental.

São estas as principais razões para se trabalhar evitando não conformidades, sobretudo as que afetam o indivíduo e a coletividade (grupo).

### Crise envolvendo trabalhadores em obras públicas — vandalismo

Em 2012, o governo federal, na tentativa de mitigar ocorrências envolvendo crises de "massas" na construção dos grandes canteiros de obras do Programa de Aceleração do Crescimento (PAC), por meio da Secretaria-Geral da Presidência da República e do Ministério do Trabalho e Emprego, reuniu representantes da indústria da construção em que representantes das várias entidades como confederações de trabalhadores, federações, centrais sindicais,

## CAPÍTULO VI – RELAÇÃO TRABALHISTA E SINDICAL – ORGANIZAÇÃO

sindicatos representantes da indústria da construção, com assessoria do Dieese, aprovaram ações para melhorias no âmbito das obras tanto de interesse público como privado. O objeto e os instrumentos indicados foram aprovados por consenso entre as partes signatárias e, mediante adesão, aplicam-se a todas as atividades da indústria da construção. Abrangem, conforme a adesão, uma empresa, uma única obra, conjuntos de obras e/ou frentes de trabalho em âmbito local ou regiões delimitadas. O compromisso foi firmado para ser aplicado nas obras de modo a abranger o trabalho prestado também em empresas subcontratadas.

Esse compromisso não afasta o cumprimento das normas legais trabalhistas e previdenciárias, convenções da organização internacional do trabalho ratificado pelo Brasil e sancionadas por decreto legislativo e normas de saúde e segurança. Acordos ou convenções coletivas e maiores informações e detalhes do plano de ação poderão ser vistos no documento *Compromisso nacional para aperfeiçoar as condições de trabalho na indústria da construção.*

A ação veio depois das graves crises envolvendo trabalhadores, sobretudo a ocorrida na obra de construção da hidroelétrica de Jirau em Rondônia (RO).

O *Compromisso nacional para aperfeiçoar as condições de trabalho na indústria da construção*, embora revestido das melhores intenções, por si só, não foi, e não será, suficiente para mitigar as crises, pois inúmeras são as distorções administrativas causadoras de insatisfação, e muitas delas se iniciam na fase de concepção dos projetos (EAP).

As matérias a seguir exemplificam um ambiente degradado depois da crise-conflito trabalhista ocorrido na obra de Jirau (RO), durante a construção da usina hidrelétrica de Jirau no rio Madeira, em Porto Velho, obra do PAC:

> **80 mil operários se rebelam contra escravidão nas obras do PAC**
> Março de 2011
>
> *"Do rio que tudo arrasta, diz-se que é violento. Mas ninguém chama violentas às margens que o comprimem". A célebre frase do poeta e teatrólogo revolucionário alemão Bertolt Brecht descreve com exatidão o quadro atual das revoltas operárias nas obras de construção das usinas hidrelétricas de Jirau e Santo Antônio, no Rio Madeira, Rondônia; na usina de São Domingos, no Mato Grosso so Sul; na termelétrica de Pecém, no Ceará, e no complexo industrial petroquímico de Suape, em Pernambuco.*

Revolta em Jirau, operários incendeiam alojamentos da empreiteira Camargo Corrêa.

A seguir, matéria divulgada após assinatura do compromisso.

**Explosões de greves por melhores condições de trabalho nas obras do PAC**
21/03/2012
"O acordo assinado entre o governo, os empresários e as centrais sindicais para melhorias nas condições de trabalho no setor da construção civil em nada tem mudado a vida dos operários." As paralisações e mobilizações nos canteiros de obras, nesse ano de 2012, demonstram a insatisfação desses trabalhadores.
Na usina hidrelétrica de Jirau (RO) mais uma greve, essa com duração de mais de dez dias. Novamente os 20 mil operários se enfrentam com a intransigência da Construtora Camargo Corrêa e da Enesa Engenharia Ltda., responsáveis pela obra, além do clima de ameaça e repressão.

**Crise em obra pública — UHE em Colíder — MT:**
14 de fevereiro de 2013 — 11h51min
Dezenas de operários que constroem a Usina Hidrelétrica de Colíder, no município de Nova Canaã do Norte (220 km de Sinop), em Mato Grosso, atearam fogo em parte dos residenciais, refeitório, ônibus e carros durante protesto realizado na última terça-feira (12). A obra pertence à Companhia Paranaense de Energia (Copel), conforme registro do site da estatal...
Segundo o site *Só Notícias*, um grupo de funcionários queria negociar com a diretoria da empresa para tratar questões salariais. Também teriam surgido rumores que eles deveriam trabalhar durante o feriadão de Carnaval sem receber horas extras.
Ainda não foi confirmado se há prisões e se o manifesto terminou. "É longe, a estrada ruim, celular não funciona lá", informou um policial, esta tarde, ao *Só Notícias*.
**Operários da grande Belém decretaram greve na última segunda (3).**
**Protesto de centenas de trabalhadores da construção civil deixou o trânsito congestionado no centro da capital paraense**
3/9/2012
Trabalhadores da construção civil da região metropolitana de Belém entraram em greve nesta terça-feira (04). Durante a manhã, cerca de 200 trabalhadores realizam passeata na Avenida Almirante Barroso e outro grupo de cerca de 400 trabalhadores interditam a rodovia Augusto Montenegro, em Belém. Um terceiro ponto de manifestação foi organizado pelos trabalhadores na esquina da Avenida 9 de Janeiro com a avenida José Malcher.

## O comportamento das lideranças ante a crise

No livro *O líder do futuro*, de Hesselbein e colaboradores (1996:45, 46), no capítulo intitulado "Liderando pela base" escrito por Sally Helgensen, autora de diversas obras e palestrante sobre temas relacionados com as organizações do futuro, lê-se a afirmação:

> as organizações têm, nas últimas décadas, demonstrado forte interesse sobre o tema "liderança", livros eruditos e populares tentam analisar a natureza de sucesso de alguns líderes e suas organizações. Por conseguinte, encontram um público ávido. Universidades ou departamentos inteiros deram início a cursos no sentido de estudar, ensinar e despertar para a liderança e, ao observar e estudar a atuação de diversos líderes, tentaram definir e criar categorias sobre o que fazem e aconselharam seu público e leitores que buscassem desenvolver sua própria capacidade de liderar. Esse renascimento trouxe grandes vantagens. Todavia, suas limitações estão se tornando evidentes, sobretudo considerando a configuração evolutiva de nossas organizações. Por esse

motivo, muitos estudos sobre liderança nos últimos anos tiveram origem na premissa velada de que *líderes são líderes em virtude da posição que ocupam*.

Hesselbein e colaboradores (1996:45, 46) fazem a seguinte afirmativa no que tange à liderança: "As organizações de certa forma são mensuradas pelo líder máximo, sobretudo, as organizações de sucesso. Ao se mencionar por exemplo GE pensa-se logo em Jack Welch, IBM leva logo a pensar em Louis Gerstner".

Ao estendermos esse pensamento para os dias atuais, podemos inferir que ao nos referirmos à Apple, por exemplo, aparece logo em nossa mente Steve Jobs, Microsoft, Bill Gates; fala-se em Facebook, logo se pensa em Mark Elliot Zuckerberg e assim sucessivamente.

Seja como for, todos têm sua importância em toda a cadeia estrutural das organizações, assim como as lideranças inferiores. Veja-se o exemplo: o besouro garante a subsistência do leão na África. O mais humilde trabalhador e as lideranças inferiores na estrutura hierárquica garantem a sobrevivência das organizações. Voltando ao caso do besouro, o besouro apanha o estrume do elefante, enterra-o, o estrume é processado, serve de alimento pelos nutrientes que ainda contém atendendo ao propósito do besouro e sua prole e ainda fertiliza o solo, nascem as gramíneas que alimentam a gazela que por sua vez alimenta o leão.

Em se tratando de liderança, não podemos e não devemos desprezar o papel das lideranças inferiores, líderes da base da pirâmide a que se refere Helgensen. Todos são importantes na cadeia alimentar, em que pese alguns líderes terem mais projeções que outros, o que é proporcional ao nível em que se está posicionado dentro da organização.

Referindo-se aos movimentos trabalhistas de massa, devemos considerar o que define Le Bon (1980:54):

o autoritarismo e a intolerância são, para as multidões, sentimentos muito claros, e suportam-nos com a mesma facilidade com que os praticam. Respeitam a força e pouco se deixam impressionar pela bondade, que facilmente consideram como uma forma de fraqueza. Sempre pronta a revoltar-se contra uma autoridade fraca, a multidão curva-se servilmente perante autoridade forte.

Ao se observarem crises-conflitos (greves) nos canteiros de obras, chamou a atenção o comportamento das lideranças. Fica claro o despreparo dos líderes em lidar com conflitos quer seja na prevenção, quer seja na gestão após a instalação do conflito.

No momento inicial da deflagração de um conflito-crise, é difícil distinguir se a greve ou a paralisação é da força de trabalho ou da liderança. Essa afirmativa em tom de "ironia" advém da constatação de que, ao ocorrer o evento, *as lideranças desaparecem*, sobretudo as lideranças de campo.

Fica a pergunta: *onde estão as lideranças?*

A impressão inicial é de que toda a liderança entra num estado de torpor, paralisia. Os movimentos de massa, organizados ou não, colocam em xeque as lideranças em todos os níveis.

Fica evidente o despreparo de líderes para lidar com a crise e a ausência de planos de contingência. Alimentar crise-conflito envolvendo massa de trabalhadores é fácil, basta agir com descaso para com as anomalias administrativas básicas, o difícil é sair da crise quando ela se instala.

As lideranças têm demonstrado incapacidade em detectar insatisfações e descontentamentos que poderão levar a uma crise, assim como inabilidade em resolvê-la quando instalada.

Numa organização, após várias crises-conflitos trabalhistas consecutivas, a decisão foi contratar uma empresa internacional para identificar as causas e mitigar novos acontecimentos. O resultado final foi a entrega de um relatório que basicamente se limitava a relatar informações de contexto da crise, extraídas dos atores internos, com informações conhecidas. As verdadeiras causas da crise permaneceram obscuras à luz do referido relatório.

Uma ação efetiva: elimine os fatores que geram insatisfação e descontentamentos. Outra ação importante é avaliar e trabalhar planos de contingência. O plano deve ser estruturado tanto para evitar as crises como para pós-crise; porém, o importante é que as ações busquem a prevenção, evitando a ocorrência.

Para evitar desgastes, deve-se, antes de iniciar a implantação, buscar analisar a conjuntura da organização sindical do local. Em seguida, é necessário iniciar as tratativas para a composição do "acordo coletivo".

Dependendo da complexidade e do volume de categorias preponderantes envolvidas, poderá ocorrer a necessidade da implantação de ACT-único, envolvendo além das várias categorias preponderantes da construção também a montagem industrial, podendo as categorias menores seguir sua própria categoria. Deve-se avaliar o grau de risco envolvido *versus* o custo e considerar que poderá ocorrer descontentamentos sobretudo quando as categorias menores, não incluídas, perceberem que há diferenças importantes.

Outra ação a ser avaliada: quanto menor for a migração de mão de obra de longas distâncias, menores serão os custos de implantação e as chances de ocorrência de crises-conflitos.

Analisando-se as crises, observou-se que profissionais locais, da região e/ou entorno, assim como do estado onde está sendo implantado, demonstram comprometimento e maior tolerância para com distorções administrativas. A razão pode estar na identificação e apropriação, não só por estarem em seu estado, como também pelo fato de terem interesses pessoais e profissionais de permanência futura, se não para si próprios, para seus familiares.

A previsibilidade de futuro para si e/ou para descendentes torna esses profissionais mais tolerantes.

Empresas contratadas e subcontratadas habitualmente reclamam da mão de obra local e apresentam resistência nas contratações. Em que pese possam existir problemas de qualificação e experiência, o que é aceitável, cabe ressaltar que a mão de obra local é menos disponível que a migrante. A razão: mão de obra local tem conexões sociais e, portanto, não está disposta a longas jornadas de trabalho. Contudo, optar por mão de obra próxima, além de reduzir custo, contribui para mitigar crises e fortalecer a economia local, regional.

Questão relevante a ser considerada, especialmente em "zona remota", é o modelo a ser utilizado para hospedagem da força de trabalho. Essa definição é de extrema importância, sobretudo nos níveis hierárquicos operacionais envolvendo a força de trabalho operária, uma vez que nos níveis hierárquicos mais elevados as políticas têm sido, de forma geral, mais adequadas.

A definição do modelo e tipo de hospedagem a ser disponibilizada dependerá da localização geográfica. Empreendimentos em localização geográfica onde há disponibilidade de hospedagem com qualidade no mercado poderão utilizar o mercado imobiliário local, efetuando locação de pousadas, hotéis e residências, devendo-se definir o padrão mínimo alinhado à NR-18. Essas condições deverão ser auditadas para evitar deterioração do clima organizacional.

Trabalhadores (força operária) mal alojados levarão para o trabalho o estresse gerado.

As imagens a seguir visam demonstrar as condições de moradias (alojamentos) encontradas, as quais foram disponibilizadas à força de trabalho operária por empresas contratadas para a construção em grandes empreendimentos.

As imagens refletem uma amostra do que se encontra no mercado quando a "proprietária" não define qualidade mínima dos residenciais (alojamentos), deixando a decisão por conta do contratado.

Essas anomalias são gritantes no denominado mercado de "gatos", pequenas subcontratadas que seguem as grandes contratadas e acabam pegando a sobra construtiva. Empreitada de "sobras" é menos rentável financeiramente.

As atividades repassadas pelas grandes contratadas às pequenas empresas não permitem investimentos na qualidade de vida das pessoas. Ainda que a regra esteja definida pela proprietária, haverá esforço da pequena empresa na redução de seus custos, visando elevar o resultado contratual.

Assim, há necessidade de acompanhamento e fiscalização. Isso é necessário dada a complicada legislação brasileira, incomparável com países desenvolvidos, somada à cultura das empresas e à qualificação das lideranças.

Os denominados "gatos", em muitos casos, aviltam o trabalhador quando não seguem o acordo coletivo de trabalho e/ou a convenção coletiva de trabalho do local de realização do empreendimento, a legislação trabalhista e normas regulamentadoras.

Outra característica encontrada consiste em empresas com nome "queimado no mercado" (por problemas econômicos, financeiros ou técnicos). Elas se reestruturam, trocam de roupa e reaparecem no mercado com outro nome. Muitas vezes utilizam "laranjas", aproveitando-se das fragilidades administrativas contratuais de seus novos contratantes.

A falta de definição de regras e procedimentos comerciais e contratuais por parte da proprietária pode favorecer esta e outras práticas. Associa-se a isso a busca pela redução de custo na implantação.

A figura a seguir mostra deformação de moradia em empreendimento com regras e procedimentos definidos para hospedagem. Nesse caso, havia a disponibilização de residenciais (alojamentos) de qualidade e em conformidade com a NR-18. Ainda assim, a contratada alocou profissionais em condição que pode ser denominada de "degradante".

Pergunta-se: *um trabalhador será produtivo sendo mantido nas condições apresentadas?*

As condições evidenciadas constituem fator de descontentamento e insatisfação que, somado a outras distorções, leva à deterioração do clima organizacional. Não é difícil imaginar o ânimo de um trabalhador deixado nessas condições. Provavelmente, seu comprometimento no trabalho (produtividade) será afetado.

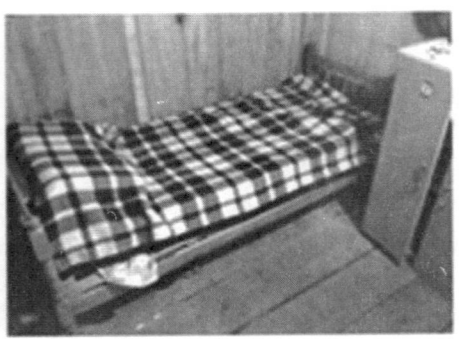

Condições como as apresentadas podem levar o Ministério do Trabalho e Emprego (MTE) e o Ministério Público do Trabalho (MPT) a interpretarem a situação encontrada como análoga a trabalho escravo.

Em empreendimentos financiados via entidades com forte característica social, isso pode implicar bloqueio de liberação de recursos financeiros, no todo ou em parte. O bloqueio permanecerá até que a situação de não conformidade seja resolvida.

Mesmo em regiões e localidades onde haja boa qualidade de infraestrutura, e se possa locar hotelaria de qualidade, recomenda-se que a proprietária tenha estrutura administrativa via CSA para fiscalizar e auditar a qualidade dos serviços oferecidos (moradia, alimentação). A insatisfação poderá vir de fora para dentro.

Condições degradantes encontradas na infraestrutura utilizada não são uma exclusividade brasileira. A seguir, situação encontrada no Catar, nas obras para a Copa de 2022, onde foi constatada condição de trabalho degradante. A matéria foi veiculada pelo jornal GGN e contraria frontalmente o que determina a Organização Internacional do Trabalho (OIT).

Diz a matéria:

> país que vai sediar a copa do mundo de futebol de 2022, o Catar tem utilizado um sistema de exploração da mão de obra importada para construir

os estádios para o evento, além de uma cidade que deve acomodar 200 mil pessoas. Jamil Chade, do *Estadão*, relata a situação dos trabalhadores do país, todos eles estrangeiros vindos da Ásia ou da África. A maioria tem seus passaportes confiscados pelos empregadores, o que impede fugas, organização de protestos e até mesmo a mudança de emprego. O *Estado* visitou sob anonimato alguns dos canteiros de obras em Doha e conversou com operários, todos estrangeiros, da Ásia ou África. Nenhum deles sabia que existia uma investigação sobre a suspeita da compra de votos para sediar o Mundial. E poucos tinham consigo seus passaportes, confiscados pelos empregadores para impedi-los de qualquer fuga, organizar um protesto ou até mesmo mudar de emprego. Cerca de 1,8 milhão de operários estrangeiros atuam nas obras da Copa, na infraestrutura e em serviços. A lei do país exige que um trabalhador, para deixar o Catar, obtenha um visto de saída, mesmo sendo estrangeiro, e quem decidir trabalhar para outra empresa pode ser punido com prisão.

## A responsabilidade pela crise

Toda liderança, independentemente de nível hierárquico, é responsável pela crise-conflito.

Crises-conflitos causadas são evitáveis por ação gerencial. Portanto, as lideranças devem ser treinadas e qualificadas para atuar na prevenção e gestão.

A crise-conflito não é responsabilidade somente das equipes administrativas atuantes em campo, mas de todas as lideranças.

## O processo de negociação sindical

Trancoso (1985:175) define negociação coletiva como

> um instrumento peculiar pelo qual um ou vários empregadores, e o conjunto de empregados que para eles trabalham, normalizam as suas relações de trabalho.
>
> Trata-se de um instrumento complexo, impossível de ser qualificado unicamente como político, social ou econômico, porque apresenta todas estas características combinadas ao mesmo tempo.

Partindo desse pressuposto, faz-se necessário conceituar o processo negocial.

Trancoso faz comparação análoga utilizando o conceito de vendedor e comprador afirmando que

> os interesses de oferta e de procura são antagônicos, que se ajustam num processo de intercâmbio. Os "vendedores" seriam o coletivo dos empregados (trabalhadores), representados pelo sindicato respectivo, e "comprador", a empresa, que possui seus representantes diretos (diretores, gerentes, coordenadores, especialistas) ou prepostos. [Trancoso, 1985:175]

O processo de negociação sindical em grandes empreendimentos (canteiro de obra), sob o ponto de vista negocial em mesa, é igual a toda negociação sindical.

Em um canteiro de obra, todo o processo negocial segue o rito de uma negociação realizada em uma empresa onde a força de trabalho é perene. O diferencial são o perfil da mão de obra e a estrutura de negociação, que normalmente é conduzida por membros das empresas contratadas.

Nesse contexto, há uma diversidade de empresas contratadas e subcontratadas, o que impõe um desafio a mais no processo de negociação.

Segundo Trancoso (1985:176),

> a relação entre empregado e empregador se constitui através da instalação do contrato de trabalho, em que ambos, economicamente, estabelecem preço para a atividade. Isto ocorre sem o envolvimento da força de trabalho já contratada, até porque o empregado, neste momento, está interessado no seu

sustento econômico e no atendimento de suas necessidades pessoais. Este indivíduo sozinho é incapaz de reivindicar melhorias. Entretanto, ao se reunir em um grupo organizado e eleger representantes, estes últimos passam a falar pelo grupo ou pela classe, o que muda a relação entre capital e trabalho.

Para Likert (1979:74-75),

em geral, quando se inicia o processo de negociação, instala-se um conflito. Os métodos mais comumente utilizados de negociação são os denominados e conceituados como: *ganhar-perder*. Acordos, negociações, compromissos e técnicas similares para tratar de conflitos são, em sua essência, fórmulas de confrontação ganhar-perder. Neste método, cada parte busca atingir a sua meta ou solução sobre o oponente. Caso não esteja em condições de atingir o sucesso completo, cada parte ou partido buscará aproximar-se ao máximo possível de sua solução preferida.

Em alguns casos, os interesses de empresas contratadas e subcontratadas conflitam com os interesses do dono da obra (proprietária). Assim, deve-se planejar a implantação de forma a mitigar estes interesses, que poderão interferir no processo de negociação e, consequentemente, na implantação. Sugere-se que se introduzam mecanismos para a gestão desse processo negocial ainda na fase contratual, evitando a disputa e os conflitos utilizados no modelo ganhar-perder a serem reivindicados por meio do que se denomina de *claims* ou pleitos.

Empregados de carreira, que atuam por tempo indeterminado, têm perfil comportamental com visão de longo prazo, o que implica considerar o cenário econômico, o mercado, o desempenho da empresa, o lucro, o volume de vendas e a evolução na carreira.

O trabalhador de um projeto tem visão de curto prazo. Esse profissional vislumbra o que se segue: a) o prazo de entrega da obra; b) o tempo no emprego e; c) o ganho econômico.

Esse profissional, até pela atividade que exerce, nível de qualificação etc., raramente vê evolução de carreira. Esta diferença de comportamento e visão é explicada pelo fato de o trabalhador permanecer em um contrato por tempo determinado, o que influencia seu comportamento.

De modo geral, as empresas a serem contratadas trabalharão com o que estamos denominando de mão de obra flutuante, que é essencialmente composta por trabalhadores sazonais. Essa mão de obra, conforme mencionado, tem pouco ou quase nenhum comprometimento para com a empresa que a contratou e, tampouco, com o empreendimento.

Assim, devem-se disponibilizar instrumentos e ferramentas eficazes de comunicação de massa, visando mitigar comportamentos do grupo. Deficiências no processo de comunicação podem levar à crise.

Empresas e trabalhadores na atividade da construção e montagem vivem as intempéries do mercado. O "céu de brigadeiro" tem vida útil limitada. A curta duração entre um contrato e outro não traz garantia de continuidade, e o mesmo ocorre com a força de trabalho. Dessa forma, empresas contratadas e trabalhadores contratados tenderão a tirar o máximo proveito possível de seu contrato.

A falta de perspectiva tem efeito perverso nas empresas, o que influencia na busca de *claims* a fim de ajustar *erros* ocorridos.

O mesmo ocorre com o trabalhador, que buscará seus direitos na justiça do trabalho, os quais serão proporcionais às não conformidades administrativas percebidas.

O país tem um déficit considerável em sua infraestrutura, o que implicará investimentos públicos e privados consideráveis ao longo das próximas décadas. Entretanto, deficiências nas políticas envolvendo investimentos na esfera pública e a falta de planejamento adequado impõem às empresas do segmento envolvidas na construção e montagem um verdadeiro desafio de sobrevivência.

Muitas empresas do segmento buscam alternativas, prestando serviços de manutenção em geral e/ou diversificando investimento em outras áreas econômicas; porém, o efetivo alocado em sua maioria é desmobilizado ao término das obras e do contrato.

A sazonalidade da mão de obra das empresas eleva os custos operacionais e traz consequências à qualidade. Isso ocorre principalmente pela dificuldade de as empresas parametrizarem seus métodos construtivos, que dependem diretamente da força de trabalho que é constituída em sua imensa maioria por trabalhadores flutuantes.

Com a quarta revolução industrial, profundas modificações nos métodos de trabalho, nas relações entre capital e trabalho ocorrerão, com impactos econômicos, político e social. Governos, empresas e sindicatos devem se preparar para o futuro tecnológico, no qual as máquinas cada vez mais substituirão a mão de obra humana para realização de atividades; a realização de muitas tarefas "manuais", que exigem grande esforço físico da mão humana, poderão ser amenizadas pela utilização de máquinas e equipamentos robotizados com inteligência artificial em larga escala, como já ocorre em muitos segmentos da indústria e no campo. Essas tecnologias estão chegando à indústria da construção e montagem. Os modelos atuais educacionais precisarão ser reformulados, o atual desenho governamental necessitará evoluir sob o ponto de vista gerencial (eficiência), muitas profissões serão extintas e outras aparecerão. Deveremos preparar os jovens e os trabalhadores para a mudança.

Drucker (2012:195-196), referindo-se à "flexibilidade sindical", indaga: por que isso hoje é imprescindível? Aponta redução do rendimento dos trabalhadores na indústria básica pesada americana, assim como a diminuição dos empregos, o que está ocorrendo proporcionalmente aos investimentos efetuados em automação: será que as taxas de emprego serão estabilizadas e o valor real dos salários será mantido?

Há um posicionamento de fé sindical nos Estados Unidos, encontrado sobretudo nos sindicatos de menor expressão, de que a grande empresa tem controle oligopolista de mercado, não tem limites e pode passar adiante os custos em forma de preços mais elevados. Persiste a ilusão de que os "capitalistas" pagam salários a partir dos "lucros" — embora os salários representem cerca de 85% das receitas, e os lucros, no máximo, 5 ou 6%. A maior parte dos líderes sindicais ainda enxerga a força de trabalho de forma homogênea e como se fosse composta por adultos do sexo masculino, trabalhando em tempo integral, e que seriam os principais provedores de suas famílias. Finalmente, existe uma forte crença de que o valor de um "benefício" não é determinado pelo que ele traz ao beneficiário, o empregado, e, sim, pelo que ele custa ao empregador, sendo automaticamente visto como "um ganho para o trabalhador" e uma "vitória para o sindicato". Esses pressupostos talvez fossem defensáveis há 30 anos, quando salários em dinheiro correspondiam a 90% do total da remuneração dos trabalhadores americanos e os benefícios não passavam de 6% ou 7%.

No Brasil, pode-se inferir, conforme já mencionado, que em não ocorrendo a automação em escala elevada no segmento da construção e montagem, mantendo-se a necessidade de trabalhos braçais, poderá ocorrer acréscimo no rendimento da força de trabalho, consequência da escassez de mão de obra não disposta a trabalhos braçais que exigem grande esforço físico. Por outro lado, em ocorrendo a automação, poderá igualmente ocorrer acréscimo no rendimento devido à maior exigência de qualificação da mão de obra. Neste último caso, os trabalhadores, as empresas e os sindicatos deverão buscar a elevação da qualificação profissional para atender a nova necessidade e com a ação reduzir o impacto do desemprego, auxiliando as empresas a obterem maior produtividade e, por conseguinte, competitividade.

Em que pese tenhamos diferença no peso da mão de obra sobre a folha de pagamento na indústria de base no Brasil quando comparada à realidade americana, com encargos sociais e trabalhistas pesados, o pensamento sindical no Brasil, no entanto, não difere do pensamento sindical americano, pelas mesmas razões.

Uma grande evolução seria a flexibilização salarial também preconizada por Drucker (2012:195-196):

> como forma de alavancar a produtividade na indústria de base, deve-se atrelar desempenho, lucratividade e produtividade aos salários, porém, quebrar este paradigma trará resistências tanto da administração quanto das lideranças intermediárias, gerência, coordenação e supervisão, tanto quanto dos sindicatos.

Estes últimos tendem a não confiar no empregador.

### Constituindo a mesa de negociação sindical

Durante a negociação de um ACT envolvendo um grande empreendimento (canteiro de obras) poderão ocorrer as seguintes situações:
- Não concessão da pauta;
- Concessão da pauta (em parte);
- Concessão da pauta acima da expectativa.

*Não concessão da pauta*

Nessa ação, a possibilidade de ocorrer conflito é elevada. O tamanho e o volume da crise dependerão do nível de satisfação dentro dos canteiros de obras.

Quanto menor for o índice de insatisfação decorrente de anomalias, menores serão as chances de crise. Deve-se considerar que o caráter de temporariedade e a curta permanência da força de trabalho estarão presentes, elevando as exigências por salários e benefícios maiores.

*Concessão da pauta (em parte)*

Ocorre quando não há condições de atender a totalidade das aspirações, as reivindicações estão superdimensionadas, pede-se mais, sabendo-se que se levará menos. De modo geral, as pautas vêm inflacionadas, o que já é esperado na maioria das negociações independente do segmento. Pautas inflacionadas levantam expectativas indesejáveis da força de trabalho.

A razão do superdimensionamento das pautas no segmento construtivo pode estar fundamentada nas deficiências da relação entre *capital* e *trabalho* associada às não conformidades administrativas e à característica de temporariedade.

Assim, as concessões serão negociadas de forma que se chegue a um denominador comum que seja exequível pelo empregador à luz do mercado e do impacto financeiro e econômico. Ao mesmo tempo, a representação sindical buscará conseguir obter a aprovação perante a categoria e, para isso, deverá ter leitura clara no que se refere às aspirações dos trabalhadores.

*Concessão da pauta acima da expectativa*

A concessão poderá ficar acima das expectativas, da capacidade orçamentária planejada no empreendimento. O caráter de temporariedade, sazonalidade e prazo impõe forte pressão no processo de negociação, o que favorece a classe trabalhadora.

Em geral, busca-se equilíbrio de mercado, podendo ocorrer concessão diferenciada, devido aos seguintes fatores:
- Cronograma da obra;
- Situação econômica;
- Oferta de emprego;
- Grau de satisfação;
- Localização geográfica do empreendimento.

Em qualquer das situações de negociação, deve-se considerar que a data-base é o momento legítimo, quando a força de trabalho poderá buscar melhorias nos salários, nos benefícios e na qualidade de vida no trabalho. Portanto, é necessário ter o entendimento de que qualquer ação por parte da categoria, neste momento, é legítima, se estiver alinhada à legislação pertinente. O que pode não ser legítimo é o grau de exigência, que poderá estar acima do razoável esperado.

É preciso buscar, em qualquer das situações anteriores, um limite para as concessões. Deve-se preservar o que se está disposto a conceder e avaliar a aceitação dos trabalhadores e a capacidade da entidade sindical em aprovar o acordado em assembleia, considerando as aspirações dos trabalhadores.

A tarefa não é fácil. As três partes envolvidas, sindicatos, empregadores e trabalhadores, devem buscar o equilíbrio e o bom senso, encontrando alternativas por meio do princípio da razoabilidade.

A negociação sindical, no que tange aos salários, embora tenha peso importante, não é um fator que, isoladamente, poderá mitigar a ocorrência de greve e/ou paralisação. Outros fatores intrínsecos estão associados e não estão relacionados com a questão econômica e financeira, podendo não estar sendo percebidos pelas lideranças.

Como todo projeto tem início, meio e fim definidos, devem-se avaliar, reiterando o que já foi mencionado, as seguintes questões: qual o impacto no cronograma e no custo final? Qual o custo para a imagem e reputação?

Nos canteiros de obras de grandes empreendimentos, deve-se constituir a mesa de negociação de maneira que a maioria das empresas e seus respectivos trabalhadores esteja representada ante a categoria sindical preponderante. É preciso ser considerada nessa estratégia a inclusão de todas as principais categorias, sobretudo as categorias ligadas a construção e montagem. Estas últimas serão a categoria que representará a maior força de trabalho alocada. Assim, será possível ter um único acordo coletivo para essa categoria específica, podendo-se deixar as categorias não pertencentes à construção e montagem, tais como serviços e categorias específicas (engenharia, segurança do trabalho, medicina e saúde, segurança patrimonial, alimentação, arrumação e limpeza etc.), sob a tutela de suas convenções e/ou acordos específicos.

Diferentes categorias, tais como construção civil, montagem elétrica e automação, montagem mecânica e construção pesada, poderão, após análise organizacional das estruturas sindicais locais, ser agrupadas em um único ACT. Essa ação traz ganhos e sinergia, e possibilita o alinhamento de pisos salariais e de benefícios, sobretudo para ocupações idênticas.

Caso a constituição da mesa de negociação sindical venha a ocorrer em tempos distintos, será necessário planejar ações que assegurem a representatividade da massa de trabalhadores.

É possível adotar as CCT estaduais das categorias para efeito de início de implantação. Entretanto, na primeira data-base da categoria, deve-se buscar o alinhamento por meio de um acordo coletivo de trabalho. Deve-se ficar atento com o custo do alinhamento, pois, iniciando-se com a CCT, o investimento inicial será menor.

Nessa ação, se faz necessário atentar para o desvio de salários e benefícios entre o praticado na CCT e o que o mercado fornecedor de *capital humano* está praticando. Via de regra, as CCT têm salários e benefícios inferiores ao que se pratica no mercado, pois as CCT levam em consideração a média aplicada nos estados considerando o tamanho das empresas e a economia local.

O acordo coletivo deve ser assinado pelo comitê de relação sindical representado pelas empresas contratadas e subcontratadas. Não há necessidade de que todas assinem, desde que se assegure que todas as empresas mobilizadas, com contrato firmado envolvendo a construção e montagem industrial, estejam subordinadas à convenção e/ou acordos coletivos que vierem a ser instalados. Sugere-se que a subordinação deverá estar definida no ACT e, em contrato comercial, envolvendo contratadas e subcontratadas.

Não se envolve diretamente a proprietária na assinatura do ACT; esta não possui empregados atrelados à categoria preponderante, em que pese possa até vir a responder por subsidiariedade conforme posicionamento do enunciado 191 do TST.

Em alguns empreendimentos, constatou-se que a negociação trabalhista não teve acompanhamento da proprietária, temendo que o que for negociado pelas contratadas poderá impactar no orçamento por meio de *claim*.

Em contratos, sobretudo no modelo EPC, o melhor dos mundos seria que não ocorresse nenhum envolvimento da proprietária. Entretanto, considerando os modelos de EPC praticados, associados às características impostas por uma legislação complexa, somada à cultura das empresas, dos trabalhadores e dos sindicatos, recomenda-se o acompanhamento por parte da proprietária, lembrando que tudo que é negociado, é repassado à proprietária do empreendimento contratualmente. Assim, é necessário, no mínimo, normatizar as regras reguladoras para a organização administrativa, definindo o que, como e quanto será repassado à proprietária do empreendimento, assim como as regras desses repasses.

Em contratos nos quais toda a responsabilidade é da contratada, não deverá ocorrer o envolvimento da proprietária, lembrando-se o que se segue:

a) No modelo contratual DBB, a proprietária se responsabiliza pelo gerenciamento integral.

b) No modelo DB, toda responsabilidade fica com a(s) contratada(s), porém, há risco de degeneração do clima organizacional pelas razões já amplamente citadas nesta obra.

c) No modelo contratual EAR, todos os riscos serão, de qualquer forma, assumidos pela proprietária do empreendimento.

d) No modelo contratual DBO e Boot, a contratada assume todos os riscos, portanto, há risco de degeneração do clima organizacional pelas razões já amplamente citadas nesta obra.

### Gestão estratégica

A gestão estratégica proposta é constituída pelas seguintes ferramentas organizacionais cujo objetivo é monitorar e aferir o clima organizacional:

Esses instrumentos propiciam a redução e mitigação de não conformidades, as quais podem degenerar o clima organizacional gerando insatisfação na força de trabalho.

Três ferramentas aplicadas e amplamente testadas demonstraram eficácia para o diagnóstico e a identificação de causas de insatisfação, possibilitando a correção. Essas ferramentas são: a *inteligência de campo*, a *roda de conversa*, o *canal do trabalhador (ouvidoria)*.

## Canal do trabalhador

O canal do trabalhador (ouvidoria) apresenta eficácia na medida em que a massa de trabalhadores passa a ter a percepção de que há preocupação administrativa e gerencial para com a qualidade de vida e zelo pelas pessoas.

Visando assegurar a manutenção e a melhoria do clima organizacional, deve-se considerar alocar profissionais com *expertise* para atuar nas relações trabalhistas e sindicais, serviço de atendimento social etc., e estruturar canal de comunicação com os trabalhadores.

Até aqui as expressões mais exploradas foram "deformidade, deficiência, anomalias e imperfeições administrativas". Essas são de fato as principais causas que levam à instalação de não conformidades, e não são exclusividade do segmento da construção e montagem, apesar de nesse segmento terem sido observados os maiores desvios no campo "humano", o que pode ser justificado pela cultura do setor e qualificação de suas lideranças no que tange às relações interpessoais.

O programa canal do trabalhador ou ouvidoria tem o objetivo de abrir espaço institucional para que todos os empregados possam se expressar, tecendo elogios, críticas ou sugestões, com a opção de se identificarem ou não. Estaremos trabalhando as *críticas* e *denúncias*, por se constituírem em deformidades a serem trabalhadas.

O canal do trabalhador, quando implantado, deve assegurar efetividade nas respostas. Devem-se criar mecanismos para efetuar a devolutiva aos interlocutores, mesmo quando não há identificação, o que pode ser efetuado em murais envolvendo *perguntas e respostas*. Deficiência na implantação trará mais problemas que benefícios.

O canal do trabalhador apresenta indicadores percebidos envolvendo não conformidades: *críticas e denúncias*; mas também *sugestões* e *elogios*, cujo estudo e levantamento envolveu dois grandes empreendimentos (canteiros de obras), onde estiveram mobilizados 90 mil trabalhadores na totalidade. O período de apuração foi de 30 meses em cada empreendimento (projeto). Não será demonstrado neste estudo o resultado envolvendo *elogios* e *sugestões*, pois o objeto deste estudo foi analisar as deformidades causadoras de crises-conflitos nesses empreendimentos.

Ocorreram nesses dois empreendimentos analisados 6.274 abordagens envolvendo críticas e denúncias, representadas nos gráficos A e A1. Cabe ressaltar que cada trabalhador pode ter utilizado a ferramenta mais de uma vez.

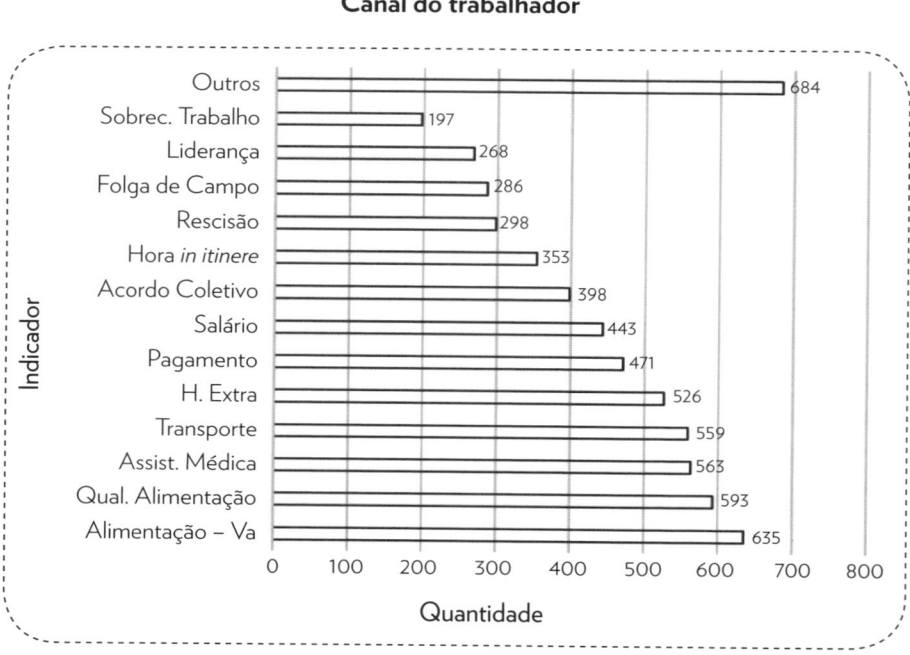

Gráfico A
**Canal do trabalhador**

| Indicador | Quantidade |
|---|---|
| Outros | 684 |
| Sobrec. Trabalho | 197 |
| Liderança | 268 |
| Folga de Campo | 286 |
| Rescisão | 298 |
| Hora *in itinere* | 353 |
| Acordo Coletivo | 398 |
| Salário | 443 |
| Pagamento | 471 |
| H. Extra | 526 |
| Transporte | 559 |
| Assist. Médica | 563 |
| Qual. Alimentação | 593 |
| Alimentação – Va | 635 |

## Gráfico A1
### Canal do trabalhador: outros

| Indicador | Quantidade |
|---|---|
| Assédio Sexual | 11 |
| Furtos | 19 |
| Uso de Álcool/Dep. Química | 30 |
| Assédio Moral (maus tratos) | 50 |
| Condição de Trabalho | 101 |
| Segurança do Trabalho | 123 |
| Qualidade de Alojamento | 169 |
| Reembolso de Despesas | 181 |

Esses itens se constituem em fatores de insatisfação, afetam o clima organizacional, causam perda de produtividade e impõem riscos.

*Inteligência de campo*

Sun Tzu (2009:23-30), em *A arte da guerra*, conceitua e fundamenta seus ensinamentos em três pilares:

o *Shì* (força, energia, autoridade), o que confere vantagem estratégica; o Xíng (forma, imagem), vantagem estratégica e, por fim, Xiān Zhi (conhecimento prévio), ou seja, informação estratégica. Este último pilar é a essência da "inteligência de campo". Deve-se buscar conhecimento prévio e antecipado; o sucesso depende de antecipação. O processo de gestão de campo envolvendo mobilização de "massa" compara-se ao de uma luta ou guerra, onde a luta é baseada em algum truque e a guerra é a arte da simulação. Neste sentido, busca-se atingir o grande objetivo preconizado na obra de *Sunzi* que é "vencer sem lutar".

Dentro da gestão estratégica, propõe-se contemplar a *inteligência de campo* para atuar em apoio às demais ferramentas de gestão de clima para identificação de riscos não observados e/ou desapercebidos. Assim, a inteligência de campo corrobora as demais ferramentas.

A aglomeração, concentração de massa, nos canteiros tem seus riscos. Maiores riscos observados: álcool; dependência química; furtos; infiltração de indivíduos em débito com a justiça que se utilizam dos grandes empreendimentos para se esconder; assim como indivíduos infiltrados com o objetivo de deflagrar crises (paralisações) buscando auferir ganhos pessoais etc.

### Roda de conversa

A roda de conversa é uma ferramenta utilizada em várias áreas do conhecimento. Trata-se de um instrumento pedagógico voltado à identificação de oportunidades relacionadas, neste caso, com os aspectos impactantes na vida dos empregados e dos empregadores. Ela visa fazer um levantamento de oportunidades de melhoria dos processos internos.

A roda de conversa é um movimento provocado com a participação voluntária e espontânea do colaborador. Nesse contexto, é relevante considerar: como posso influenciar na melhoria do ambiente de trabalho e na vida da empresa? Que ações conjuntas podem ser tomadas a fim de minimizar o risco de insatisfação no ambiente de trabalho?

Objetivos da ferramenta:
- Estabelecer um canal de comunicação direta com os empregados;
- Antecipar-se aos movimentos internos geradores de conflitos;
- Prevenir e mitigar conflitos trabalhistas e sindicais;
- Promover ações internas no atendimento às demandas dos colaboradores;
- Contribuir para a melhoria do clima organizacional da empresa;
- Valorizar a contribuição do colaborador no desenvolvimento organizacional da sua empresa.

Durante a aplicação do programa roda de conversa foram envolvidos grupos com 15 participantes, totalizando 650 profissionais de campo, distribuídos e procedentes de 25 empresas distintas. Cinco necessidades de melhorias apareceram em todos os grupos e foram estratificadas por ordem de grandeza.

A figura a seguir demonstra as necessidades de melhorias percebidas e apontadas pelos grupos, por ordem de relevância.

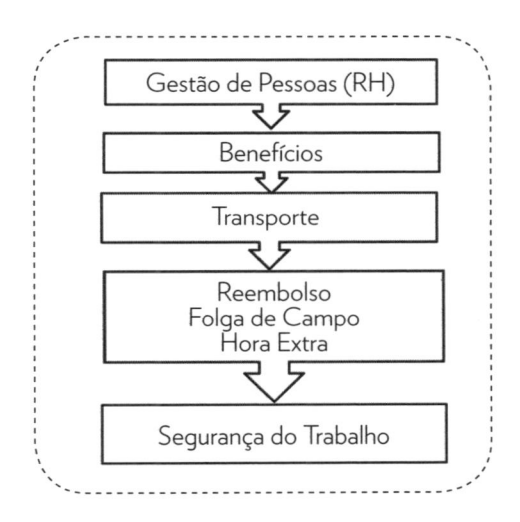

```
┌─────────────────────────────┐
│   Gestão de Pessoas (RH)    │
└─────────────────────────────┘
              ↓
┌─────────────────────────────┐
│         Benefícios          │
└─────────────────────────────┘
              ↓
┌─────────────────────────────┐
│         Transporte          │
└─────────────────────────────┘
              ↓
┌─────────────────────────────┐
│         Reembolso           │
│       Folga de Campo        │
│         Hora Extra          │
└─────────────────────────────┘
              ↓
┌─────────────────────────────┐
│    Segurança do Trabalho    │
└─────────────────────────────┘
```

*Gestão de pessoas*: apontado pelos grupos de trabalhadores das diversas empresas como necessidade de melhoria: atendimento ao trabalhador (atenção), maior apoio administrativo, alimentação, melhoria nas políticas de RH, informação e treinamento, deficiência nas lideranças de campo, erros em pagamentos.

*Benefícios*: eliminação das diferenças (critério e política) e assistência médica.

*Transporte — qualidade*: falta de segurança, ar-condicionado, problemas mecânicos.

*Reembolso, folga de campo e horas extras*: classificados pelos trabalhadores como necessidade de melhorias: erros, falta de devolução nos reembolsos. Folga de campo, falta de concessão ou atraso na concessão de horas extras: erro ou falta de pagamento.

*Segurança do trabalho*: apontado pelos profissionais dos grupos avaliados como item deficiente. Os profissionais referiram-se à falta de comprometimento das lideranças de campo para com a segurança do trabalho. Faz-se o estritamente definido em lei.

Observou-se que a ordem de "relevância" das não conformidades apontadas (*canal do trabalhador* e *roda de conversa*) pode-se alterar, dependendo do grupo, da empresa, da administração e da gestão empregada, e pode variar dentro de uma mesma empresa em momentos temporais diferentes. Essa divergência dentro de uma mesma empresa decorre da fragilidade nas políticas e procedimentos, e deficiências administrativas recorrentes, assim como do despreparo das lideranças; porém, em todos os empreendimentos analisados e acompanhados *in loco*, as anomalias encontradas e apontadas pelos grupos de trabalhadores são em sua grande maioria reincidentes, indicando coerência.

## Passivo trabalhista

O custo do contencioso trabalhista, com arrolamento da proprietária, é ocasionado principalmente pelo não cumprimento da legislação trabalhista vigente, da convenção ou do acordo coletivo por parte das contratadas e/ou subcontratadas, e outras não conformidades internas.

Custos e despesas envolvendo trabalhadores de contratadas e subcontratadas podem e devem ser repassados ao contratado.

Pode-se ainda considerar a aplicação de multa contratual e devem-se incluir todas as despesas incorridas em processos de defesa, caso haja o arrolamento da proprietária. Essa ação contribuirá para que as contratadas e subcontratadas busquem melhorias no processo de gerenciamento.

## A subsidiariedade nos processos trabalhistas (terceirização)

Orientação Jurisprudencial 191 da SDI-1 do TST, item IV; exceto ente público da administração direta e indireta, se houver inadimplemento das obrigações trabalhistas contraídas por empreiteiro que contratar, sem idoneidade econômico-financeira, o dono da obra responderá subsidiariamente por tais obrigações, em face de aplicação analógica do artigo 455 da CLT e culpa "in eligendo" (decidido por maioria, vencido o ministro Márcio Eurico Vitral

Amaro). *Matéria publicada originalmente em 17/5/2017 e republicada em 18/5/2017 com correção do conteúdo.*

A orientação jurisprudencial 191 do TST, aplicada ao dono da obra, não se aplica a ente público, porém, a Súmula nº 331 do TST, de 2011, que trata de terceirização, no item V diz:

> os entes integrantes da Administração Pública direta e indireta respondem subsidiariamente, nas mesmas condições do item IV, caso evidenciada a sua conduta culposa no cumprimento das obrigações da Lei nº 8.666, de 21.06.1993, especialmente na fiscalização do cumprimento das obrigações contratuais e legais da prestadora de serviço como empregadora. A aludida responsabilidade não decorre de mero inadimplemento das obrigações trabalhistas assumidas pela empresa regularmente contratada.

O Item IV da súmula 331 do TST diz: "O inadimplemento das obrigações trabalhistas, por parte do empregador, implica a responsabilidade subsidiária do tomador dos serviços quanto àquelas obrigações, desde que haja participado da relação processual e conste também do título executivo judicial".

Diante dessa decisão jurisprudencial do enunciado 191 do TST e da Súmula nº 331, há que se considerar: a necessidade de realização de auditorias documentais trabalhistas (obrigações acessórias), assim como as verificações no que tange à idoneidade econômico-financeira das contratadas por parte do dono da obra sobre as atividades terceirizadas. Em que pese tanto o ente público como a iniciativa privada possam se eximir de responsabilidade subsidiária se comprovado que foi verificada a idoneidade econômico-financeira das contratadas, há que se considerarem os riscos internos da inadimplência trabalhista a qual independe de legislação ou decisão de tribunal, ou seja, os eventos envolvendo inadimplência com encargos trabalhistas levam a movimentos de massa.

A auditoria documental contribui para a redução de distorções e, consequentemente, do número de reclamatórias trabalhistas extremamente elevadas.

O estudo de caso a seguir demonstrará avanço na reforma trabalhista de novembro de 2017, a qual contribuirá para a redução de custo sem necessariamente tirar o direito do trabalhador.

A reforma trabalhista tende a contribuir para a redução do elevado índice de reclamatórias, sobretudo as abusivas referendadas pela conduta protetiva do Estado; porém, por outro lado, as empresas terão que melhorar a qualidade da gestão administrativa. As rescisões não terão a obrigatoriedade de passar por homologação sindical. Os sindicatos se constituem em filtro qualitativo auxiliando na eliminação de erros cometidos nos processos rescisórios. Melhoria na qualificação das lideranças e nos processos administrativos se reflete em redução de reclamações e aumento de produtividade.

A homologação a partir da reforma só será efetuada caso nos novos acordos coletivos constar a obrigatoriedade.

Caso não ocorram melhorias na qualidade dos serviços administrativos, poderá não ocorrer redução das reclamatórias trabalhistas esperadas e a justiça do trabalho continuará com elevada demanda.

Em grandes empreendimentos, os índices de reclamatórias trabalhistas têm sido elevados.

No que tange à proprietária, "dono da obra", os processos trabalhistas podem ser classificados conforme segue:

a) Processos trabalhistas com o arrolamento direto do contratante e proprietária do empreendimento, "dono da obra";
b) Processos trabalhistas nos quais só a contratante é arrolada na ação;
c) Processos trabalhistas com o arrolamento da proprietária (dono da obra) e contratante; porém, por decisão e iniciativa do contratante, ocorre solicitação da exclusão da proprietária perante a justiça do trabalho.

A *exclusão do dono da obra* é rara, até porque a proprietária é vista como a parte "rica" e, portanto, o risco de não recebimento por parte do empregado é reduzido. Os contratos buscam se assegurar dos riscos, porém pelas mais diversas razões: falência, pedido de recuperação judicial, má gestão financeira da contratada. Poderá ocorrer a necessidade de o dono da obra ter que arcar com a inadimplência trabalhista, sobretudo na tentativa de garantir continuidade e/ou evitar degeneração do clima organizacional.

Pesquisas efetuadas envolvendo reclamatórias trabalhistas com o arrolamento do dono da obra em grandes empreendimentos demonstraram que o volume está em torno de 1,25% do total do efetivo mobilizado, chegando a

CAPÍTULO VI — RELAÇÃO TRABALHISTA E SINDICAL — ORGANIZAÇÃO

até 3%, em que pese na imensa maioria dos casos analisados as contratadas tenham assumido o passivo trabalhista, a exceção fica por conta de eventuais problemas financeiros da contratada. Nos arrolamentos analisados, o pagamento do passivo pela proprietária destes grandes empreendimentos é baixo e é proporcional à qualidade das contratadas e aos mecanismos contratuais preestabelecidos entre as partes. Se estudos afins forem efetuados envolvendo processos trabalhistas, incluindo os processos nos quais não ocorreu o arrolamento do dono da obra (proprietária), somente para a contratada este percentual será maior.

Essa análise reflete a situação antes da reforma trabalhista, pois não sabemos como será o comportamento pós-reforma trabalhista realizada em novembro de 2017.

Sob o ponto de vista financeiro e econômico, estes níveis de reclamatórias trabalhistas são elevadíssimos quando comparados a países que concorrem conosco nos investimentos, o que é um desincentivo ao empreendedor, investidor.

Independentemente de qual dos atores "dão causa" às reclamatórias trabalhistas — empresas, o Estado pela complexidade da legislação trabalhista, os sindicatos, os advogados trabalhistas ou os trabalhadores —, o fato é que esses encargos adicionais acabam onerando os empreendimentos. Assim, esses riscos, somados a tributação (taxas, impostos, contribuições de melhorias etc.), emolumentos e licenças ambientais (instalação, operação etc.), são considerados e alocados ao investimento, impactando o orçamento necessário para a construção e a montagem desses empreendimentos. Traduzindo: além do aporte de recursos financeiros, o investidor necessita de coragem para empreender no país.

### Estudo de caso

*Ação trabalhista envolvendo a proprietária em região adversa ao local de realização da obra* versus *reforma trabalhista de 2017*

Trabalhador procedente e domiciliando em região distante do local de realização do empreendimento, após a desmobilização e retorno ao local de origem, decidiu adentrar com reclamatória trabalhista contra a contratante na sua cidade de origem, distante a mais de 2.000 km do local onde foi prestado o serviço.

No processo trabalhista, foram arroladas a empregadora direta e a proprietária.

Marcada a audiência inicial, a proprietária encaminhou "preposto empregado", que viajou cerca de 2.000 km, e arcou com todas as despesas: passagens aéreas, traslados, alimentação e hospedagem.

Na data da audiência, compareceram o advogado e preposto da contratante, os representantes da proprietária arrolada constituídos pelo advogado e preposto e o advogado do reclamante; porém, não compareceu o reclamante.

*Resultado*: o processo foi arquivado.

Passados 15 dias, o reclamante solicitou o desarquivamento do processo apresentando atestado médico como justificativa para a falta na audiência anterior, o que foi atendido pela Justiça do Trabalho. Novamente ocorreu deslocamento do preposto da proprietária que viajou 2.000 km, arcando com despesas: passagens aéreas, traslados, alimentação e hospedagem.

*Pergunta-se: que mecanismos gerenciais e administrativos podem ser aplicados para mitigar ações trabalhistas que incorrem em elevado custo?*

### Não conformidades — as causas da insurgência

Os principais fatores identificados como causadores de insatisfação se constituindo em motivos de paralisações e greves envolvendo canteiros de obras foram:

- Erros envolvendo a política de pagamentos;
- Qualidade de vida no trabalho;
- Deficiências no relacionamento entre lideranças e subordinados;
- Qualidade de residenciais (alojamentos) e hotelaria;
- Qualidade da alimentação;
- Descumprimento da legislação trabalhista — ACT ou CCT;
- Assistência médica;
- Qualidade da segurança do trabalho;
- Problemas com transporte;
- Não alinhamento de salários e benefícios.

## Contrato de trabalho

A legislação trabalhista considera diversas modalidades de contratos de trabalho tais como: *contratos por obra certa, contratos por prazo determinado, contratos por prazo indeterminado, contrato de experiência* etc. Nos grandes empreendimentos, participam várias empresas e volume importante de trabalhadores; as contratadas possuem políticas, procedimentos administrativos e gestão *humana* distintos. Recomenda-se nesses casos a aplicação da modalidade de contrato por prazo indeterminado. Essa ação, que à primeira vista pode ser percebida como custo adicional à proprietária, é um investimento necessário que evita crise. Em algumas situações se poderá até optar pela contratação utilizando-se *contrato por prazo determinado*; Nesse caso, deve-se ficar atento, pois pode-se elevar o *turnover* no empreendimento, a força de trabalho poderá preferir trabalhar em empresas que optam por contratos por prazo indeterminado.

Algumas empresas, quando não definido o modelo pela proprietária (dono da obra), poderão optar por contratar utilizando-se a modalidade *contrato por prazo determinado*, visando reduzir custos na rescisão e obter vantagem na concorrência ou licitação. Outras poderão contratar por prazo indeterminado. Essa diferença, ao ser percebida pelos trabalhadores, causará insatisfação quando da mobilização das empresas e respectiva força de trabalho.

Permitir que várias empresas acessem o empreendimento, cada uma utilizando um modelo contratual de trabalho que lhe convier, implicará distorção com forte impacto no clima organizacional. Quando a força de trabalho identifica que há empresas mobilizadas que pagam o aviso prévio, multa do saldo do FGTS nas rescisões e outras não, cria-se insatisfação. Essa insatisfação passa a alimentar descontentamentos. Foram identificadas paralisações que tiveram como causa divergências nos contratos de trabalho aplicados pelas empresas mobilizadas em um mesmo espaço geográfico (empreendimento).

## Política salarial

Visando mitigar degeneração, deve-se definir que as contratadas apresentem na CSA o indicativo de representatividade sindical emitido pelo sindicato representante da força de trabalho do local de realização da obra. Entretanto, caso a categoria atue via CCT, deve apresentar o indicativo de a qual convenção a categoria está subordinada, em que pese que, via de regra, a normativa de gerenciamento de implantação deva trazer essa definição.

Os salários deverão ser pagos rigorosamente em dia, bem como as demais remunerações tais como prêmios, participações nos resultados, horas extras etc. Estes pagamentos devem seguir a legislação trabalhista e as respectivas convenções coletivas e/ou acordos coletivos de trabalho.

Nos empreendimentos avaliados, problemas envolvendo pagamentos foram encontrados, em sua maioria, nas empresas subcontratadas de menor porte.

Na maioria dos grandes projetos (empreendimentos) analisados, os parâmetros não são definidos pela proprietária e, quando o são, muitas vezes não ocorre o *deployment*; a informação não desce a todas as contratadas gerando inconsistências sistêmicas. Essas inconsistências, quando instaladas, são de difícil solução.

## Benefício (folga de campo)

Benefício relevante em canteiros de obras, a *folga de campo* é denominada "baixada" no linguajar dos trabalhadores de campo. Problemas com a organização e a definição da política de folga de campo e/ou seu descumprimento causam crises-conflitos.

Folgas de campo têm impacto importante na composição orçamentária. Isso ocorre porque a produtividade e o custo serão proporcionais ao volume e à distância da mão de obra a ser migrada.

Por essa razão, quanto maior for o aproveitamento da mão de obra local e/ou regional, menores serão os investimentos necessários. Mão de obra migratória eleva o volume de produção pela maior disponibilidade do trabalhador nas frentes de trabalho; porém, a maior carga horária leva o trabalhador à fadiga tornando-o menos tolerante, além do que foram identificadas reclamações importantes por sobrecarga de trabalho. A maior exposição nas frentes de trabalho associada à fadiga poderá incorrer em acidentes do trabalho.

Definir regras antes da contratação das empresas é a melhor forma para mitigar custos adicionais advindos de problemas com migração de mão de obra de longa distância.

Orçamentariamente, essa regra deve estar delineada antes das contratações das empresas que estarão atuando na construção e montagem industrial de forma que os proponentes possam calcular o impacto do investimento com mão de obra. A ação possibilitará que todos os proponentes tenham condições de elaborar as propostas comerciais de forma igualitária, eliminando distorções, facilitando a equalização.

Todas as contratadas e subcontratadas deverão tomar conhecimento dos critérios a serem utilizados para a folga de campo de forma que possam considerar o impacto do custeio, passagem, alimentação etc. As dimensões continentais e respectivas distâncias impõem essa necessidade.

A aplicação da folga de campo tem sido adotada no mercado com intervalos que variam em média entre 30, 45, 60 e 90 dias; porém, foram encontrados prazos maiores, a exemplo do praticado na construção da UHE de Belo Monte (PA) quando a folga de campo inicialmente foi estabelecida a cada 180 dias, sendo reduzida após movimento de massa envolvendo paralisação (greve). Essas folgas, em geral, variam de acordo com a distância das viagens. O período e duração da folga de campo dependerão de negociação a ser efetuada com a categoria, por meio de sindicatos e aprovada em assembleia.

Uma ação eficaz para reduzir investimentos com migração de mão de obra, oportunizando o aproveitamento da mão de obra local, é a implantação de programas de qualificação. Assim, antes da implantação, essa ação deverá ser considerada e adequadamente avaliada ainda na fase do estudo analítico do projeto (EAP). Ainda assim, permanecerá a necessidade de importação de mão de obra qualificada, experiente, não disponível no local para compor o quadro necessário, até porque a mão de obra formada nos programas de qualificação não terá a experiência necessária para garantir a qualidade e o desempenho desejado.

## Conclusão

Quando decidida a implantação de um grande projeto, onde será alocado volume importante de empresas e trabalhadores, deve-se considerar que, além da estrutura de engenharia, materiais, máquinas e equipamentos, devem ser estruturadas equipes para o gerenciamento humano e demais atividades administrativas.

Inicialmente, é necessário entender a organização sindical local e seus respectivos sindicatos. A ação representará o divisor de águas entre o sucesso ou o insucesso do empreendimento no que tange às relações sindicais e trabalhistas.

Na sequência, devem-se contatar os sindicatos das categorias preponderantes e estabelecer diálogo e estratégias a serem utilizadas na implantação do empreendimento.

Ainda há preconceitos envolvendo a relação sindical, proprietária, contratada, subcontratada e sindicatos. Por essas razões, é preciso inaugurar um novo paradigma nestas relações.

Em todos os segmentos encontram-se organizações com bom relacionamento com sindicatos e sindicatos que se relacionam bem com as organizações. Entretanto, o contrário também ocorre. Empresas e sindicatos bem-intencionados tenderão a ter bom relacionamento, assim como o inverso também é verdadeiro.

Em projetos em que existe transparência na relação, onde empregadores, empregados e sindicatos trabalham com um objetivo único, garantindo o cumprimento da legislação trabalhista, das NRs, do acordo coletivo firmado e/ou a convenção, assegurando-se aos trabalhadores qualidade de vida e segurança do trabalho, onde sejam atenuadas distorções administrativas responsáveis pela degeneração do clima organizacional, se terá grande probabilidade de obter sucesso na implantação, eliminando-se a ocorrência de crises-conflitos comuns nos grandes empreendimentos.

Contrariamente às argumentações já auscultadas via lideranças ("não vai ter jeito, vamos ter crise-conflito"), elas não devem ser consideradas, pois crises-conflitos envolvendo a força de trabalho são evitáveis via ação administrativa e gerencial. Aceitar o conflito-crise como inevitável é assinar atestado de total incapacidade de gestão.

CAPÍTULO VII

**Segurança do trabalho, M&A, SP e bombeiros**

# Introdução

Após análises da estrutura, levando-se em consideração a importância estratégica da segurança do trabalho, meio ambiente, segurança patrimonial e bombeiros, sobretudo no contexto de um grande empreendimento envolvendo canteiros de obras, deve-se definir o formato de condução do gerenciamento dessas áreas. Este capítulo trabalhará essencialmente os programas voltados ao indivíduo, "gente", buscando demonstrar a importância dessas ações no que tange a mitigar a ocorrência de sinistros envolvendo a segurança do trabalho, meio ambiente, segurança patrimonial e serviço de bombeiros civis.

Além das perdas em produção, material, econômica, devemos considerar que a maior perda é a "perda humana", esta irreparável. Outras perdas podem ocorrer como: redução de capacidade física em decorrência de lesão temporária e/ou permanente ocasionada por sinistros ocorridos durante a atividade laboral.

Associada a todo o sinistro, ocorre perda psicológica que afeta o indivíduo e o coletivo. Perdas psicológicas podem chegar a afetar o coletivo, reduzindo a produtividade.

O formato estrutural e organizacional da área de segurança do trabalho, meio ambiente, segurança patrimonial e estrutura de bombeiros dependerá da envergadura do empreendimento e sua complexidade.

Barbosa Filho (2001:16) afirma que

> a pergunta inicial de todos os administradores, que se deparam com a incumbência de estruturar em sua organização um sistema de gestão em segurança do trabalho, é a seguinte: *Por onde começar e de que forma começar?*
> Os processos, as atividades e os segmentos se diferenciam no que tange à segurança do trabalho e estão ligados aos insumos a serem processados, aos dispositivos de processamento e à transformação. A formação de uma sistemática para a gestão de segurança do trabalho pressupõe a análise e o conhecimento dos pontos críticos. Deste conhecimento será determinado onde deverá ser exercido o controle criterioso, sendo hierarquizadas, segundo uma

escala de criticidade relativa, as possíveis falhas ou perdas e danos decorrentes ou associados a essas falhas.

A envergadura do projeto (canteiros de obras) levará à tomada de decisão quanto ao modelo a ser adotado. Este pode ser estruturado com recursos humanos próprios ou em projetos complexos com grande número de contratadas e elevado volume de mão de obra; poderá se considerar a centralização da atividade, via contratação de serviços especializados com tecnologia e *expertise* para gestão em segurança do trabalho, meio ambiente e segurança patrimonial durante a implantação.

Para tanto, deverão ser desenvolvidas e implantadas diretrizes referentes aos *requisitos de segurança do trabalho, meio ambiente, segurança patrimonial* e bombeiros a serem seguidos por todas as contratadas e subcontratadas.

Esse documento normativo envolvendo diretrizes deverá descrever as responsabilidades quanto a segurança do trabalho, patrimonial, meio ambiente, saúde ocupacional e serviço de bombeiros. O documento deverá ser incluído como anexo nos contratos a serem encaminhados ao mercado. Deve conter orientações gerais dirigidas às contratadas, visando orientá-las na administração e gestão dessas áreas.

Conforme foi postulado por Barbosa Filho (2001:17), "a gestão de segurança do trabalho é uma atividade coletiva e, dessa forma, deve ser exercida e realizada. Ela é o passo inicial para o alcance do sucesso desejado".

Tavares (1996:51-54) afirma que, "além dos acidentes interferirem nos sitemas produtivos, eles elevam os custos e, portanto, devem ser quantificados".

Assim, se propõe que o ideal é transformar a linguagem das coisas na linguagem do dinheiro. Esse conceito foi postulado por Juran (1981:88), em seu livro *Juran on quality improvement*, que sugere que as perdas por má qualidade sejam transformadas na linguagem do dinheiro.

Tavares (1996:52) propõe a quantificação desses custos conforme segue:

$$Ce = C - i$$

Onde:
$Ce$ = custo efetivo do acidente
$C$ = custo do acidente
$i$ = indenizações e ressarcimentos recebidos por meio de seguro ou de terceiros (valor líquido).

e:

$$C = C_1 + C_2 + C_3$$

$C_1$ = custo correspondente ao tempo de afastamento (até os 15 primeiros dias) em consequência de acidentes com lesão;
$C_2$ = custo referente aos reparos e reposições de máquinas, equipamentos e materiais danificados (acidentes com danos à propriedade);
$C_3$ = custos complementares relativos às lesões (assistências médica e primeiros socorros) e aos danos a propriedade (outros custos operacionais como resultantes de paralisações, manutenção e lucro cessante).

Segundo Tavares (1996:51-53),

é comum o fato dos profissionais do SESMT [Serviço Especializado em Engenharia de Segurança e em Medicina do Trabalho] enfatizarem os custos dos acidentes para justificarem os investimentos na sua prevenção. Entretanto, eles não demonstram, ou não têm condições de demonstrar seus custos, ou melhor, não conseguem mensurar o quanto este custo incide no custo final do produto. Pesquisas realizadas pela Fundacentro[23] revelaram a necessidade de modificar os tradicionais conceitos, por meio de uma nova sistemática, e propuseram a criação de uma ficha para quantificar o custo do acidente (ficha nos anexos).

Um eficaz programa voltado à segurança do trabalho deve ser criteriosamente estruturado de forma a assegurar a integridade física de todos os empregados sob condição de risco. Assim, devem-se buscar formas de obter o comprometimento das lideranças e trabalhadores para a importância da segurança do trabalho na atividade laboral.

Recomenda-se estabelecer procedimentos claros para a caracterização e classificação do acidente de trabalho. Reiterando que a construção e a montagem estão classificadas como grau de risco IV — Quadro II — SESMT.

Tavares (1996:63) afirma que:

implantar um sistema de gestão de segurança e saúde no trabalho (SGSST) tem por premissa identificar os perigos e avaliar os riscos oriundos das

---

[23] Fundação social da política sobre acidente do trabalho.

atividades. A norma OHSAS[24] 18001/2007 explicita que a organização deve assegurar que os riscos de SST [Segurança e Saúde no Trabalho] e os controles sejam considerados na implantação, gerenciamento e manutenção do SGSST.

A classificação de acidentes do trabalho quanto à tipificação deve ficar a cargo da equipe de medicina do trabalho, para que possa realizá-la à luz de critérios médicos, sem que haja interferência administrativa. A equipe médica considerará para a tipificação a legislação previdenciária e critérios técnicos fundamentados em conduta médica, levando em conta o grau de lesão, suas implicações e seus comprometimentos.

Em alguns empreendimentos (canteiros de obras), foram constatadas modalidades criativas para classificar os acidentes tais como "acidente sem afastamento com restrição", sem necessariamente cumprir o que determina a legislação previdenciária.

De acordo com o art. 62 da Lei nº 8.213/1991, que dispõe sobre planos e benefícios da Previdência Social, o empregado afastado por acidente do trabalho sem possibilidade de retorno para sua atividade habitual deverá submeter-se ao processo de reabilitação profissional para o exercício de outra atividade.

Nesse conceito, muitas vezes no denominado acidente sem afastamento com restrição, o acidentado não tem condições de exercer a atividade para a qual foi contratado, porém, para evitar a aplicação *ipsis litteris* da legislação, classifica-se a ocorrência como acidente sem afastamento com restrição e aloca-se o acidentado para exercer outra atividade, sem necessariamente passar pelo processo de reabilitação determinado pela legislação.

Constatou-se em alguns empreendimentos (grandes canteiros de obras) que ações como esta contribuíram para a degeneração do clima organizacional, levando à crise. Em alguns locais, os sindicatos, ao identificarem trabalhadores exercendo atividades internas com talas, gesso, curativos e outros alojados impossibilitados de trabalhar, sem assistência e acompanhamento, alcunharam a ação de "colônia de leprosos".

Gerencialmente, ao não se classificar adequadamente o acidente, evita-se a inserção correta da informação estatística, implicando leitura incorreta.

---

[24] Do inglês: Occupational Health and Safety Assessments significa saúde ocupacional e avaliações de segurança, e é publicada pela British Standards Institution (BSI).

Assim, além de se aviltar a dignidade humana, a falta de "qualidade na informação" impede que ações gerenciais preventivas possam ser aplicadas.

Algumas organizações adotam estes recursos visando reduzir o custo com repasse de valor ao erário do Ministério da Previdência e Assistência Social (MPS). Porém, ao fazê-lo, assumem o risco de responsabilidade civil e criminal, caso venha a ocorrer alguma sequela decorrente do acidente não classificado adequadamente.

Os acidentes do trabalho são classificados em acidentes sem afastamento (ASA); acidentes com afastamento (ACA); acidente de trajeto; doença profissional ou do trabalho.

**Acidente do trabalho**

Tavares (1996:59) define acidente do trabalho como "uma ocorrência não programada que altera o curso normal de uma atividade e modifica ou põe fim à realização de um trabalho".

Conceitualmente, a Lei nº 8.213 da Previdência Social estabelece que "acidente do trabalho a serviço da empresa é o evento (sinistro) ocorrido quando o profissional contratado no exercício da atividade sofre lesão corporal ou perturbação funcional que pode lhe causar a morte, a perda ou a redução, permanente ou temporária, da capacidade laboral".

Os acidentes do trabalho são classificados em três tipos:
- *Acidente típico (tipo 1)*
  É o acidente que ocorre pelo exercício do trabalho a serviço da empresa, podendo ser:
  Com afastamento: quando ocorre a incapacidade do exercício da atividade para o qual o trabalhador foi contratado;
  Sem afastamento: quando ocorre uma lesão ou perda parcial da capacidade produtiva, podendo exercer a atividade para a qual o trabalhador foi contratado, devendo o retorno ao trabalho ocorrer até o horário normal do início da jornada no dia seguinte.
- *Doença profissional ou do trabalho (tipo 2)*
  É caracterizada e definida pelo médico laboral, levando em conta a relação de nexo causal, doença profissional e doença do trabalho para se considerar acidente de trabalho (Lei nº 8.312/91, art. 20).

- *Acidente de trajeto (tipo 3)*
  É o acidente que ocorre no percurso do local de residência para o de trabalho ou deste para aquele, considerando a distância e o tempo de deslocamentos compatíveis com o percurso do referido trajeto.

### Medicina do trabalho *versus* classificação de acidentes

A classificação dos acidentes no trabalho deve ser atividade única e exclusiva de decisão médica. A avaliação é efetuada pela observação do dano sofrido (lesão) e capacidade laborativa para exercer a função para o qual foi contratado, utilizando critérios médicos que levam em conta a legislação previdenciária pertinente do MPS.

### Engenharia de segurança do trabalho

No modelo centralizado de gestão, a engenharia de segurança do trabalho deverá ser a interlocutora junto às contratadas e subcontratadas, ou uma gerenciadora contratada para essa finalidade. Ela deverá ter a responsabilidade de coordenar e avaliar as ações de segurança do trabalho, atuando na prevenção, bem como de gerir os relatórios de segurança do trabalho, meio ambiente e atividades ligadas ao serviço de bombeiros. Este modelo centralizado facilita o processo de gestão, na medida em que todas as informações técnicas ficarão centralizadas e dessa coordenadoria deverão emanar todas as estratégias para garantir a integridade física de todos os profissionais expostos ao risco, assim como riscos operacionais envolvendo máquinas, equipamentos e ferramentas.

### Técnicos de segurança do trabalho

São responsáveis por investigar e analisar os acidentes de trabalho; pelo preenchimento da comunicação de acidente do trabalho (CAT) quanto aos itens de sua responsabilidade; e pelo encaminhamento da comunicação de acidente do trabalho (CAT) à Previdência Social.

## A normatização da segurança do trabalho, saúde e meio ambiente

A segurança do trabalho deverá estar estruturada, devendo normatizar as ações de segurança e meio ambiente, gerir, acompanhar, fiscalizar e definir atribuições e responsabilidades aos contratados, que passam a ser os tutores dos atos e atitudes da força de trabalho, assim como de subcontratados e fornecedores decorrentes da inobservância das normas de Segurança, Saúde e Meio Ambiente (SSMA). Responsabilidade significa a obrigação de interromper atividades ou posturas que representem risco iminente para o executante ou dano ambiental, conforme determinam as normas regulamentadoras (NRs).

Em casos de omissão da contratada, poderão as áreas responsáveis pela gestão de SSMA interromper as atividades, informando imediatamente à contratada e/ou subcontratada para que esta(s) tome(m) as medidas adequadas para a erradicação do risco identificado. Somente após a devida ação preventiva para eliminação do risco é que os trabalhadores poderão reiniciar novamente a atividade laboral. Deve-se deixar claro à contratante que, no caso de eventual paralisação das atividades decorrente de riscos envolvendo a segurança no trabalho, não lhe conferirá o direito de reivindicar custos decorrentes da paralisação, pois as ações estarão sempre alinhadas às diretrizes das NRs e, para tanto, a paralisação fará menção à norma regulamentadora pertinente e/ou à legislação pertinente.

Em havendo subcontratadas e fornecedores, devem-se esclarecer as responsabilidades no que tange à apresentação antecipada de todos os documentos e requisitos legais, bem como outras exigências definidas pela proprietária do empreendimento e sua equipe de SSMA, de tal forma que não existam pendências quando da apresentação para início dos trabalhos.

## Projeto — seguro

Em apoio a todas as ações da engenharia de segurança do trabalho voltadas a mitigar e reduzir acidentes do trabalho, somam-se a essas ações programas e campanhas de apoio, os quais têm objetivos comportamentais, ou seja, conscientizar para o desenvolvimento de hábitos e atitudes seguras em segurança do trabalho e meio ambiente. Assim, o programa "projeto seguro" deve ser estruturado levando-se em consideração o grau de risco. No caso da construção e montagem: grau de risco — IV.

*Objetivos estratégicos do programa*

Criar ambiente saudável e seguro, tendo como foco incentivar a busca pela redução das taxas de frequência de acidentes do trabalho *com e sem afastamento*, bem como reduzir as taxas de gravidade. Esses objetivos deverão ser alcançados via implantação dos seis passos sequenciais:

1. *Criar e manter* clima favorável de forma a amenizar impactos causados pela ocorrência de acidentes;
2. *Organizar* a limpeza e arrumação nos ambientes de trabalho;
3. *Desenvolver* o espírito de competitividade e a busca constante por resultados voltados à redução da ocorrência de acidentes e incidentes;
4. *Incentivar* o uso de EPIs para cada atividade em conformidade com as NRs;
5. *Influenciar* comportamentos e atitudes seguras voltadas à segurança do trabalho;
6. *Engajar* os trabalhadores no comprometimento com a segurança do trabalho.

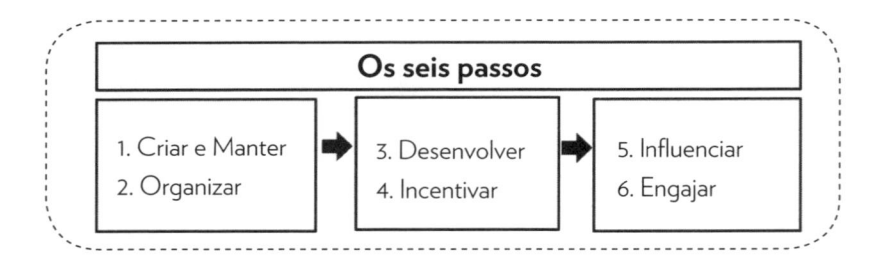

**Os seis passos**

| 1. Criar e Manter | 3. Desenvolver | 5. Influenciar |
| 2. Organizar | 4. Incentivar | 6. Engajar |

*O programa*

Empresas e respectivos trabalhadores que obtiverem excelência no desempenho envolvendo segurança do trabalho e meio ambiente, sem ocorrência de acidentes com afastamento; baixa taxa de frequência de acidentes sem afastamento e taxa de gravidade baixa, dentro do mês analisado, fazem jus a concorrer, mensalmente, a prêmios.

*Premissas do programa*

- Realizar a medição dos resultados mensalmente;

- Fazer a análise de todos os acidentes e incidentes com potencial de gravidade envolvendo os principais gestores, imediatamente após a ocorrência;
- Realizar reuniões com as contratadas para divulgar os resultados;
- A participação na premiação deve abranger todos os profissionais e trabalhadores de empresas ligados diretamente às áreas operacionais de campo expostas ao risco, exceto lideranças;
- Deve-se buscar desenvolver o espírito "do meu corpo cuido eu".

## Regulamento

Contratadas e subcontratadas com suas respectivas equipes sem ocorrência de ACA, ou seja, acidente "zero", fazem jus ao sorteio de prêmios.

*Condição essencial*: a classificação deve seguir critérios médicos rigorosos de avaliação à luz da legislação pertinente, a ser auditada pelo comitê e subcomitê das contratadas e subcontratadas em gestão e prevenção de crise-conflito liderados pela proprietária (dono da obra), cujo modelo de estrutura, operacionalização e atribuição está definido no capítulo VI — Relação trabalhista e sindical — organização.

## Critérios de premiação

Como incentivo às ações envolvendo a prevenção de acidentes, os trabalhadores contratados concorrem ao sorteio de prêmios mensais e bimestrais, conforme segue:

*Premiação mensal*: a quantidade de prêmios mensais e valores dependerá do volume de risco, do tamanho (envergadura do projeto *versus* investimento corrente) e da predisposição de todos os *players* mobilizados, considerando que estes investimentos serão compartilhados conforme o PCR.

*Premiação especial bimestral*: bimestralmente efetua-se o sorteio de prêmio de maior valor (em grandes empreendimentos, até carros zero quilômetro chegam a ser sorteados). Prêmio com maior valor agregado atrai a atenção e desperta o interesse dando efetividade à campanha, reforçando o conceito no que tange à importância da "segurança do trabalho".

*Fases para desenvolvimento da campanha*

a) A comunicação do lançamento
Destinada a despertar a curiosidade e o interesse da força de trabalho para com a segurança do trabalho, saúde ocupacional e meio ambiente nos quadros de aviso, murais e demais veículos de comunicação.

b) Ações para o lançamento
Devem-se efetuar as seguintes ações:
- Reforço sobre o início da campanha nos diálogos diários de segurança (DDS);
- Detalhamento da campanha em cartazes, *banners* e outros veículos de comunicação utilizados para incentivar a prevenção de acidentes;
- Envio de informativo e comunicação sobre o lançamento da campanha a todas as lideranças.

c) O lançamento da campanha
Para o lançamento da campanha, deve-se investir em ações de comunicação de massa e ambientação que despertem a atenção para o tema:
- Estrutura envolvendo informações visuais em áreas de grande circulação;
- Criação de porta-vozes das áreas de segurança de todas as contratadas e da proprietária do empreendimento esclarecendo o propósito da campanha;
- Distribuição de *flyers* como complemento de informações;
- Instalação de *banners* em locais de grande circulação etc.

d) Ações de sustentação da campanha

Nesta fase, utilizam-se ferramentas de comunicação tais como jornal da obra, mensagens via celulares, gravações de mídia para divulgação nos veículos utilizados como transporte da força de trabalho, cartazes com detalhamentos das regras da campanha etc.

Essas e outras ações de gerenciamento envolvendo segurança do trabalho, saúde ocupacional e meio ambiente demonstraram eficácia conforme relatórios de acompanhamentos mensais, tendo grande aceitação demonstrada pelas inúmeras pesquisas efetuadas junto à força de trabalho mobilizada.

## Resultado

Programas de incentivo envolvendo premiações trazem resultados efetivos. O volume das ações deve levar em consideração a complexidade, a quantidade de empresas e trabalhadores mobilizados, assim como o grau de risco das atividades desempenhadas.

Nos projetos em que foi implantado o programa, as taxas de acidentes caíram à medida que as ações preventivas foram sendo implementadas ao longo do período construtivo, associando campanhas suportadas por eventos e premiações às equipes.

A *taxa de frequência de acidentes*, no Brasil, é determinada pela fórmula matemática: quantidade de acidentes do trabalho pelo número de horas-homem trabalhadas multiplicada por *um milhão de horas trabalhadas*, definida pela NBR-14280 da ABNT.[25]

Onde:
TF = taxa de frequência
N = números de acidentados — com afastamento, sem afastamento ou os dois
H = horas-homem de exposição ao risco — o período de horas trabalhadas pelo empregado no período determinado para o cálculo.

$$TF = \frac{N \times 1.000.000}{HHT}$$

Os gráficos e demonstrativos a seguir e respectivos resultados alcançados referem-se a empreendimento (construção e montagem) que envolveu 40 mil vidas por um período de 30 meses. Para este estudo e análise, foram considerados os critérios adotados ante a legislação no que tange à classificação de acidentes. Foram contabilizados 61 milhões de horas trabalhadas sem acidente fatal ou de alta gravidade.

**Quadro estatístico HHT (Taxa. freq. — ACA)**
**(HHT em milhões)**

| Referente | Ano 1 | Ano 2 | Ano 3 | Ano 4 | Projeto |
|---|---|---|---|---|---|
| HHT | 1.466 | 10.216 | 39.896 | 9.464 | 61.000 |
| Taxa freq. ACA | 4,8 | 2,6 | 1,9 | 1,5 | 2,0 |

HHT = hora homem trabalhada; Taxa freq. ACA — taxa de acidentes com afastamento

---

[25] Abreviação adotada pela ABNT na qual: N = norma; Br = brasileira; NBR = norma brasileira.

## Taxa de frequência — ACA

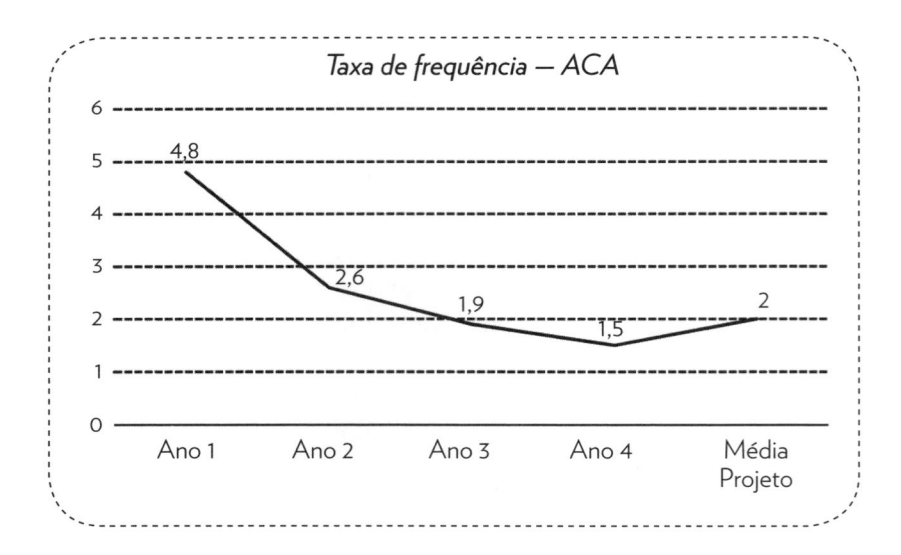

Ano 1: 4,8
Ano 2: 2,6
Ano 3: 1,9
Ano 4: 1,5
Média Projeto: 2

## Quadro estatístico HHT (Taxa. freq. — ASA)
### (HHT em milhões)

| Referente | Ano 1 | Ano 2 | Ano 3 | Ano 4 | Projeto |
|---|---|---|---|---|---|
| HHT | 1.466 | 10.216 | 39.896 | 9.464 | 61.000 |
| Taxa Freq. ASA | 11,6 | 2,2 | 2,8 | 3,0 | 2,9 |

HHT = hora homem trabalhada; Taxa freq. ASA — taxa de acidentes sem afastamento

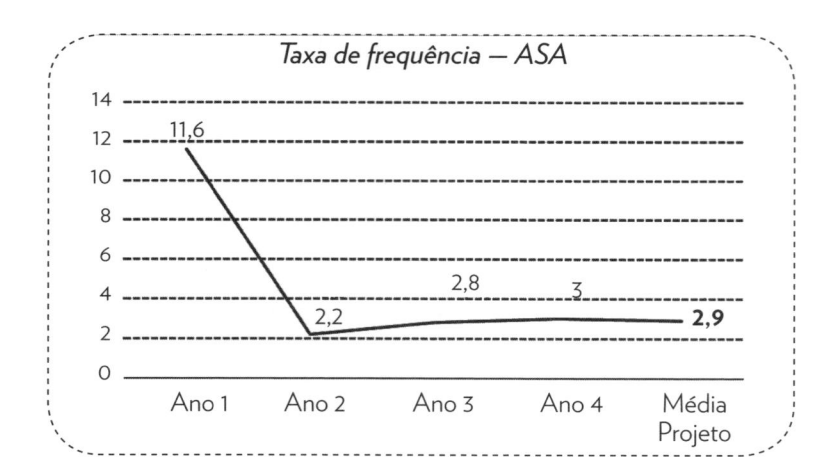

## Taxa de frequência — ASA

Ano 1: 11,6
Ano 2: 2,2
Ano 3: 2,8
Ano 4: 3
Média Projeto: **2,9**

## Demonstrativo de acidentes

| Referente | Ano 1 | Ano 2 | Ano 3 | Ano 4 | Acumulado |
|---|---|---|---|---|---|
| ASA | 17 | 22 | 113 | 28 | 180 |
| ACA | 7 | 27 | 77 | 14 | 125 |
| AT | 4 | 18 | 25 | 8 | 55 |
| DP | 52 | 241 | 768 | 195 | 1.256 |

Legenda: ASA: acidente sem afastamento; ACA: acidente com afastamento; AT: acidente de trajeto; DP: dias perdidos

Observa-se que neste empreendimento analisado, em que pese não tenham ocorrido sinistros com grande gravidade, ainda assim, 1.256 dias foram perdidos por acidentes do trabalho. Considerando que um trabalhador tenha um custo médio com encargos, hora-homem (hh) estimada em R$ 13,15, calcula-se que, somente com salário direto, o custo foi de R$ 132.131,20, sem considerar as despesas com a assistência médica, perdas de produção e o custo da substituição do trabalhador afastado, ou seja, 10.048 horas de produção foram perdidas, o mesmo que 45 profissionais trabalhando 220h/mês deixassem de trabalhar durtante 30 dias. Assim, todo esforço para reduzir acidentes do trabalho deve ser empreendido não somente pelo custo financeiro, mas, sobretudo, pelo dano causado à vida, pela dignidade humana.

### Fornecimento de uniformes

O fornecimento de uniformes para o trabalho é um fator considerado relevante para trabalhadores de campo, expostos a elevado grau de sujidade. Deve-se assegurar que os profissionais expostos a esses ambientes recebam em tempo e em quantidade uniformes que atendam à necessidade da atividade.

A falta ou a demora nas trocas dos uniformes, devido a deterioração e condições de uso, e o não fornecimento em tempo trazem insatisfação. Algumas empresas pesquisadas efetuam lavagem e higienização, outras não. Algumas empresas substituem o uniforme ao apresentarem o primeiro sinal de desgaste em razão da utilização, já outras só o substituem após certo tempo de uso, independentemente de seu estado. Assim, se faz necessário que empregadores revejam suas políticas de forma a assegurarem a satisfação e a qualidade de vida no trabalho. Essa afirmativa decorre da constatação de reclamações envolvendo a troca e/ou substituição dos uniformes no universo construtivo.

**Gestão de resíduos — centralizado**

Durante a construção e montagem, quantidade importante de resíduos é gerada, principalmente entulho, descarte, refugo e materiais inservíveis resultantes das diversas frentes e etapas de trabalho.

Assim, deve-se planejar, estruturar e implantar sistemas de gestão de resíduos para operacionalizar o manuseio, a segregação e a retirada dos resíduos gerados.

Na implantação devem-se analisar os volumes de resíduos que serão gerados e seus respectivos impactos ambientais. Após obter a informação, deve-se estabelecer e planejar a infraestrutura necessária para a gestão de resíduos. Pela experiência, o melhor modelo com o melhor resultado analisado foi o centralizado, ou seja, todo resíduo gerado é encaminhado a uma central para processamento, envolvendo manuseio, coleta, segregação e destinação final.

Os resíduos inertes, tais como sobras da construção civil, podem ser reutilizados dentro da própria obra, eliminando a necessidade de compra de materiais para, por exemplo, se construir base para ruas, calçadas, além de outras aplicações. Portanto, o material que seria descartado pode se tornar um produto, eliminando a necessidade de aquisição de materiais para muitas finalidades internas.

Os materiais advindos de demolições, tais como concreto, alvenarias e pavimentação, podem ser devidamente separados e britados para serem reutilizados, com aplicação definida e aprovada pelas equipes de engenharia de construção.

*Classificação de resíduos*

A seguir, as classificações de resíduos sólidos, segundo definição do Conselho Nacional de Meio Ambiente (Conama).

Classe A (classe 2B): NBR-10.004/2004.

São os resíduos reutilizáveis ou recicláveis considerados agregados tais como os de construção, demolição, reformas e reparos de pavimentação e de outras obras de infraestrutura, inclusive os dos solos provenientes de terraplanagem.

Classe B (classe 2B): NBR-10.004/2004.

São os resíduos recicláveis utilizados em outras destinações tais como plásticos, papel/papelão, metais, vidros, madeiras.

Classe C (classe 1): NBR-10.004/2004.

São os resíduos para os quais não foram desenvolvidas tecnologias ou aplicações economicamente viáveis que permitam sua reciclagem e/ou recuperação.

Classe D (classe 1): NBR-10.004/2004.

São os resíduos perigosos oriundos do processo de construção tais como tintas, solventes, óleos, lâmpadas, baterias, pilhas, estopa com graxa, discos de corte e materiais diversos contaminados (terra impregnada com produtos como óleo, graxa, produto químico etc.).

A ação de centralização visa a não geração de resíduos de forma aleatória e, secundariamente, a redução, a reutilização, a reciclagem e a destinação final racionalizada e otimizada.

Empresas contratadas e subcontratadas neste modelo de gestão de resíduos centralizado deverão considerar no escopo de implantação a responsabilidade pela coleta periódica de resíduos, informando os volumes, peso e, na sequência, efetuar o encaminhamento do resíduo gerado para o local definido. Essa definição *a priori* deve ser efetuada pela proprietária via normativa de gerenciamento de implantação.

## Responsabilidade das contratadas e subcontratadas

É importante que se defina a responsabilidade das contratadas no que tange a manuseio, segregação e destinação final dos resíduos gerados. Resíduos são contaminantes, trazem desconforto e transtornos caso não haja uma política adequada de gestão, podendo comprometer a saúde e a segurança das pessoas e do empreendimento como um todo.

Neste modelo, cada contratada mobilizada segue procedimentos definidos e deliberados pela proprietária.

Com a instalação do pátio de deposição provisória de resíduos, os quais deverão ser removidos *a posteriori* para a destinação final, todas as empresas contratadas deverão seguir as premissas definidas:

- Encaminhar todo resíduo gerado (das diferentes classes) ao pátio de deposição provisória;
- Implantar e operar o serviço de limpeza e organização interna de seus canteiros na área do parque industrial (canteiros de obras);
- Definir e implantar na área de seus canteiros a segregação dos resíduos gerados;
- Os resíduos de madeira, isentos de pregos e demais metais, deverão ser entregues no pátio de deposição provisória para destinação final, a ser realizado pela contratante;
- Os agregados devem ser entregues isentos de metal, para trituração e britagem;
- É responsabilidade da contratada e subcontratada(s) o transporte de resíduos até o pátio de deposição provisória, utilizando-se de empresas devidamente licenciadas pelos órgãos ambientais para a execução da atividade, podendo em determinados modelos de projetos, quando a proprietária tem uma gerenciadora subcontratada para a gestão de resíduos, subcontratar a empresa.
- Atender horários e dias da semana a serem predefinidos para entrega de resíduos no pátio de deposição provisória.

As contratadas e subcontratadas podem armazenar, temporariamente, e dar destinação final aos seus resíduos nos locais planejados. Esses locais precisam ser adequados e aprovados pela contratante ou gerenciadora de segurança do trabalho e meio ambiente da obra.

A seguir, quadro demonstrando a capacidade de geração de resíduos em residencial (alojamento) com capacidade para alojar 1.200 profissionais. Esses resíduos foram gerados durante o período de execução de 30 meses.

## Geração de resíduos — residencial (alojamento)

| Residencial (alojamento) | Cozinha / Refeitório | | |
|---|---|---|---|
| | | Óleo de frituras (lt) | 1.100 |
| | | Resíduos orgânicos (kg) | 96.000 |
| | | Rejeitos (kg) | 5.600 |
| | | Recicláveis (kg) | 92.800 |

O residencial (alojamento) analisado foi operado durante o período demonstrado no histograma a seguir.

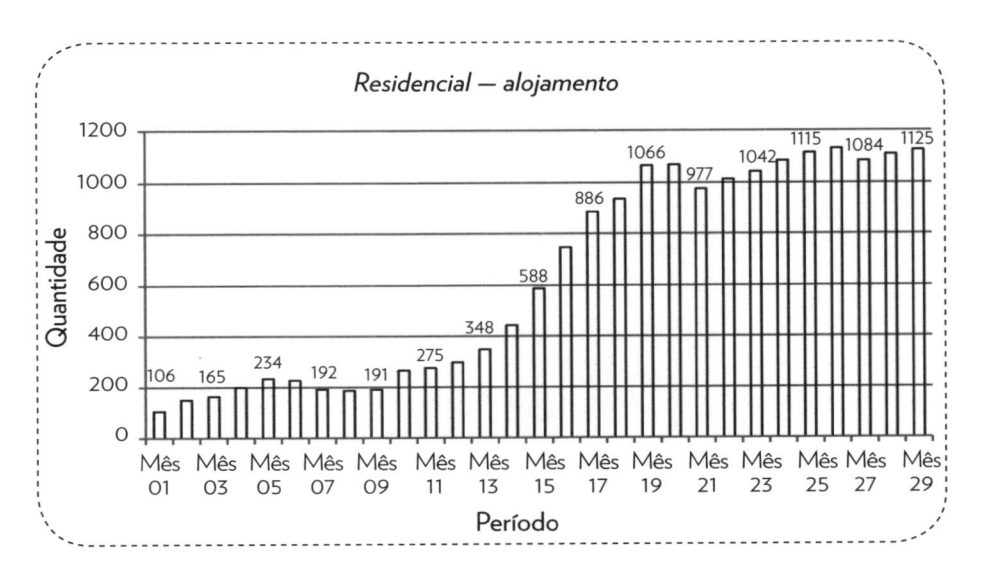

**Residencial — alojamento**

Quantidade por período (Mês):
- Mês 01: 106
- Mês 03: 165
- Mês 05: 234
- Mês 07: 192
- Mês 09: 191
- Mês 11: 275
- Mês 13: 348
- Mês 15: 588
- Mês 17: 886
- Mês 19: 1066
- Mês 21: 977
- Mês 23: 1042
- Mês 25: 1115
- Mês 27: 1084
- Mês 29: 1125

A seguir, demonstrativo do volume médio de resíduos gerados durante a implantação em empreendimentos (*greenfield*) envolvendo a implantação de unidades de fabricação de celulose, com capacidade para produzir 1,5 milhão de celulose, com sistema de gerenciamento de resíduos centralizado. Esses volumes de resíduos foram gerados num período construtivo de 30 meses.

| Local | Descrição | Projeto | |
|---|---|---|---|
| Canteiros de Obras | Efluentes (banheiros químicos + fossa) | 7.850 | m³ |
| | Resíduos recicláveis (kg) | 1.200.000 | kg |
| | Papelão | 160.000 | kg |
| | Plástico | 230.000 | kg |
| | Sucata de ferro | 800.000 | kg |
| | Alumínio | 11.300 | kg |
| | Cobre | 15.000 | kg |
| | Borracha | 15.000 | kg |
| | Madeira | 300.000 | m³ |
| | Rejeitos | 630.000 | kg |
| | Inerte (concreto/entulho/etc.) | 5.000.000 | ton. |
| | Resíduos perigosos (Kg) | 75.000 | kg |
| | Solos contaminados | 10.500 | kg |
| | Embalagens de produtos químicos | 20.000 | kg |
| | Líquidos inflamáveis | 25.000 | kg |
| | Lâmpadas | 1.650 | unid. |
| | Contaminados com amianto | 1.300 | kg |
| | Pilhas | 5 | kg |
| | Vidros diversos | 15 | kg |
| | Sucata eletrônica | 100 | kg |
| | Óleo lubrificante (litros) | 55.000 | litros |
| | EPIs / uniformes | 60.000 | kg |

## Bombeiros — serviços e atendimento

Construção e montagem envolvem consideráveis riscos de acidentes e incidentes (sinistros). Portanto, devem-se estabelecer condições para, em caso de necessidade, se ter estrutura que atenda às pessoas em situações de emergência. Os profissionais "bombeiros"

devem ser e estar qualificados para resgates, assim como prestar os primeiros socorros que antecedem o atendimento médico.

Após se analisar a estrutura, o histograma de mão de obra, e seus respectivos riscos, deve-se considerar a implantação de equipe de bombeiros civis preparados para efetuar resgastes e prestar os primeiros atendimentos. Eles deverão anteceder o atendimento médico propriamente dito, a ser efetuado preliminarmente em ambulatório médico, quando a equipe médica ambulatorial avaliará se há a necessidade de encaminhamento a um atendimento hospitalar.

### Atendimento e combate a incêndio

A estrutura para combate a incêndio deve ser planejada e se deve dar atenção especial para os pontos onde houver grande concentração de pessoas e instalações, considerando-se o grau de risco envolvido, materiais inflamáveis, trabalho a quente etc. Uma estrutura adequada de combate a incêndios facilitará negociação com as companhias de seguro, reduzindo custo com apólices para a cobertura de sinistros.

São atividades da equipe de bombeiros:

- *Auditorias*
  Acompanhamento e inspeções em áreas e instalações.
- *Trabalho a quente*
  Inspecionar equipamentos, condições e estado de uso, fiação; monitorar atividades críticas, realizando acompanhamento; e orientar o uso de equipamentos de prevenção tais como biombos, extintores, mantas, equipamentos e máquinas.
- *Trabalho em altura*
  Inspecionar cabos guias, linhas de vida, cintos de segurança, sistema de trava-quedas; elaborar plano de resgate, verificar documentação.
- *Trabalho em espaço confinado*
  Inspecionar e controlar acessos; elaborar plano de resgate; verificar as avaliações dos riscos atmosféricos para a liberação de atividades; verificar a documentação.
- *Rondas prevencionistas*
  Verificar anomalias nos canteiros de obras; monitorar atividades; inspecionar extintores, mangueiras, hidrantes etc.

- *Inspeção e testes em caminhão de combate a incêndio*
  Efetuar *checklist* diário; controlar e inspecionar equipamentos e materiais da viatura; testar equipamentos da viatura.
- *Captura de animais*
  Capturar abelhas, marimbondos, serpentes, aves e animais de pequeno, médio e grande porte, e dar o encaminhamento adequado conforme legislação.
- *Apoio e monitoramento ambiental*
  Remover, eventualmente, animais encontrados nas rodovias de acesso aos canteiros de obras em apoio à equipe ambiental efetuando a destinação adequada.
- *Controle de equipamentos de combate a incêndio*
  Inspecionar válvulas de bloqueio, redes de hidrantes, sistemas de *sprinklers* (bicos e válvulas), sistemas de detecção de gases e portas corta-fogo e monitorar os sistemas de alarme.
- *Efetuar resgates de pessoas em apoio ao ambulatório médico*
  Realizar deslocamentos em conjunto com a ambulância; efetuar atendimento envolvendo primeiros socorros no atendimento à emergência; e resgates em locais de difícil acesso tais como espaço confinado, altura, escavações.
- *Atendimentos de emergência*
  Realizar atendimentos de emergência que envolvam produtos químicos, combate a incêndios, ocorrências ambientais e acidentes com danos materiais.
- *Acompanhamentos de cargas especiais*
  Realizar o acompanhamento de peças com peso e/ou excesso lateral e de produtos químicos.
- *Operação da central de comunicação (telefonia)*
  Todo o sistema de comunicação interna envolvendo telefonia de emergência e comunicação por rádios deve ser monitorado pela equipe de bombeiros na central de bombeiros.
- *Plano de atendimento a emergências: acidentes*
  Quando ocorrerem acidentes ou incidentes envolvendo pessoas, materiais ou equipamentos, deve-se efetuar a comunicação visando atenuar boatos distorcidos comuns nessas ocorrências.

Para que se tenha eficiência nos atendimentos às emergências, devem-se assegurar serviços de ambulância que deverá estar disponível, bem como os equipamentos de proteção individual e coletivo nas áreas.

A central de comando de operações de campo deverá coletar as seguintes informações:
- Nome da pessoa que está informando o acidente;
- Área e localização exata onde o acidentado se encontra;
- Qual a via de acesso mais rápida;
- Descrição resumida do que aconteceu (cinemática do trauma);
- Descrição resumida de como se encontra o acidentado (A, B, C e D do atendimento primário).

A equipe de bombeiros da central de comando de operações deve manter contato telefônico e dar orientações até a chegada dos bombeiros com a ambulância.

**Segurança patrimonial**

A segurança patrimonial é importante no zelo pela integridade de pessoas e bens patrimoniais. Devem-se planejar o controle de acessos e definir a infraestrutura necessária para gerir esse serviço. Em projetos considerados área de segurança nacional, normalmente instalações do Estado, encontram-se vigilantes armados, fazendo a segurança patrimonial, porém, na iniciativa privada, que não envolve questões de segurança nacional, a vigilância normalmente é desarmada.

Tavares (1995:57) conceitua e define a segurança patrimonial como "conjunto de recursos e técnicas, ostensivas ou não, aplicadas preventiva ou repressivamente, para resguardar os recursos produtivos de uma organização contra os riscos oferecidos pela ação, intencional ou não, das pessoas".

Em geral, a segurança patrimonial tem sido efetuada por empresas gerenciadoras especializadas contratadas no mercado, com raras exceções se opta por equipe própria (raramente encontrado). Portanto, devem ser definidos estratégias e modelo. Os profissionais que estarão atuando na segurança patrimonial precisam ser treinados e entender o ambiente onde estarão sendo inseridos, sobre seus riscos e sobre o trato com pessoas e empresas mobilizadas.

Vigilância armada impõe riscos de incidentes envolvendo empregados. Incidentes dessa natureza podem levar a crises. Assim, recomenda-se que a vigilância seja desarmada em ambiente onde não se tem conotação de necessidade governamental envolvendo a segurança nacional.

*Atribuições da vigilância patrimonial*

- Assessorar e orientar as entradas e saídas, evitando que pessoas, veículos e equipamentos não habilitados adentrem ao empreendimento sem o devido registro de controle de acesso;
- Efetuar a verificação de crachás, permitindo acesso somente a pessoas autorizadas ou visitantes autorizados que tenham acesso;
- Controlar a entrada de materiais e equipamentos que deverão ser registrados em formulário específico, evitando problemas quando da desmobilização. A relação de materiais fornecidos pela empresa mobilizada deverá ser conferida e anexada ao formulário de controle de entrada de materiais e equipamentos;
- Encaminhar visitante esporádico, para a obtenção de crachá de visitante, devendo a empresa responsável acompanhá-lo até o local a ser visitado;
- Orientar acessos visando manter a organização de filas para adentrarem as instalações;
- Inibir a saída de qualquer alimento dos refeitórios. Essa ação visa mitigar contaminações responsáveis pela proliferação de vetores e pragas;
- Auxiliar no alojamento e desalojamento dos colaboradores, quando existirem;
- Controlar e registrar veículos que adentrem as instalações;
- Efetuar revistas em conformidade com as diretrizes de gestão;
- Efetuar rondas com veículos;
- Dar apoio aos refeitórios nos horários de alimentação;
- Evitar que haja qualquer tipo de desordem no ambiente.

## Conclusão

A segurança, quer seja segurança do trabalho ou patrimonial, o meio ambiente, assim como o serviço de atendimento de bombeiros, é percebida pelos trabalhadores como relevante. Constatou-se a ocorrência de mobilizações insurgentes deflagradas por trabalhadores pela falta ou deficiência envolvendo os serviços de segurança.

Nada é mais constrangedor que ter a imagem e a reputação de uma organização convivendo com ocorrências causadas por insegurança, quer sejam por descaso, imprudência ou imperícia das lideranças ou das equipes ligadas direta ou indiretamente à administração. Assim, todos os esforços deverão ser alocados no sentido da preservação da integridade física das pessoas assim como dos materiais, ferramentas, máquinas e equipamentos.

A segurança patrimonial em instalações com elevado volume de mão de obra, constituída em sua maioria por terceiros, é um desafio.

A área de Segurança Patrimonial deverá ser pensada e estruturada visando mitigar a ocorrência de danos ao patrimônio. Embora essa segurança não tenha o poder de polícia, cabendo ao poder público via justiça e força policial assegurar a integridade do patrimônio, a segurança patrimonial tem papel estratégico no que tange a mitigar intenções, identificando pessoas ou grupos com perfil inadequado.

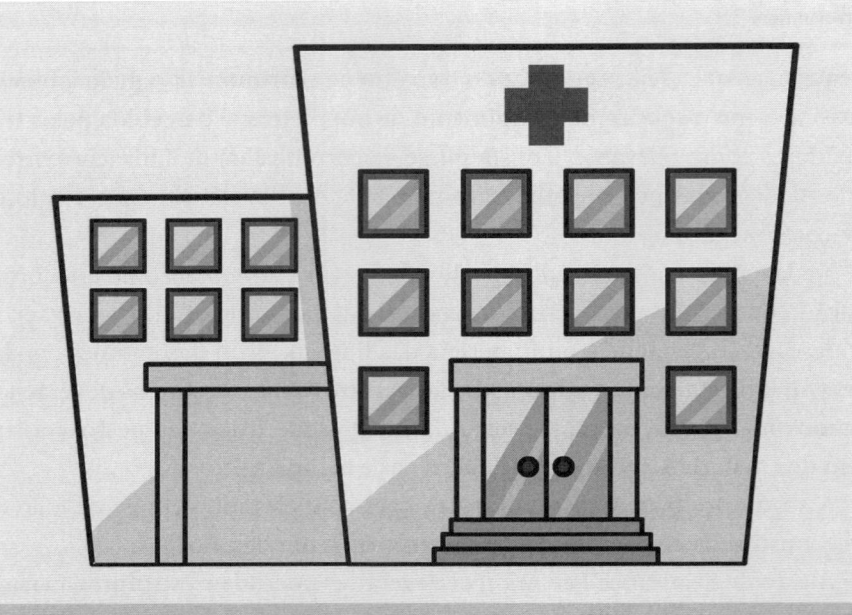

# CAPÍTULO VIII

## Serviço de saúde — hospitalar e ambulatorial

# Introdução

A assistência médica é percebida e pontuada pela força de trabalho como de extrema importância. Deficiência na estruturação desse serviço pode levar à insegurança, à insatisfação, contribuindo para a degeneração do clima organizacional. Em organizações envolvendo grandes volumes de trabalhadores devem-se considerar modelos, cujo formato estará diretamente ligado às disponibilidades do local onde se estará implantando o parque industrial. Poderá ocorrer a necessidade de se implantarem ambulatórios que poderão ser simples ou complexos, mini-hospitais e/ou sistema de remoção terrestre ou aéreo que venham a assegurar atendimento à força de trabalho, sobretudo em áreas consideradas "zona remota".

A falta ou cobertura deficiente envolvendo a assistência médica, quando percebida pela força de trabalho, pode vir a compor pautas de reivindicações.

Empreendimentos alocados em zonas remotas, em locais de difícil acesso, devem analisar e buscar o melhor modelo e formato de serviço de atendimento médico e ambulatorial.

## Serviço médico hospitalar

Nas localidades onde existam hospitais e/ou clínicas, deve-se buscar firmar convênio médico e/ou outro formato de seguro saúde (plano de saúde).

O convênio médico oferece a vantagem em relação aos planos de saúde: a despesa só ser efetivada quando ocorrer o evento, o que difere do plano de saúde ou seguro pré-pago. Estes últimos, sendo utilizados ou não, têm valor prefixado mensalmente. Além disso, o convênio médico pode ser negociado com a unidade hospitalar, nos mesmos moldes e/ou modelos dos planos de saúde cujos serviços e coberturas poderão ser negociados a preços mais adequados, pois em um grande empreendimento o número de vidas é elevado.

Este modelo (convênio hospitalar) se caracteriza como custo operacional, ou seja, paga-se quando ocorre o evento, podendo, em última análise, ocorrer pagamento de taxa para cobertura do custo operacional. Caso haja a necessidade de pagamento de taxa, a proprietária deverá informar a todos os proponentes para que eles considerem o custo em suas propostas comerciais (ver os anexos de modelo sugerido de convênio médico hospitalar (I) e tabela de coberturas (XIV)).

É recorrente a força de trabalho nos grandes empreendimentos buscar cobertura de assistência médica extensiva aos dependentes. Nesse caso, a viabilização somente seria possível com a concessão de planos de saúde.

Atualmente, considerando os modelos de planos de saúde disponibilizados no mercado pelas operadoras, existem algumas dificuldades técnicas operacionais:

a) Baixo tempo de permanência do empregado nestes empreendimentos; em média, 10 meses e, no máximo, 36 meses.
b) Os dependentes residem em regiões em que, em muitos casos, não há cobertura via plano de saúde.

O pouco tempo de permanência da força de trabalho desencoraja as operadoras a efetuarem essa cobertura dos dependentes por considerarem de baixo retorno em razão do tempo de implantação dos projetos. Assim, o modelo que mais atende à necessidade direta, embora não haja cobertura de dependentes, é o convênio médico na modalidade custo operacional.

Empresas que possuem convênio na modalidade plano de saúde poderão, contratualmente, incluir a força de trabalho, mesmo mão de obra flutuante e até mesmo dependentes, o que se constituirá em atrativo para captar talentos.

Algumas empresas do segmento da construção e montagem dão cobertura médica à mão de obra flutuante incluindo dependentes, porém, não são todas, pois a ação impõe elevado custo que poderá implicar dificuldade na participação de concorrência e/ou licitações, sobretudo quando o preço é fator determinante.

A solução para se resolver essa questão é se definirem antecipadamente ainda na fase EAP as regras e os modelos de cobertura no que tange à assistência médica assegurando que todas as proponentes concorrerão em grau de igualdade. A ação nivela e equaliza tratamentos eliminando as diferenças.

Nessa proposição se deverão orientar todas as empresas qualificadas que não possuem cobertura envolvendo assistência médica que o façam, o que poderá ser efetuado via plano de saúde e/ou convênio para atendimento médico hospitalar com hospitais a ser indicado e já pré-negociado pela proprietária (ver nos anexos, Modelo I — Contrato particular para prestação de serviços médico-hospitalares).

Atenção especial deve ser dada aos exames pré-admissionais, visando mitigar eventual necessidade de tratamento envolvendo doenças preexistentes não detectadas no exame pré-admissional. Não conformidades no que tange à qualidade nos exames poderão incorrer em custos adicionais ao contratante não considerado no escopo (preço).

Em situações nas quais se opte por convênio médico hospitalar, pode-se isentar a contratada dessa obrigação se ela possuir plano de saúde; porém deve-se ficar atento para que essa diferença não venha a se constituir em pauta de reivindicação por parte de trabalhadores mobilizados por outras empresas que não fornecem plano de saúde à força de trabalho.

Em grandes volumes de mão de obra e empresas, qualquer que seja o modelo a ser adotado pelo empreendimento, deve-se assegurar atendimento a todos os trabalhadores, evitando o envio deles para a rede pública de saúde (SUS), sobretudo profissionais recrutados fora do local de realização do empreendimento, mão de obra migratória. Via de regra, as redes públicas de saúde não estão preparadas para atender pacientes em grande volume de natureza migratória e temporária.

### Atendimento ambulatorial

A organização da infraestrutura necessária deve considerar o atendimento ambulatorial à força de trabalho mobilizada.

Nas grandes mobilizações envolvendo dezenas de empresas e grandes massas de trabalhadores, recomenda-se estruturar ambulatório médico de forma a possibilitar: atendimento único, padronizado e centralizado para atender todas as contratadas e subcontratadas e sua força de trabalho. A centralização é possível e estará em conformidade com a alteração da NR4, publicada no *Diário Oficial da União* em 2 de agosto de 2007.

Essa ação reduz custo e despesas com serviço ambulatorial, evitando que as contratadas tenham que instalar ambulatórios próprios, dificultando a gestão e qualidade do serviço a ser prestado.

O ambulatório pode ser estruturado para prestar serviços médicos ambulatoriais básicos, para pequenos procedimentos de atendimento básico à saúde, e/ou complexos, o que dependerá do local de implantação do empreendimento.

Basicamente, a estrutura de um ambulatório deverá considerar: médicos, enfermeiro(a) do trabalho; técnicos de enfermagem; se ocorrer a dispensação de medicamentos, farmacêutico; pessoal de apoio administrativo; serviço de ambulância para remoção básica e/ou UTI conforme a necessidade de cobertura; bem como toda a equipagem necessária para o atendimento ambulatorial básico.

### Premissas para o modelo ambulatorial centralizado

- O serviço SESMT Ambulatorial deverá estar em conformidade com a alteração da NR4, publicada no *Diário Oficial da União* em 2 de agosto de 2007;
- Deve-se evitar que contratadas ou subcontratadas utilizem serviço médico próprio dentro dos canteiros de obras;
- A centralização deverá constar no ACT evitando autuação da contratante pelo MTE, pelo entendimento de não cumprimento do Quadro II do SESMT;
- Deverá ser compartilhado o custeio da concessão nesse modelo com as contratadas.

O modelo centralizado pressupõe compartilhamento de despesas. Deve-se definir para todas as contratadas e subcontratadas como considerar e qual o valor deverá ser considerado na proposta comercial para atender esse item. Portanto, todas as contratadas e subcontratadas deverão receber as premissas e regras no que tange ao investimento necessário, via normativa de gerenciamento de implantação. Essa ação elimina distorções e, por conseguinte, insatisfações, mitigando riscos.

A seguir, quadro demonstrativo. Nesse quadro demonstra-se o volume do atendimento médio ambulatorial realizado durante a implantação de grandes empreendimentos industriais (canteiros de obras). A duração das obras foi de 30 meses em média e contaram com uma força de trabalho que totalizou 90 mil vidas.

### Quadro demonstrativo e atendimentos realizados

| | |
|---|---|
| a) Atendimento ambulatorial | 213.300 |
| b) Encaminhamentos externos | 525 |
| c) Atestados externos recebidos | 5.850 |
| d) Atestados internos emitidos | 285 |

Legenda: a) simples atendimentos ambulatoriais; b) atendimentos ambulatoriais com encaminhamentos externos para avaliação hospitalar; c) atestados médicos recebidos obtidos pela força de trabalho que passou por atendimento de saúde externo; d) atestados médicos emitidos por equipe médica após atendimento ambulatorial interno.

## Serviço médico nos canteiros de obras

Os serviços médicos nos canteiros de obras objetivam disponibilizar atendimentos médicos, podendo realizar procedimentos de pequeno porte, proceder receituários e medicações, e, conforme a necessidade, efetuar encaminhamentos para avaliação externa quando a equipe médica julgar necessário; fazer acompanhamentos clínicos; realizar o atendimento envolvendo ocorrência de acidentes do trabalho ou outras necessidades eletivas decorrentes de procura pela força de trabalho. Em caso de atendimento envolvendo acidentes do trabalho, o serviço médico define e classifica o acidente no trabalho (CAT), nos itens de sua responsabilidade, e o repassa à segurança do trabalho (ST) para preenchimento da CAT, definindo a classificação do atendimento.

Analisando-se os dados referentes aos atendimentos médicos realizados em dois empreendimentos analisados, nos quais estiveram mobilizados cerca de 90 mil trabalhadores, constatou-se que as áreas do corpo que mais sofreram lesões por acidentes no trabalho foram: mãos e dedos; pés e dedos; perna, joelho e coxa; cabeça; braço, antebraço e punho; e outros, conforme pode ser observado no gráfico a seguir.

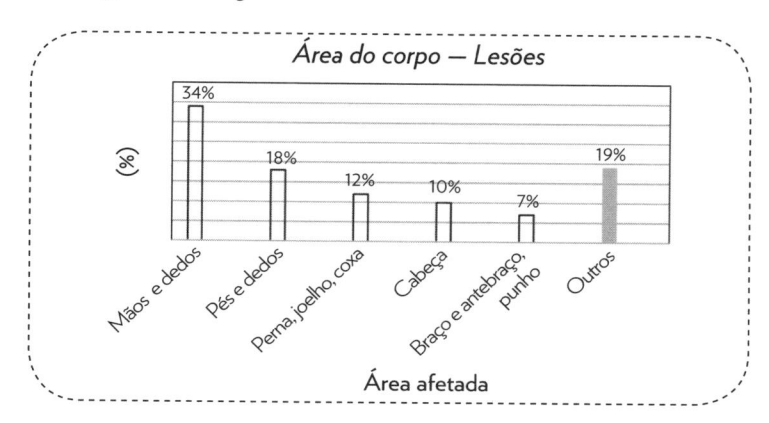

*Área do corpo — Lesões*

- Mãos e dedos: 34%
- Pés e dedos: 18%
- Perna, joelho, coxa: 12%
- Cabeça: 10%
- Braço e antebraço, punho: 7%
- Outros: 19%

Área afetada

Outros (19% restantes) é representado por lesões envolvendo: olhos, ombro, face, região lombar, quadril etc.

Nesta análise, 52% das lesões envolveram mãos e dedos, pés e dedos.

Ao se analisar a natureza das lesões ocasionadas por acidentes no trabalho, constatou-se o que se segue:

O presente estudo e análise demonstrou que a natureza das lesões com maior ocorrência foram ferimentos e contusões; essas duas naturezas de lesões representam 64% de todo o volume de atendimentos.

**Natureza das lesões**

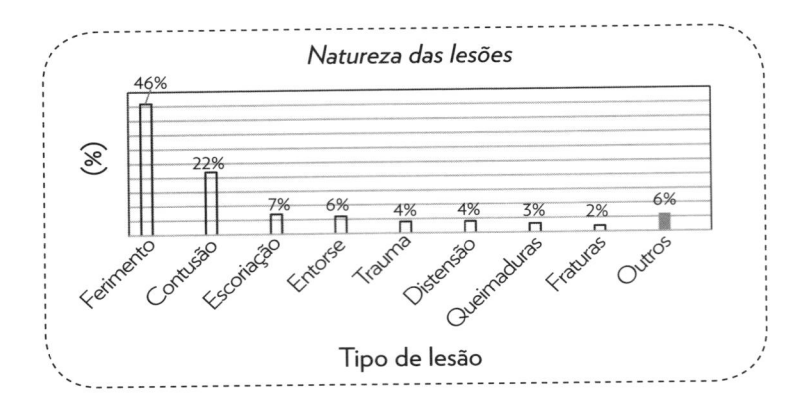

| Tipo de lesão | % |
|---|---|
| Ferimento | 46% |
| Contusão | 22% |
| Escoriação | 7% |
| Entorse | 6% |
| Trauma | 4% |
| Distensão | 4% |
| Queimaduras | 3% |
| Fraturas | 2% |
| Outros | 6% |

O gráfico a seguir refere-se à faixa etária envolvendo os atendimentos médicos realizados (construção e montagem).

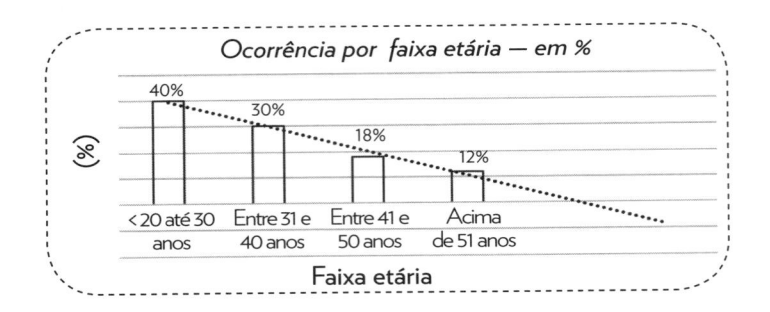

**Ocorrência por faixa etária — em %**

| Faixa etária | % |
|---|---|
| < 20 até 30 anos | 40% |
| Entre 31 e 40 anos | 30% |
| Entre 41 e 50 anos | 18% |
| Acima de 51 anos | 12% |

O gráfico a seguir mostra a distribuição da força de trabalho em campo, por faixa etária.

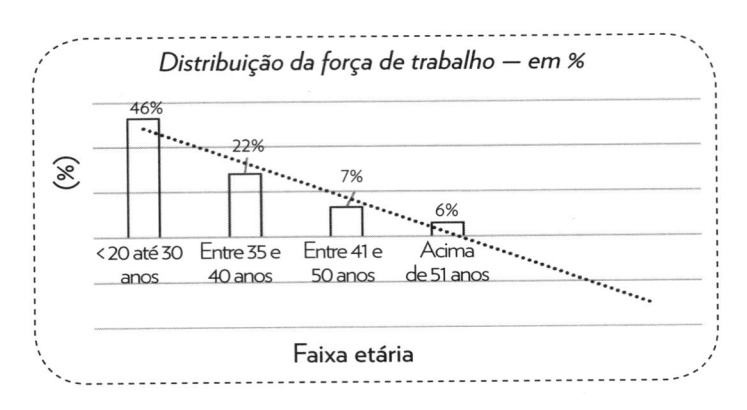

**Distribuição da força de trabalho — em %**

| Faixa etária | % |
|---|---|
| < 20 até 30 anos | 46% |
| Entre 35 e 40 anos | 22% |
| Entre 41 e 50 anos | 7% |
| Acima de 51 anos | 6% |

Ao se analisar o gráfico, conclui-se que a força de trabalho é eminentemente jovem.

### Serviço de enfermagem

O serviço de enfermagem é responsável pela prestação do atendimento ambulatorial, dando suporte à equipe médica nos procedimentos, uso dos materiais e no registro das ocorrências.

### Serviço social

O serviço social é responsável, após avaliação médica, pelo acompanhamento das ações envolvendo encaminhamentos, pelo acompanhamento social e pela emissão dos relatórios de acompanhamento social.

### Conclusão

A saúde é um item relevante, considerado importante pela força de trabalho, sobretudo tendo em conta a precariedade do atendimento médico público. Nos empreendimentos localizados em zonas de difícil acesso ou "zonas remotas", o modelo exigirá maior investimento para atendimento adequado às necessidades médicas apresentadas pela força de trabalho.

Em regiões ou cidades de pequeno porte, a infraestrutura médica hospitalar disponibilizada não absorverá a mão de obra migratória adicional mobilizada pelas empresas contratadas para a construção e montagem de grande empreendimento. Assim, será necessário efetuar uma avaliação da infraestrutura para propor o melhor desenho a ser adotado para atender à necessidade de atendimento médico hospitalar.

Dentro dos canteiros de obras, em empreendimentos onde há grande concentração de trabalhadores e empresas, deve-se implantar serviço ambulatorial cujo modelo e complexidade de atendimento dependerão de avaliação da estrutura de suporte médico externo. O melhor modelo utilizado para atendimento médico ambulatorial é o modelo centralizado. Esse modelo permitirá melhor gestão e controle dos atendimentos, mitigando a degeneração do clima organizacional.

# CAPÍTULO IX

# Fechamento dos estudos de casos

**Estudo de caso — Capítulo III**

*Reajuste contratual envolvendo custo com mão de obra*

Ação

A proprietária demonstrou ao epecista e contratada que anexa a todos os contratos lhe foi encaminhada a *normativa de gerenciamento de implantação*. Esse envio, protocolado, foi efetuado antes do processo de contratação para que todos os proponentes considerassem este e outros custos em suas propostas comerciais e a normativa de gerenciamento tinha anexado todos os calendários de feriados do município, assim como feriados estaduais e federais.

Conclusão

Recusado o pagamento do pleito, pois a contratada deveria ter considerado esses feriados no custo da proposta comercial. Seria paga somente a diferença decorrente do reajuste firmado no ACT, porém não seria ressarcido o valor referente ao feriado "cheio", conforme o pleito, em que pese, eventualmente, a contratada possa não ter considerado no custo os feriados por não ter avaliado adequadamente a normativa de gerenciamento de implantação.

**Estudo de caso — Capítulo III**

*O compartilhamento de riscos — PCR*

Ação

Efetuados novos esclarecimentos ao proponente acerca do objeto do programa de compartilhamento dos riscos (PCR), informando que, se ocorresse o compartilhamento, seria proporcional à qualidade e à capacidade de gerenciamento das contratadas e subcontratadas. Caso os eventos elencados como risco não ocorressem, não haveria a necessidade de compartilhamento. Reiterou-se aos proponentes que, caso não concordassem, podiam declinar da participação da concorrência.

## Conclusão

A proponente, alegando que não tinha entendido o objetivo do programa PCR, desta vez sem consultar o CEO, perguntou: "Onde assinamos o termo de compartilhamento do PCR"?

## Estudo de caso — Capítulo IV

*A subcontratação - terceirização*

### Conclusão

O epecista não atentou ou desconsiderou o fato de que a construtora, na realidade, era uma incorporadora e não construtora na sua essência, e a contratada não dispunha de estrutura para fazer a gestão e a administração eficaz das empresas subcontratadas. As subcontratadas geraram anomalias, o que levou a paralisações constantes. As subcontratadas desconheciam o ACT e as regras do empreendimento e, portanto, não consideraram todos os investimentos necessários envolvendo investimentos com mão de obra. Muitas empresas subcontratadas tiveram problemas de continuidade e, ainda, a própria "incorporadora" teve problemas financeiros deixando o epecista e a proprietária do empreendimento com sérios problemas técnicos, construtivos e trabalhistas.

Para evitar ocorrências como essa, é necessário assegurar-se de que as empresas contratadas, assim como as subcontratadas, dispõem de profissionais para a execução das atividades para as quais foram contratadas, evitando subcontratações de serviços exceto para atividades que estão fora do escopo para a qual foram contratadas.

Quando for inevitável a ocorrência de subcontratação, deve-se garantir que haja alinhamento de pisos, salários e benefícios. Essa ação deverá envolver todas as empresas mobilizadas no empreendimento e as subcontratadas devem possuir boa saúde econômica e financeira. Embora pareçam óbvias, essas medidas normalmente não são efetivadas, o que acaba degenerando o clima organizacional e as relações entre empresas, contratadas, trabalhadores e sindicatos.

## Estudo de caso — Capítulo IV

*A quarteirização*

Conclusão

a) A primeira montadora contratada pelo epecista vinha com problemas envolvendo atrasos no cronograma;
b) Quando o epecista administrativamente em comum acordo com a sua primeira montadora resolveu alocar outra montadora, ao deixar a segunda montadora sob a tutela da primeira montadora e não sob sua gestão, passou a assumir riscos adicionais.

Ocorreu que a primeira montadora não honrou com os pagamentos à segunda montadora, que também não tinha conhecimento do ACT e tampouco das regras e procedimentos normativos a serem seguidos.

A segunda montadora passou a ter problemas em honrar salários e benefícios de sua equipe por não receber da primeira montadora contratada. A equipe da segunda montadora, com justa razão, paralisou as atividades, fazendo arrastão e parando todos os canteiros de obras por 10 dias, cuja mão de obra direta mobilizada era de 15 mil trabalhadores.

É necessário estabelecer regras e procedimentos no que se refere a subcontratações que venham sobretudo implicar uma "quarteirização". A quarteirização poderá trazer inconsistências caso não haja regras administrativas de gerenciamento que deverão ser seguidas. A crise não traz somente prejuízo econômico-financeiro; também denigre a imagem e a reputação do empreendimento.

*Impacto financeiro com mão de obra direta (dias perdidos):*
1,2 milhão de horas não trabalhadas
Investimento médio h/h com encargos sociais = 13,15
Investimento total com mão de obra = R$ 15,78 milhões.

## Estudo de caso — Capítulo V

*Histograma de mão de obra*

Conclusão

Em primeiro lugar, trata-se de um contrato na modalidade EPC, ou seja, a responsabilidade pelo inadimplemento é do epecista e sua montadora.

## Considerações

- Não se observou nestes empreendimentos, onde ocorreram as cobranças, preocupação para com a produtividade;
- Independentemente do fato de o cronograma da empreitada estar dentro ou fora da curva "S" (cronograma de avanço físico), a cobrança foi efetuada;
- Não se observou, por parte dos representantes das proprietárias onde ocorreram pressões para mobilizar mão de obra adicional, preocupação para com o impacto na infraestrutura causada pela massa humana.

Mesmo quando operando com um número menor em comparação com o histograma original, a contratada poderia argumentar que manteria o prazo, independentemente da existência de desvio no cronograma. É evidente que a argumentação deverá ter sólida evidência de exiguidade.

Os contratos avaliados no mercado, em sua maioria, são por preço global, com prazo definido para entrega e cláusulas contratuais de multa em caso de atraso.

Se o contratado necessitar alocar efetivo adicional para ajustar o cronograma de execução, não deverá cobrar pela mobilização adicional, a não ser que ocorra consenso entre as partes (negociação).

Nas ações envolvendo a necessidade de reforço humano (histograma adicional), deve-se ficar atento ao reajuste contratual para que o índice de reajuste sobre a mão de obra não acabe se sobrepondo ao efetivo adicional mobilizado planejado inicialmente, exceto quando ocorrer o consenso entre contratante e contratada.

**Estudo de caso — Capítulo V**

*Histograma de mão de obra* versus *produtividade*

Os fatos

Durante a rodada de mediação no MPT, após a contratada afirmar que não teria recursos para saldar os encargos sociais, o que foi seguido pelo epecista, que alegou já ter pagado tudo o que devia à contratada, o MPT voltou-se à proprietária (dona da obra) e indagou se havia recursos a serem pagos à contratada direta.

A resposta foi afirmativa. Ainda havia saldo a ser pago ao epecista.

Nesse momento, o MPT instruiu o sindicato a entrar com uma ação na Justiça do Trabalho requerendo o bloqueio desse pagamento a ser efetuado pela proprietária em favor do epecista.

Conclusão

Após esta decisão do MPT, o epecista decidiu negociar uma antecipação destes recursos com a proprietária, liquidando o passivo trabalhista decorrente do não recolhimento dos encargos sociais.

Ao se efetuar a comunicação à força de trabalho, a qual agradeceu a intervenção e participação da proprietária na solução final, alguns trabalhadores aproximaram-se e, durante a conversa, fizeram as seguintes afirmações:

"Gostaríamos de dizer que esta obra tem sérios problemas de gestão!" (vejam a palavra utilizada pelos trabalhadores de campo: "gestão"). Prosseguindo, afirmaram: "Aqui não falta gente, está até sobrando!".

"Para os senhores terem uma ideia, em vários locais só há espaço para três peões trabalharem — pois é, tinham oito! Ou seja, três trabalhavam e os outros cinco ficavam vendo o celular (*WhatsApp*)!"

E continuaram com afirmativas: "Se os senhores forem aos escritórios", referindo-se à *montadora* e ao *epecista*, "verão que está todo mundo dentro da sala no ar-condicionado, e no campo tem poucos supervisionando!".

E concluíram: "Não é de se admirar que a empresa esteja tendo prejuízo".

Contrariamente ao que muitos podem pensar, o trabalhador de campo tem discernimento e enxerga distorções administrativas.

Estas afirmativas nos levam à seguinte reflexão: há falta de recursos humanos nos empreendimentos e, assim, incham-se os histogramas de mão de obra ou, como disseram os trabalhadores, falta gestão?

Estudo de caso — Capítulo V

*A procedência — local de origem*

Contratadas e subcontratadas fornecem passagens de ida e retorno ao local de origem aos seus empregados principalmente nos seguintes momentos: folga de campo, mobilização e desmobilização. Esta concessão faz parte do pacote de benefícios concedidos; assim, esses custos vêm agregados nas propostas comerciais e são pagos pelos empreendimentos. Observou-se que em empreendimentos que não havia definição de regras para a mobilização, as contratadas captaram mão de obra onde estava mais disponível e, provavelmente, que estava disposta a aceitar as condições (salários, benefícios etc.), sendo em sua maioria captada em regiões distantes que chegaram a até 1.500 km do local de realização do empreendimento. A regra para a folga de campo neste empreendimento era de três a quatro dias, a cada 90 dias, para que os trabalhadores pudessem se deslocar para ver os familiares, o que era efetuado via transporte terrestre, ônibus preferencialmente.

Esse procedimento funcionou inicialmente, porém foi gerando descontentamentos, pois o volume de mão de obra migratória de longas distâncias era importante.

À medida que a insatisfação foi aumentando, e como o volume de insatisfação era expressivo, surgiram lideranças que acabaram levando a paralisação não só de sua empresa como atingindo as demais contratadas que também decidiram paralisar, tendo o movimento atingido todo o empreendimento.

## Ação

Instalada a crise, iniciou-se o processo de negociação com a força de trabalho, juntamente com os sindicatos. Uma insatisfação que se iniciou devido à "folga de campo" e acabou evoluindo para uma pauta de reivindicação extensa compreendendo: reajuste salarial, elevação do percentual sobre horas extras, plano de saúde extensivo aos dependentes e passagem área para profissionais acima de 1.500 km de distância com folga de sete dias a cada 90 dias.

## Conclusão

Após nove dias perdidos, em decisão no Tribunal Regional do Trabalho (TRT) envolvendo comissão de empresas, comissão de trabalhadores, sindicatos e membros do MPT e MTE, chegou-se a um consenso, sendo dois dias perdidos não descontados (trabalhadores não retornariam ao trabalho caso fossem descontados os dias), e as reivindicações foram atendidas.

*Questões que poderiam ter sido abordadas e não o foram*

- O empreendimento não definiu regra no que tange ao local de captação da mão de obra.
- As concessões, em que pese tenham sido decorrentes de não conformidade administrativa das contratadas e respectivas lideranças que não perceberam a insatisfação, não tomaram providência e/ou, se perceberam, não tiveram ação para evitá-la, foram ressarcidas pelo empreendimento na forma de "pleito" e cláusulas contratuais, respectivamente.

**Estudo de caso — Capítulo V**

*Captação de talentos*

Considerações

Estes intermediadores de mão de obra, em muitos casos, são aliciadores que recebem por trabalhador captado, colocado na obra. Esses intermediadores saem em busca de profissionais, que, em sua maioria, são captados muitas vezes muito distantes do local de realização do empreendimento.

Esses captadores cobram da empresa e, frequentemente, constata-se que também cobram do próprio trabalhador, variando a cobrança entre 30 e 50% do primeiro salário do trabalhador.

Em muitos casos, o intermediador faz promessas salariais, incluindo horas extras, acomodações e outros benefícios que não serão cumpridos pela empresa.

Os trabalhadores, ao chegarem ao empreendimento, logo percebem que as promessas não serão cumpridas pela empresa contratante.

Percebem ainda que trabalhadores de outras empresas foram igualmente contratados pelo mesmo intermediador, cujas promessas também não estão sendo cumpridas pelo empregador.

Esses trabalhadores se organizaram e iniciaram uma paralisação que contaminou todas as empresas e respectivos trabalhadores das demais contratadas. Essa paralisação durou 11 dias.

Trabalhadores foram transportados irregularmente sem que a empresa atendesse à Instrução Normativa nº 90 do MTE.

## O impacto

Ficaram paralisados 10 mil trabalhadores diretos, o que totalizou R$ 880 mil horas não trabalhadas. Todas as horas não trabalhadas foram pagas devido a um acordo com os trabalhadores insurgentes e sindicatos para o retorno ao trabalho com mediação do TRT. Ou seja, considerando o custo médio h/h de R$ 13,15/h com encargos, o custo total foi de R$ 11,57 milhões. Somados a esse custo devem-se acrescentar o custo de máquinas e equipamentos paralisados; alimentação (desjejum, almoço e jantar); hospedagem para a manutenção destes trabalhadores; reposição dos dias perdidos; perdas imensuráveis à imagem e reputação do empreendimento; danos psicológicos etc.

## Conclusão

A proprietária não definiu regras para a captação, o que contribuiu para a degeneração do clima organizacional e, consequente, crises-conflitos.

O aparente ganho com redução de custo na captação transformou-se no alto custo do baixo preço.

### Estudo de caso — Capítulo VI

*Paralisação em canteiros de obras*

## Ações tomadas

Em 28 de janeiro, a proprietária do empreendimento obtém a liminar de interdito proibitório. Dirigentes da CUT agem e impedem os trabalhadores de retornarem ao trabalho.

Em 30 de janeiro, realizada mesa-redonda no MTE com a participação da superintendência do MTE e MPT, sindicatos e representantes das centrais: CUT e força sindical, comissão de trabalhadores e proprietária da obra + contratadas.

Em 2 de fevereiro, diante das constantes crises-conflitos, realizada nova mesa de mediação, dessa vez com a participação dos órgãos oficiais: TRT, sindicatos, MTE, MPT, superintendência regional do trabalho, força sindical, CUT + comissão de trabalhadores e comissão patronal.

Em 3 de fevereiro, realizada assembleia às 7h para apresentação dos avanços, a proposta foi rejeitada pelos trabalhadores.

Em 4 de fevereiro, retomada a negociação para definição de nova proposta. Houve ajuste na folga de campo e cesta básica, e foi concedida folga de campo via concessão de passagem aérea aos trabalhadores com residência acima de 1.500 km. Realizada nova assembleia, desta vez a proposta foi aceita pelos trabalhadores.

Conclusão

O fator deflagrador do conflito se deu devido ao transporte não ter apanhado os trabalhadores para o almoço. Porém, outros fatores degenerativos do clima organizacional já vinham ocorrendo. O problema com o transporte foi o que popularmente poderia se chamar "a gota d'água". Já havia insatisfação no que tange ao pagamento da cesta básica e ao critério para concessão da folga de campo, somados a outras deformações administrativas. A causa deflagradora foi o transporte, que acabou por suscitar uma extensa pauta de reivindicações.

Com este movimento, perderam-se 14 dias; considerando o efetivo de 11 mil trabalhadores, foram perdidas cerca de 1.120.000 h/h não trabalhadas, totalizando R$ 14,72 milhões com mão de obra.

A experiência tem demonstrado que crise-conflito envolvendo mão de obra não é deflagrada por uma única causa. A deflagração de uma crise ocorre após inúmeras não conformidades terem sido instaladas e, sobretudo, quando a massa humana passa a ter a percepção e/ou o sentimento de perda coletiva.

### Estudo de Caso — Capítulo VI

*Ação trabalhista envolvendo a proprietária em região adversa ao local de realização da obra versus reforma trabalhista*

Conclusão

Com a legislação anterior, a empresa arrolada teria que necessariamente enviar um "empregado" para atuar como preposto.

Com a nova legislação (reforma trabalhista), não há mais a obrigatoriedade de o "preposto" ser empregado. Esse avanço trará ganhos financeiros ao empregador que poderá contratar representantes no local da realização das audiências. Ou seja, a ação reduzirá custos e despesas; porém, a ação mais efetiva é buscar eliminar deformidades reduzindo, assim, as reclamatórias trabalhistas.

# CAPÍTULO X

# Anexos — Modelos de gestão e procedimentos

Os documentos em anexo são os principais modelos procedimentais utilizados para o gerenciamento e visam auxiliar na estruturação e na *organização para a implantação*, podendo ser adaptados e/ou ajustados e ampliados conforme a necessidade de cada empreendimento em processo de construção e montagem (*greenfield* ou *brownfield*).

## Modelo I — Contrato particular de serviços médicos hospitalares

Termo de prestação de serviços que entre si fazem de um lado: ..................
.................., pessoa jurídica de direito privado, inscrita no CNPJ sob o nº ........
...................., com sede na .................................................................., neste ato representada por seu representante legal, Sr...................................., na forma de seu contrato social, doravante denominada **contratante**, e de outro lado....
........................................................., situada à ...............................................
................... nesta cidade, representada neste ato, por ...................................
........................................................, simplesmente denominado **contratado**, conforme as cláusulas e condições seguintes:

### Cláusula primeira: do objeto

O presente contrato tem por objeto a prestação de serviços médico-hospitalares, nosocômios (internações) e ambulatoriais (atendimentos realizados no pronto atendimento sem necessidade de internação), em caráter de urgência e emergência, inclusive acidente de trabalho, serviços diagnósticos e terapêuticos por imagem, serviços de exames laboratoriais de análises clínicas, em suas instalações aos empregados da **contratante**, aqui denominados usuários, devidamente identificados como tal por seu quadro técnico profissional em regime de convênio, nas especialidades disponíveis em sua unidade.

### Parágrafo único:

Os atendimentos de urgência e emergência serão realizados nas dependências do **contratado** durante 24 horas. Ressaltamos que, caso haja necessidade de consultas médicas de especialistas, eletivas, não caracterizadas como urgência/emergência, para cada uma será cobrado o valor de R$......................
(..............................) pelo atendimento.

**Cláusula segunda: do atendimento**

Para todo e qualquer atendimento, o beneficiário deverá se apresentar munido de:

A) Documento pessoal de identificação (crachá)

B) Guia de encaminhamento devidamente assinado pela empresa, salvo na hipótese de situação de urgência e emergência e identificada como tal, e atendimentos aos sábados, domingos e feriados, em que não se consiga o contato com a **Contratante** via telefones............, ............... (Sr. ......), .........(Sr. ..................), e a mesma deverá providenciar a autorização dos serviços nas primeiras 24 (vinte e quatro) horas úteis após a prestação de serviços.

**Cláusula terceira: da internação**

§1º Nos casos de urgência e emergência, a **contratada** prestará a assistência necessária para salvaguardar a vida do paciente em suas instalações por um médico do corpo clínico e/ou plantonista.

§2º Quando, por ocasião da internação de urgência e emergência, a **contratada** não dispuser de vaga na acomodação autorizada pela **contratante**, obriga-se a **contratada** a interná-lo na unidade disponível, sendo assegurado à **contratante** o mesmo direito do leito indicado no contrato para fins de remuneração dos serviços.

§3º Na ocorrência do disposto no §2º, fica estabelecido que logo que surja disponibilidade de leito de acordo com o indicado no contrato, o beneficiário será transferido para a acomodação estabelecida no contrato.

§4º Havendo interesse do associado ou de seu responsável em ocupar acomodação superior àquela autorizada pela **Contratante** e desde que a **Contratada** esteja de acordo, esta deverá firmar termo de ajuste prévio com o interessado, o qual assumirá inteira responsabilidade pelo pagamento do sobrepreço que será obtido pela diferença entre os valores de diárias das respectivas acomodações constantes do anexo contratual nº I, definido em cláusula neste contrato.

**Cláusula quarta: da remuneração, data e forma de pagamento**

Pela prestação dos serviços descritos na cláusula primeira deste instrumento, a **contratante** pagará a **contratada** segundo as seguintes tabelas:

a) Para efeito de remuneração dos honorários médicos, serviços de imagem, serviços laboratoriais, serão utilizados a tabela plena **TUSS — CBHPM** ........ **Edição** (classificação brasileira hierarquizada de procedimentos médicos) com a AMB;

b) Atendimento ambulatorial, recuperação e internação hospitalar.

Anexo I — tabela própria do hospital, a qual faz parte integrante do presente contrato.

c) **Medicamentos** e **materiais** — tabela Brasíndice — PMC (preço máximo ao consumidor) e tabela Simpro (comercialização de ............), respectivamente. Os medicamentos e materiais que não constarem das tabelas anteriores serão cobrados pelo valor de custo acrescido de ....... (...........) de taxa de comercialização.

d) Órteses, próteses e material de síntese — valor constante na nota fiscal acrescido de ....... (...........) de taxa de comercialização

**Parágrafo primeiro:** Os preços ora ajustados foram negociados previamente entre as partes, ficando estabelecido que todos os empregados que necessitarem dos serviços ora contratados serão encaminhados exclusivamente a este estabelecimento. O não atendimento dessa condição por parte da **contratante** implica o descumprimento do presente instrumento, ocasionando sua imediata rescisão.

**Parágrafo segundo:** a **contratante** se compromete a pagar ao **contratado**, pelos serviços efetivamente prestados, até o ...... (......) dia do mês subsequente ao da efetiva prestação dos serviços, mediante cobrança bancária, com aviso de protesto após ..... (......) dia de atraso.

**Parágrafo terceiro:** Em caso de atraso no pagamento por parte da **contratante**, os valores devidos ao **contratado** serão acrescidos de juros de mora de ....% (um por cento) ao mês e multa de .....% (.........).

**Cláusula quinta: vigência**
O presente contrato é firmado por prazo indeterminado.

**Cláusula sexta: disposições de igualdade de atendimento**
O **contratado** compromete-se a dispensar aos empregados da **contratante** a mesma atenção e o mesmo atendimento prestado aos indivíduos que efetuam seus pagamentos particularmente e à vista, tendo em vista que a **contratante** assume o compromisso do pagamento integral dos débitos de seus associados reconhecidos pela entidade.

**Clausula sétima: reclamações**
Caberá ao **contratado** levar ao conhecimento da **contratante** quaisquer reclamações efetuadas pelo usuário, haja vista que, doravante, a **contratante**

constitui-se representante de seus associados para dirimir qualquer questão, inclusive as reclamações, sejam elas de qualquer natureza, visando a resolução conjunta da causa em questão e a manutenção do bom relacionamento entre usuário, **contratado** e **contratante**.

### Cláusula oitava: da rescisão

O presente contrato poderá ser rescindido a qualquer tempo, por qualquer das partes, mediante notificação por escrito, com antecedência de 30 (trinta) dias, sem qualquer ônus para a parte que assim o requereu, devendo apenas ser saldados os débitos restantes pela **contratante** e concluídos os tratamentos em andamento pelo **contratado**.

O presente contrato considerar-se-á rescindido de pleno direito, independentemente de qualquer formalidade judicial ou extrajudicial, em caso de:

Concordata, falência ou dissolução de quaisquer partes;

Falta de pagamento por parte da **contratante**;

Descumprimento de qualquer das cláusulas do presente instrumento.

### Cláusula nona: do vínculo empregatício

A prestação de serviços, objeto deste contrato, não será exclusiva e tem caráter eventual, não constituindo, em hipótese alguma, vínculo empregatício de qualquer espécie entre o **contratado** e a **contratante**.

### Cláusula décima: do foro

Fica desde já eleito o foro da comarca da cidade de .................., estado .............., para resolução de qualquer impasse contratual, ficando desde já garantido o ressarcimento, incondicionalmente, a qualquer das partes que venha a sofrer prejuízos, devidamente comprovados.

E por estarem cientes das disposições contratuais, firmam e assinam o presente instrumento para que surtam os seus devidos e legais efeitos, em 2 (duas) vias de igual teor e forma, pelo que doravante todo procedimento entre contratante e contratada deverá ser regido pelo presente, respeitando para tanto todos os preceitos legais existentes que a ele possam ser aplicados.

Local.... Data..................de ...........

| | |
|---|---|
| Contratada | Contratante |
| Testemunha | Testemunha |

## Modelo II — Mobilização de mão de obra

Fluxograma

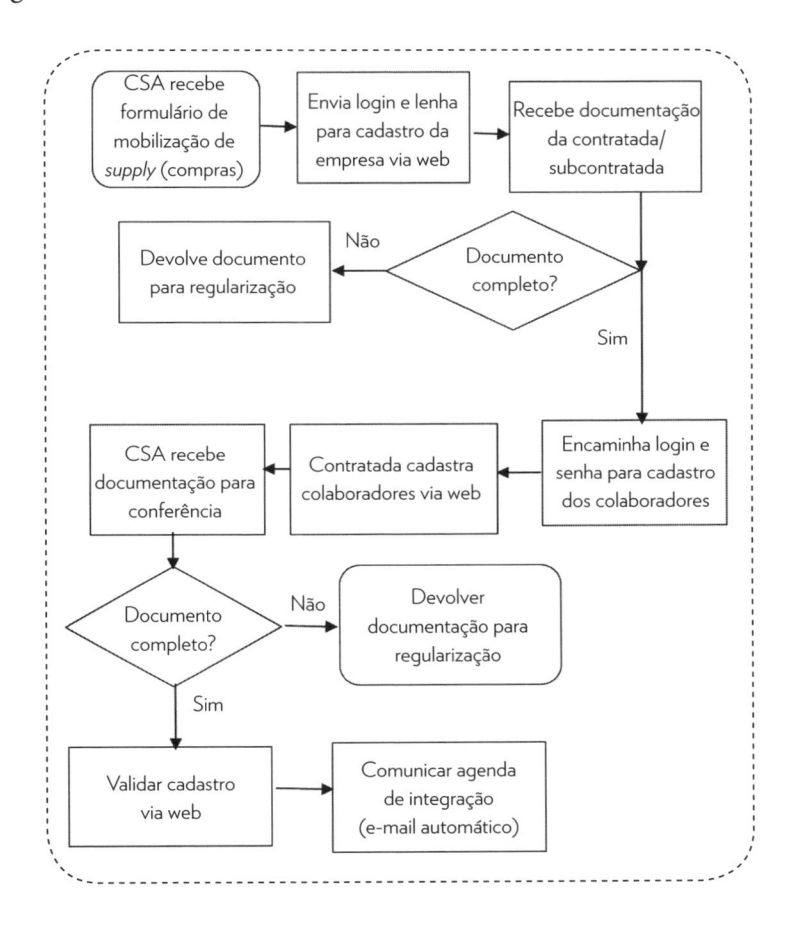

```
CSA recebe formulário de mobilização de supply (compras)
  → Envia login e senha para cadastro da empresa via web
  → Recebe documentação da contratada/subcontratada
  → Documento completo?
     Não → Devolve documento para regularização
     Sim → Encaminha login e senha para cadastro dos colaboradores
         → Contratada cadastra colaboradores via web
         → CSA recebe documentação para conferência
         → Documento completo?
            Não → Devolver documentação para regularização
            Sim → Validar cadastro via web
                → Comunicar agenda de integração (e-mail automático)
```

### 1. Objetivo

Estabelecer procedimento para mobilização de colaboradores aos canteiros de obras do projeto.

### 2. Definições

Define-se como mobilização o cadastramento de colaboradores a serem mobilizados no projeto.

## 3. Abrangência

Aplica-se a todas as contratadas e subcontratadas para prestação de serviços nos canteiros de obras do projeto.

## 4. Referências

> Normativa de gerenciamento de implantação do projeto;
> Formulário de mobilização do projeto;
> Procedimento de emissão de crachá (*vide* procedimento);
> Planilha de qualificações do projeto.

## 5. Responsabilidades

### 5.1. Supply (*compras*)

Formalizar contratação/pedido da contratada com a proprietária do empreendimento.

### 5.2. Empresas contratadas e subcontratadas

Enviar documentação completa à CSA.
> Realizar cadastro da empresa no ambiente web.
> Realizar cadastro dos colaboradores no ambiente web.

### 5.3. CSA

Receber e avaliar a documentação da empresa contratada e/ou subcontratada.
> Cadastrar informações da contratada e/ou subcontratada (histograma, contrato, estrutura e funções).
> Disponibilizar login/senha para contratada e/ou subcontratada para cadastro dos colaboradores.
> Receber e avaliar a documentação dos colaboradores.
> Realizar o treinamento de integração para os novos colaboradores.

## 6. Pré-requisitos e precauções

Disponibilizar o cadastro de empresa e colaboradores da contratada e/ou subcontratada.

Qualidade nas informações cadastradas no sistema web.
Documentação de acordo com normativa e formulários disponibilizados.

## 7. Aspectos com impactos ambientais significativos

Não se aplica.

## 8. Descrições e instruções

Ver fluxograma.

## 9. Critérios de avaliação e aceitação

Não se aplica.

**Modelo III — Emissão de crachá — 1ª via**

Fluxograma

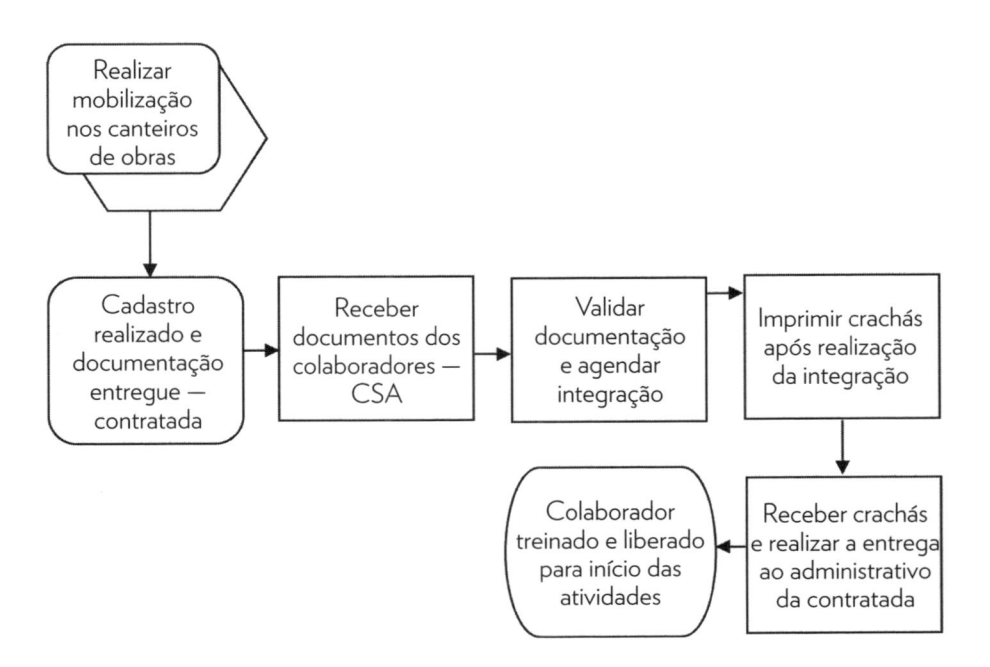

```
[Realizar mobilização nos canteiros de obras]
          ↓
[Cadastro realizado e documentação entregue — contratada] → [Receber documentos dos colaboradores — CSA] → [Validar documentação e agendar integração] → [Imprimir crachás após realização da integração]
                                                                                                                                                                ↓
                                            [Colaborador treinado e liberado para início das atividades] ← [Receber crachás e realizar a entrega ao administrativo da contratada]
```

## 1. Objetivo

Estabelecer procedimentos para a elaboração de crachás a serem utilizados na fase de obras do projeto.

## 2. Definições

O crachá será com fundo branco, com chip interno que conterá as informações cadastrais do portador a serem lidas pelas controladoras (catracas) de acesso nas dependências das instalações (projeto).

O não carregamento de dados no crachá em termos de cores e tarjas visa elevar a produtividade (impressão) e reduzir o custo operacional na emissão.

## 3. Tipos de crachás a serem emitidos

### 3.1 Crachá definitivo

Será emitido a todo o colaborador cuja empresa tiver cumprido todos os trâmites para a mobilização (gestão documental) após o colaborador ter concluído o treinamento de integração definido em normativa. A validade desse crachá estará vinculada ao tempo de duração do contrato e/ou ao tempo de permanência do colaborador na atividade.

### 3.2 Crachá provisório

Será emitido somente quando houver perda do crachá pelo colaborador, e sua validade será de (....) dia útil. A solicitação desse crachá deverá ser efetuada pelo colaborador à área administrativa de sua empresa contratante, e a responsabilidade por sua devolução e baixa será do administrativo da empresa responsável pela solicitação junto à CSA.

### 3.3 Crachá de visitante

Será emitido para visitantes sem atividade técnica e terá validade máxima de (......) dias, sua renovação não poderá ocorrer de forma consecutiva e nova visita só poderá ocorrer com intervalo mínimo de (...) dias. Esse tipo de crachá aplica-se a visitantes esporádicos com atribuições como: vistorias de campo, levantamentos de campo, profissionais convocados para manutenção em regime de emergência/urgência, participação em reuniões etc.

*3.4 Layout*

1. Logo abaixo da denominação do projeto, a foto do portador.
2. Abaixo da foto do portador, o nome.
3. Abaixo do nome do portador, a função.
4. Abaixo da função, o nome completo do portador do crachá.
5. Abaixo do nome completo, a empresa à qual pertence o portador do crachá.
6. Abaixo da empresa à qual pertencer o portador, o nome da contratante que efetuou a contratação da empresa à qual pertence o portador do crachá.
7. Abaixo da contratante, os dados de registro onde T significa terceiro + número de registro.

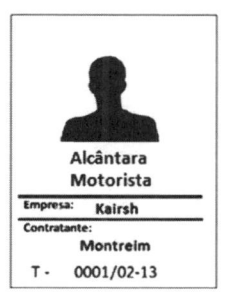

```
        Alcântara
        Motorista
Empresa:   Kairsh
Contratante:
           Montreim
T -     0001/02-13
```

4. Abrangência

Aplica-se a todas as contratadas e subcontratadas para prestação de serviços nos canteiros de obras do projeto.

5. Referências

Normativa de gerenciamento de implantação do projeto.
    Procedimento de mobilização do projeto.

6. Responsabilidades

*6.1 CSA*

Receber os dados cadastrais a serem efetuados pelas contratadas e/ou subcontratadas (checar as informações e documentações).
 Emitir o crachá em conformidade com os dados cadastrais.
 Disponibilizar ao administrativo da contratada ou subcontratada os crachás dos colaboradores já treinados na integração.

*6.2 Segurança patrimonial*

Efetuar a verificação da utilização do crachá pelo portador e efetuar o controle de acesso, verificando se o portador do crachá é o mesmo constante na foto (amostragem).
 Profissionais sem crachá não poderão entrar nos canteiros de obras (a administração da empresa deverá ser chamada para resolver o problema).

7. Pré-requisitos e precauções

Estar de acordo com o crachá e característica de estadia no site fixado pela empresa.
 Profissional habilitado (com treinamento) antes de acessar os canteiros de obras.

8. Aspectos com impactos ambientais significativos

Não se aplica.

9. Descrições e instruções

Ver fluxograma.

10. Critérios de avaliação e aceitação

 Não se aplica.

## Modelo IV — Emissão de crachá — 2ª via

Fluxograma

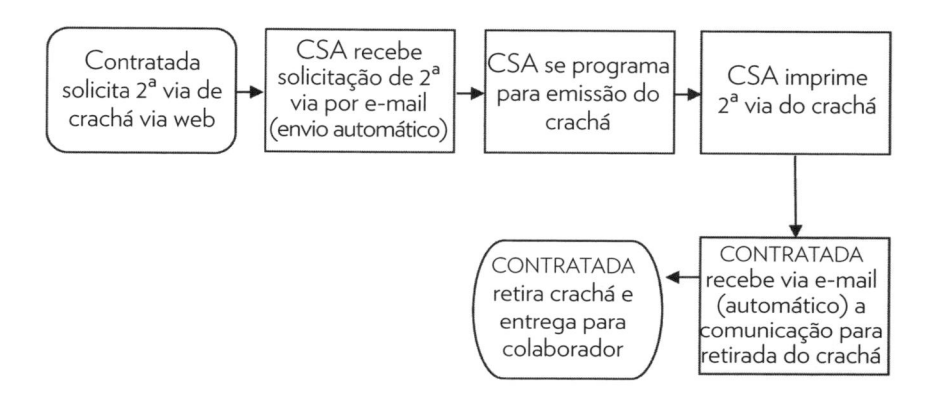

```
Contratada          CSA recebe           CSA se programa      CSA imprime
solicita 2ª via de  solicitação de 2ª →  para emissão do  →   2ª via do crachá
crachá via web   →  via por e-mail       crachá
                    (envio automático)
                                                                    ↓
                    CONTRATADA        ←   CONTRATADA
                    retira crachá e       recebe via e-mail
                    entrega para          (automático) a
                    colaborador           comunicação para
                                          retirada do crachá
```

### 1. Objetivo

Estabelecer procedimento para solicitação e emissão de 2ª via de crachá de identificação dos colaboradores atuantes no projeto.

### 2. Definições

*2ª Via:*

Os crachás de 2ª via serão emitidos pela CSA, nos casos de perda ou danificação do crachá definitivo.

O custo do crachá será debitado ao contratante se for direto e/ou ao subcontratante se for indireto. A perda do crachá deverá ser imediatamente comunicada à CSA, que emitirá permissão provisória até que um novo crachá seja reemitido. A emissão de novo crachá motivada por perda ou danificação implicará a cobrança de (........) a ser debitado ao prestador de serviço. Será apresentado um formulário para formalização da cobrança.

### 3. Abrangência

Aplica-se a todas as contratadas e subcontratadas para prestação de serviços nos canteiros de obras do projeto.

## 4. Referências

Normativa de gerenciamento de implantação.

## 5. Responsabilidades

### 5.1 Empresas contratadas e subcontratadas

Solicitar 2ª via de crachá via web.
    Retirar crachá na CSA, conforme data prevista para impressão.

### 5.2 CSA

Programar emissão de 2ª via de crachá.
    Emitir 2ª via e entregar ao administrativo da contratada/subcontratada.
    Disponibilizar comunicação de cobrança a contratada/subcontratada

### 5.3 Pré-requisitos e precauções

Profissional com identificação nos canteiros de obras.

### 5.4 Aspectos com impactos ambientais significativos

Não se aplica.

### 5.5 Descrições e instruções

Ver fluxograma.

## 6. Critérios de avaliação e aceitação

Não se aplica.

## Modelo V — Desmobilização de mão de obra

Fluxograma

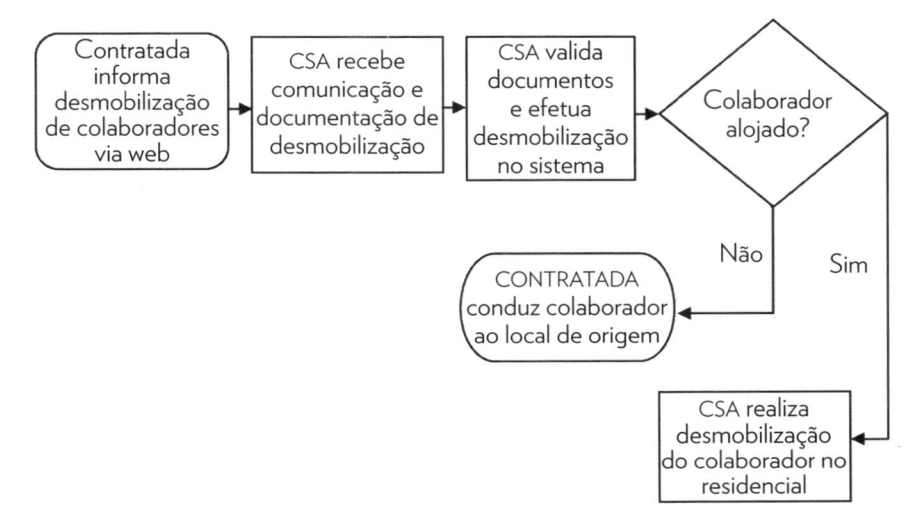

```
┌──────────────┐   ┌──────────────┐   ┌──────────────┐
│ Contratada   │   │ CSA recebe   │   │ CSA valida   │      ╱╲
│ informa      │   │ comunicação e│   │ documentos   │    ╱    ╲
│ desmobilização├──→│ documentação de├─→│ e efetua     ├──→│Colaborador│
│ de colaboradores │ desmobilização │ │ desmobilização│  ╲ alojado? ╱
│ via web      │   │              │   │ no sistema   │    ╲    ╱
└──────────────┘   └──────────────┘   └──────────────┘      ╲╱
                                                         Não│  │Sim
                          ┌──────────────────┐              │  │
                          │   CONTRATADA     │←─────────────┘  │
                          │ conduz colaborador│                │
                          │ ao local de origem│                │
                          └──────────────────┘                 │
                                    ┌──────────────┐           │
                                    │ CSA realiza  │           │
                                    │ desmobilização│←─────────┘
                                    │do colaborador no│
                                    │ residencial  │
                                    └──────────────┘
```

### 1. Objetivo

Estabelecer procedimento para desmobilização de todos os profissionais mobilizados no projeto.

### 2. Definições

Define-se como desmobilização a baixa do colaborador no sistema, mediante entrega de crachá e demais documentos comprobatórios rescisórios, com *checkout* nos residenciais (alojamento), se for o caso.

Na desmobilização, caso o trabalhador não retorne ao local de origem, a empresa contratante deverá informar à CSA enviando termo de opção do contratado em não retornar ao local de origem (procedência), porém isso não lhe confere o direito de receber o valor em espécie.

Não é permitida desmobilização dos profissionais mobilizados dentro dos canteiros de obras, ou seja, como na mobilização, essa atividade deverá ser realizada em escritório externo, evitando a circulação de pessoas sem EPIs e sem vínculo com o projeto.

## 3. Abrangência

Aplica-se a todas as contratadas e subcontratadas para prestação de serviços nos canteiros de obras do projeto.

## 4. Referência

Normativa de gerenciamento de implantação do projeto.

## 5. Responsabilidades

### 5.1 Empresas contratadas e subcontratadas

Planejar e informar antecipadamente as desmobilizações via web.
Realizar a devolução dos crachás e demais documentos comprobatórios, conforme prazo estabelecido em normativa de gerenciamento.
Realizar a desmobilização dos residenciais para os casos de colaboradores alojados.
Conduzir e acompanhar o colaborador ao local de origem.

### 5.2 CSA

Realizar a validação da desmobilização no sistema.
Efetivar desmobilização nos residenciais, caso necessário.

## 6. Pré-requisitos e precauções

Receber antecipadamente as informações de desmobilizações.
Estar de acordo com a normativa conforme prazo estabelecido para entrega da documentação e crachás.

## 7. Aspectos com impactos ambientais significativos

Não se aplica.

8. Descrições e instruções

Ver fluxograma.

9. Critérios de avaliação e aceitação

Não se aplica.

**Modelo VI — Provisionamento de alimentação**

1. Objetivo

Estabelecer procedimento para provisionamento de alimentação (desjejum, almoço, jantar, lanches, café, chás e leite) a ser consumida por todos os colaboradores contratados para as obras do projeto.

2. Abrangência

Aplica-se a todas as contratadas e subcontratadas para prestação de serviços nos canteiros de obras do projeto.

3. Referências

Normativa de gerenciamento de implantação do projeto.

4. Descrições e instruções

- As provisões serão semanais, todas as contratadas deverão entrar no programa de gerenciamento (web) e fazer o provisionamento para a semana subsequente.
- Em qualquer das opções (desjejum, almoço, jantar, lanches e café), eventuais necessidades de ajustes e alterações no provisionamento de alimentação serão aceitas se efetuadas com antecedência mínima

de (....) horas antes do início do processo de produção, tanto para os refeitórios do canteiro de obra como para os alojados com comunicação prévia à CSA. Essa alternativa auxiliará as empresas no planejamento e correção do provisionamento.

- O correto provisionamento da alimentação, quer seja desjejum, almoço ou jantar, evitará custos adicionais desnecessários para a contratada e/ou subcontratada.
- Visando obter corresponsabilidade das contratadas e subcontratadas, estas deverão ser responsabilizadas pelas eventuais falhas decorrentes do provisionamento; aplicar-se-á multa por erros no provisionamento a menor, quando ocorrer, na razão de ...... (.....) refeição por erro cometido.
- Esse critério será aplicado, a critério da proprietária do empreendimento, toda vez que a diferença for igual ou maior que (....) % do provisionado. Essa penalidade será aplicada pela empresa responsável pelo fornecimento da refeição mediante expressa autorização da proprietária do empreendimento.
- O correto provisionamento é crucial para o bom andamento e a qualidade dos serviços prestados. Provisionar a menor implica menor produção e consequentemente problemas com falta de alimentos. A falta de alimentos impõe risco à operação e gera descontentamentos.

**Importante:**

- Todos os residentes em residenciais deverão realizar suas refeições (desjejum e jantar) no próprio residencial/alojamento (segunda a sexta-feira).
- O colaborador terá somente um crédito para cada refeição por dia. Uma vez gasto esse crédito, o sistema de gerenciamento não permitirá novo acesso (as empresas deverão informar seus trabalhadores).
- Todos os residentes em repúblicas (pessoal de nível superior, técnicos administrativos e supervisores) poderão efetuar o desjejum nos canteiros de obras, bem como almoçar e, se for o caso, jantar no próprio canteiro de obra. A realização do jantar dependerá do provisionamento.

## 5. Responsabilidades

### 5.1 Contratada e subcontratada

Inserir semanalmente na web as provisões de refeições considerando as quantidades por local e refeição (para semana subsequente).
Comunicar previamente à CSA sobre necessidade de ajustes nas previsões de refeições, respeitando as (....) horas.

### 5.2 CSA

Acompanhar e listar provisionamento realizado na web e enviar à fornecedora de alimentos.

### 5.3 Fornecedor

Produzir alimentos conforme quantidades provisionadas por local e refeição.

## 6. Pré-requisitos e precauções

Garantir o bom andamento e qualidade nos serviços prestados.
Evitar desperdícios de alimentos.

## 7. Aspectos com impactos ambientais significativos

Não se aplica.

## 8. Critérios de avaliação e aceitação

Não se aplica.

## Modelo VII — Faturamento de alimentação

Fluxograma

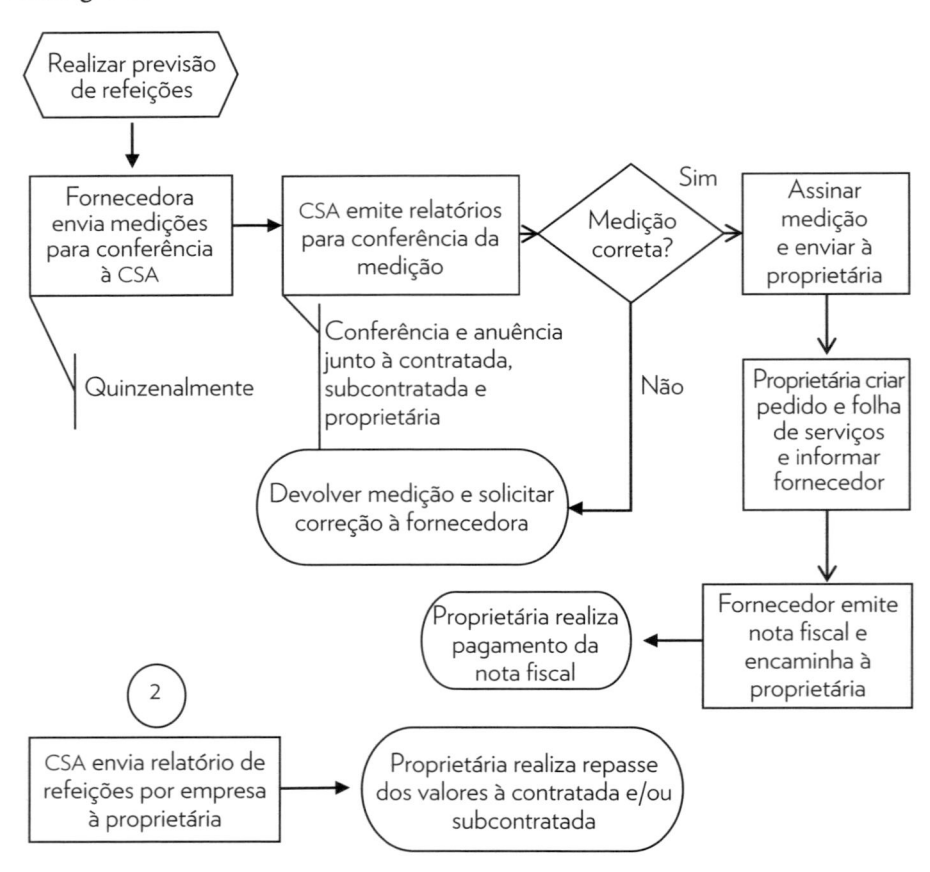

```
Realizar previsão de refeições
        ↓
Fornecedora envia medições para conferência à CSA  →  CSA emite relatórios para conferência da medição  →  Medição correta?
        │ Quinzenalmente                                                                                    Sim ↗  Assinar medição e enviar à proprietária
                                    Conferência e anuência junto à contratada, subcontratada e proprietária       ↓
                                    Não → Devolver medição e solicitar correção à fornecedora                    Proprietária criar pedido e folha de serviços e informar fornecedor
                                                                                                                  ↓
                                    Proprietária realiza pagamento da nota fiscal  ←  Fornecedor emite nota fiscal e encaminha à proprietária

(2)
CSA envia relatório de refeições por empresa à proprietária  →  Proprietária realiza repasse dos valores à contratada e/ou subcontratada
```

1. Objetivo

Estabelecer procedimento para pagamento da fornecedora e faturamento de refeições.

2. Abrangência

Aplica-se a todas as contratadas e subcontratadas para prestação de serviços nos canteiros de obras do projeto.

## 3. Referências

Normativa de gerenciamento de implantação do projeto.

## 4. Descrições e instruções

A alimentação será faturada pelo fornecedor de alimentos diretamente à proprietária.

A NF será emitida pelo fornecedor somente após o aceite da medição com o relatório fornecido pelo sistema em três vias: uma via para o fornecedor, uma via para o cliente (contratada ou subcontratada) e uma via para a CSA. O aceite deverá ser rubricado pelas contratadas ou subcontratadas.

A proprietária, após pagamento do fornecedor de alimentos, efetuará o repasse dos valores consumidos com alimentação realizada nos refeitórios dos canteiros de obras e residenciais às suas contratadas e/ou subcontratadas por meio do encontro de contas via nota de débito a ser abatida da fatura a ser paga à contratada.

Devido ao relacionamento comercial (contratual), o faturamento será efetuado para o contratado direto com a proprietária, e esse contratado deverá repassar esse valor à sua contratada quando ocorrer. A cobrança à subcontratada somente poderá ocorrer quando existir relação comercial de pagamento com a proprietária à eventual subcontratada.

O faturamento será quinzenal e seguirá valores estabelecidos e disponibilizados a todas as contratadas por ocasião da medição da prestação de serviço.

- O faturamento será efetuado **(i) com base no que foi realizado (consumido)** tanto para os refeitórios dos canteiros de obra como para os alojados nos residenciais ou **(ii) com base no provisionado**, caso o provisionamento **seja superior ao efetivo consumo.**
- Qualquer questionamento referente a inconsistências no faturamento deverá ser efetuado com até 5 (cinco) dias corridos da data do recebimento da fatura à CSA, não cabendo interpelação e valores após esse prazo, e os acertos e/ou ajustes constatados serão efetuados no mês subsequente.

## 5. Responsabilidades

### 5.1 *Fornecedora*

Quinzenalmente, enviar medições à CSA para conferência.

Emitir e enviar nota fiscal à proprietária depois de aceite nas medições e relatórios de consumo.

### 5.2 CSA

Disponibilizar para assinatura da contratada e subcontratada o documento de anuência para consentimento de faturamento direto à subcontratada (caso tenha contrato com a proprietária).

Emitir os relatórios de consumo de refeições por localidade e empresa (canteiros de obras e residenciais) via sistema em três vias para conferência e anuência das contratadas e subcontratadas.

### 5.3 Contratada e subcontratada

Realizar semanalmente, de forma correta, o provisionamento de refeições, respeitando os prazos para envio à CSA.

### 5.4 Pré-requisitos e precauções

Garantir bom andamento e qualidade nos serviços prestados.

## 6. Aspectos com impactos ambientais significativos

Não se aplica.

## 7. Critérios de avaliação e aceitação

Não se aplica.

## Modelo VIII — Emissão de carta de anuência

### Carta de Anuência

Local, ___de_____ de _____

A proprietária — projeto

Pela presente, a empresa **Nome Contratada**, pessoa jurídica de direito privado, inscrita no CNPJ sob o nº 00.000.000/0000-00, com sede à (endereço), neste ato representada por seu **cargo Nome Completo**, brasileiro, casado, inscrito no CPF sob o nº (informar) e no RG nº (informar), declara que a empresa **Nome Subcontratada** realizará suas refeições nos refeitórios da contratante, nas dependências do projeto e que estas despesas são de responsabilidade da **Nome Contratada**, estando a proprietária por meio deste autorizada a emitir notas de débitos oriundos destas despesas.

Estamos cientes de que qualquer despesa adicional gerada por esta empresa é de nossa responsabilidade.

Atenciosamente,

_____Nome Contratada
Nome Responsável
Cargo

## Modelo IX — Visita técnica, trabalhos em garantia e emergencial

Fluxograma

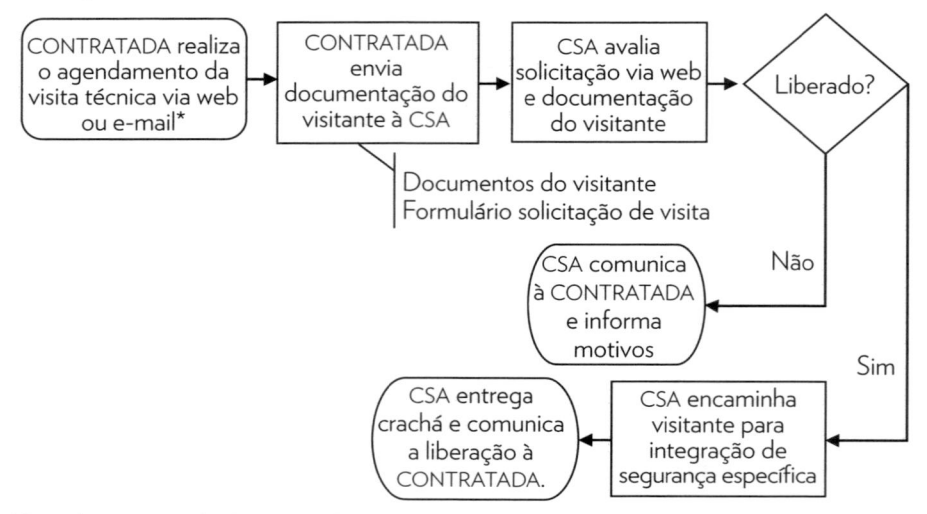

```
CONTRATADA realiza        CONTRATADA              CSA avalia
o agendamento da    →     envia              →    solicitação via web    →    Liberado?
visita técnica via web    documentação do         e documentação
ou e-mail*                visitante à CSA         do visitante
                                │
                                │ Documentos do visitante
                                  Formulário solicitação de visita

                                    CSA comunica                           Não
                                    à CONTRATADA    ←─────────────────
                                    e informa
                                    motivos
                                                                             Sim
                          CSA entrega              CSA encaminha
                          crachá e comunica   ←    visitante para       ←
                          a liberação à            integração de
                          CONTRATADA.              segurança específica
```

\* O agendamento via e-mail poderá ser realizado somente para trabalho emergencial (necessidade não planejada), os demais agendamentos deverão ser realizados via web — visita técnica.

## 1. Objetivo

Estabelecer procedimentos para liberação de acesso de visitas técnicas, trabalhos em garantia e emergencial aos canteiros de obras do projeto.

## 2. Definições

### 2.1 Visita técnica, trabalhos em garantia e emergencial

Define-se como visita técnica trabalhos emergenciais e trabalhos pontuais envolvendo manutenções em garantia, cuja permanência nos canteiros de obras seja de .... a ..... dias, consecutiva.

O acesso aos canteiros de obras se dará por meio do crachá de visitante, cuja emissão terá validade máxima de (......) dias, sua renovação não poderá ocorrer de forma consecutiva e nova visita só poderá ocorrer com intervalo mínimo de ...... dias. *A exceção de liberação fora dessa regra, por necessidade operacional, terá que ter a anuência da proprietária do empreendimento via responsável pela área a ser visitada. A CSA deverá solicitar o "de acordo".*

O crachá de visita técnica aplica-se a visitantes esporádicos, pessoal convocado a participar de reuniões, vistorias de campo, levantamentos de campos e profissionais convocados para manutenção em regime de emergência/urgência cujo conceito está definido neste procedimento.

As solicitações de visitas devem ser realizadas com ciência do gestor da proprietária responsável do contrato.

*2.2 Trabalho emergencial*

Define-se como trabalho emergencial toda a estadia para realização de trabalhos em caráter de urgência. O caráter de urgência/emergência necessariamente deverá estar enquadrado em atividade que não pode ser planejada com antecedência como: quebra de máquinas, equipamentos e manutenções causando perda de produtividade. A liberação de acesso se dará por meio de apresentação de documentos: RG, CPF e característica da visita (via formulário de solicitação de visita).

O agendamento poderá ser efetuado via web e/ou encaminhamento de e-mail à CSA e a integração ocorrerá via entrega da cartilha básica de segurança. A realização dos trabalhos deverá ser assistida pelo responsável de segurança do trabalho da contratada ou subcontratada.

*2.3 Trabalho em garantia*

Para equipamentos em garantia e que necessitam de manutenção preventiva envolvendo garantia do fornecedor, a liberação de acesso se dará por meio de apresentação de documentos: RG, CPF e característica da visita (via formulário de solicitação de visita).

O agendamento poderá ser efetuado via web e a integração ocorrerá via entrega da cartilha básica de segurança. A realização dos trabalhos deverá ser assistida pelo responsável de segurança do trabalho da contratada ou subcontratada.

*2.4 Trabalhos envolvendo manutenção em áreas administrativas*

Para visitas envolvendo trabalhos em área administrativa, a liberação de acesso se dará por meio de apresentação de documentos: RG, CPF e característica da visita (via formulário solicitação de visita).

O agendamento poderá ser efetuado via web e a integração ocorrerá via entrega da cartilha básica de segurança.

Todos os visitantes obrigatoriamente deverão portar os EPIs exigidos nas áreas. O fornecimento é de responsabilidade da contratada ou subcontratada.

## 3. Referência

Normativa de gerenciamento de implantação do projeto.

## 4. Responsabilidades

### 4.1 Contratada/subcontratada

Agendar antecipadamente a visita técnica via web ou e-mail (somente no caso de trabalho emergencial).
Encaminhar documentos do visitante.
Acompanhar visitante durante o período de permanência no projeto.
Fornecer EPIs exigidos conforme área a ser visitada.

### 4.2 Central de serviços

Receber e avaliar a solicitação/documentação para visita técnica.
Comunicar às gerências responsáveis da área a ser visitada (proprietária), que avaliarão a liberação ou não da visita técnica.
Disponibilizar crachá de acesso ao administrativo da contratada e/ou subcontratada.
Disponibilizar cartilha básica de segurança.
Enviar comunicação das visitas agendadas à segurança patrimonial e gerenciadora de segurança do trabalho.

### 4.3 Segurança patrimonial

Liberar acesso conforme crachá de identificação.

## 5. Pré-requisitos e precauções

Estar de acordo com o tempo de estadia no site fixado pela empresa.
Visitantes treinados antes de acessarem aos canteiros de obras.

# CAPÍTULO X — ANEXOS — MODELOS DE GESTÃO E PROCEDIMENTOS

## 6. Aspectos com impactos ambientais significativos

Não se aplica.

## 7. Descrições e instruções

Ver fluxograma.

## 8. Critérios de avaliação e aceitação

Não se aplica.

**Modelo X — Acesso de veículos leves**

Fluxograma

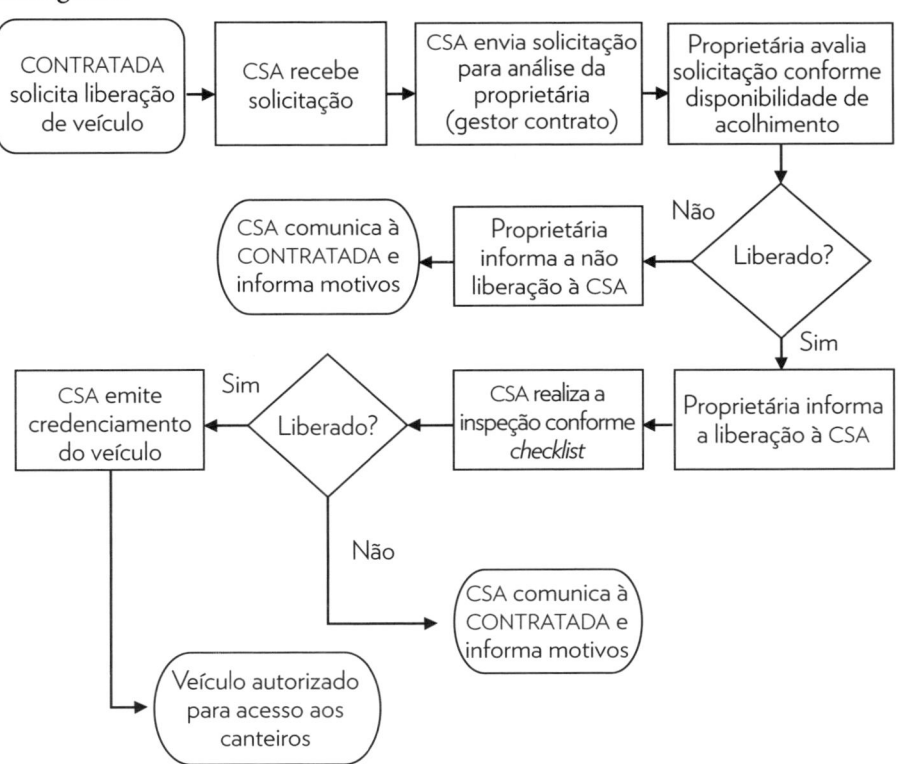

```
CONTRATADA solicita liberação de veículo
    → CSA recebe solicitação
    → CSA envia solicitação para análise da proprietária (gestor contrato)
    → Proprietária avalia solicitação conforme disponibilidade de acolhimento
    → Liberado?
        Não → Proprietária informa a não liberação à CSA → CSA comunica à CONTRATADA e informa motivos
        Sim → Proprietária informa a liberação à CSA
            → CSA realiza a inspeção conforme checklist
            → Liberado?
                Sim → CSA emite credenciamento do veículo → Veículo autorizado para acesso aos canteiros
                Não → CSA comunica à CONTRATADA e informa motivos
```

1. Objetivo

Estabelecer procedimento de liberação de acesso para veículos leves nos canteiros de obras do projeto.

2. Definições

Os acessos de veículos (transporte de materiais e equipamentos) deverão ser solicitados à CSA, porém a fiscalização no que se refere à entrada e saída deverá ser efetuada pela segurança patrimonial (ver norma de procedimento específico). A solicitação deverá ser efetuada em documento oficial da contratada e/ou subcontratada indicando a necessidade.

O condutor do veículo deverá possuir treinamento em direção defensiva; caso não possua, deverá fazê-lo.

Para equipamentos a liberação é automática, cabendo tão somente a realização do *checklist*.

3. Abrangência

Aplica-se a todas as contratadas e subcontratadas para prestação de serviços nos canteiros de obras do projeto.

4. Referências

Normativa de gerenciamento de implantação.
Caderno de requisitos mínimos segurança do trabalho.

5. Responsabilidades

*Contratada/subcontratada*

Solicitar liberação para a entrada de veículos justificando a necessidade à CSA.

CSA

Encaminhar e-mail ao gestor do contrato (proprietária), informando o número de veículos já mobilizados por área e pela empresa, com detalhamento dos motivos.

Aplicar *checklist* de inspeção no veículo.

Disponibilizar credenciamento do veículo (fixar selo).

Gestão do capital humano — proprietária (projeto)

Avaliar a necessidade da entrada de veículos e comunicar à CSA.

Comunicar à CSA sobre aprovação do acesso.

*Segurança patrimonial*

Controlar a entrada e quantidade de veículos das empresas contratadas.

Liberar entrada somente após veículo estar selado e liberado pela central de serviços administrativos (CSA).

6. Pré-requisitos e precauções

Avaliar a solicitação levando em consideração a necessidade operacional de "n" número de veículos internos (quantidade) nos canteiros por área, zelando pela segurança operacional, evitando o acúmulo de veículos internos nos canteiros de obra (risco).

Atentar para a utilização de veículos leves para transporte de pessoas.

7. Aspectos com impactos ambientais significativos

Não se aplica.

8. Descrições e instruções

Ver fluxograma.

9. Critérios de avaliação e aceitação

Não se aplica.

## Modelo XI — Obrigações acessórias (OA) — auditoria documental

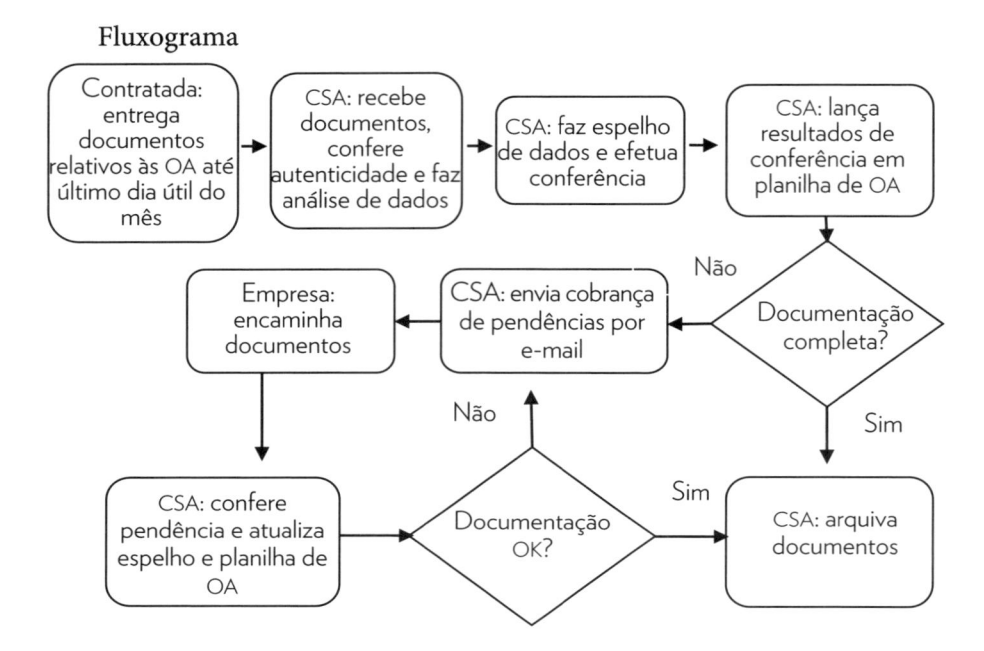

Fluxograma

```
[Contratada: entrega documentos relativos às OA até último dia útil do mês]
    → [CSA: recebe documentos, confere autenticidade e faz análise de dados]
    → [CSA: faz espelho de dados e efetua conferência]
    → [CSA: lança resultados de conferência em planilha de OA]
    → <Documentação completa?>
        Não → [CSA: envia cobrança de pendências por e-mail]
            → [Empresa: encaminha documentos]
            → [CSA: confere pendência e atualiza espelho e planilha de OA]
            → <Documentação OK?>
                Não → [CSA: envia cobrança de pendências por e-mail]
                Sim → [CSA: arquiva documentos]
        Sim → [CSA: arquiva documentos]
```

### 1. Objetivo

Monitorar as práticas da contratada e subcontratada, conferindo o cumprimento das obrigações trabalhistas e previdenciárias a que estão sujeitas durante vigência do contrato.

### 2. Definições

É responsabilidade da contratada a apresentação dos documentos de suas subcontratadas que mensalmente devem apresentar cópia dos documentos definidos, *sob pena de suspensão do pagamento quando não apresentado.*

Todos os documentos evidenciados neste procedimento *e conforme obrigações contratuais que constarão em cada contrato* deverão ser entregues à CSA impreterivelmente até o último dia de cada mês subsequente ao da execução dos serviços, ou seja, no mês de pagamento da competência. A exceção será tratada em caso de fechamento de contrato, quando a prestadora deverá apresentar à proprietária documento "nada consta", a ser disponibilizado na CSA, o qual deverá conter a informação referente a pendências documentais. O pagamento da última fatura (medição) somente será efetuado após a constatação da inexistência de pendência documental.

Caso fique constatada irregularidade de documentação, seja da contratada e/ou de suas subcontratadas, a contratada receberá um e-mail para que as pendências sejam sanadas no prazo improrrogável de até 30 dias, sob pena da suspensão dos pagamentos e das demais penalidades contratuais aplicáveis.

3. Abrangência

Aplica-se a todas as contratadas e subcontratadas que atuem por intermédio de cessão ou empreitada de mão de obra aplicada de forma continuada (ex.: construção civil, montagem, manutenção) e serviços contínuos (vigilância, alimentação, manutenção predial etc.) para prestação de serviços nos canteiros de obras do projeto.

Estão desobrigadas as empresas esporádicas (serviços eventuais) que não envolvam mão de obra direta aplicada e cuja permanência da atividade seja inferior a ........ dias.

4. Referências

Normativa de gerenciamento de implantação.

5. Responsabilidades

*CSA*

Mensalmente, auditar e efetuar conferência da documentação de obrigações acessórias.

Emitir relatórios gerenciais de acompanhamento da entrega da documentação de obrigações acessórias.

*Contratada e subcontratada*

Coletar e assegurar que suas subcontratadas entreguem e comprovem o cumprimento das obrigações tributárias e trabalhistas.

Realizar entrega da documentação (contratada e suas subcontratadas) à CSA mensalmente até último dia de cada mês, referente ao mês anterior.

## 6. Pré-requisitos e precauções

Não se aplica.

## 7. Aspectos com impactos ambientais significativos

Não se aplica.

## 8. Descrições e instruções

*8.1 Documentação*

8.1.1 Documentos para contratadas

    a) GFIP/Sefip — Sistema a empresa de recolhimento do FGTS e informações à Previdência Social
Deve conter:
Relação dos trabalhadores;
Relatório analítico de GRF;
Relatório analítico de GPS;
Comprovante de declaração das contribuições à previdência e outras (INSS);
Resumo das informações à Previdência;
Resumo do fechamento FGTS;
Tomador da obra mencionando o mesmo e competência;
Conferir se profissionais e credenciados coincidem com os estampados na GFIP/Sefip;
Conferir data de competência.
    b) Protocolo de conectividade
Protocolo de envio de arquivos conectividade social.
    c) Recolhimentos a título de INSS
Conferir se fornecedor insere códigos de recolhimento apropriados (2100 e 2003 para folha de pagamento e 2119 quando retenção).
Conferir valores com resumo da folha e relatório da GFIP/Sefip.
Quando houver abatimento de guia por retenção, a empresa deverá enviar anexado o documento que comprove a retenção/abatimento.

# CAPÍTULO X – ANEXOS – MODELOS DE GESTÃO E PROCEDIMENTOS 307

Recolhimentos: conferir a data de pagamento, a autenticação bancária e eventuais rasuras. Conferir se a razão social do contribuinte que recolheu o encargo coincide com a do fornecedor contratado.

As guias deverão ser apresentadas para os colaboradores credenciados no projeto e separadas para o tomador.

d) Recolhimentos a título de FGTS

Conferir se a quantia recolhida corresponde ao que de fato é devido, considerando os dados do relatório GFIP/Sefip.

Conferir indicação dos empregados constantes na Sefip, visando garantir o recolhimento integral do FGTS.

Recolhimentos: conferir a data de pagamento, a autenticação bancária e eventuais rasuras. Conferir se a razão social do contribuinte que recolheu o encargo coincide com a do fornecedor contratado.

As guias deverão ser apresentadas para os colaboradores credenciados no projeto e separadas para o tomador.

e) Certidão CND (INSS / FGTS / Federal / Estadual e Municipal)

Conferir prazo.

Conferir finalidade e solicitar esclarecimento em caso de "positiva com efeito de negativa" ou simplesmente "positiva".

Garantir se o fornecedor estampado na certidão é o mesmo contratado.

f) Acordo/convenção coletiva

Conferir cláusulas econômicas e sociais e aplicação prática.

Duração, validade, alcance. Examinar categorias e empresas que o assinam, visando conferir sua aderência ao caso.

g) Seguro de vida

### 8.1.2 Desmobilizações

*Baixa de funcionários*: toda desmobilização de colaboradores deverá ser informada em até 24h após a desmobilização com entrega de documentos descritos abaixo; a não entrega dos documentos de baixa implicará aplicação de multa de R$ ............ (....................) por colaborador/crachá.

*Em caso de dispensa*:

a) Termos de rescisão — TRCT

Conferir a causa do rompimento.

Conferência geral da integridade do documento, campos em branco, rasuras, falta de assinatura, falta de prova de homologação.

Examinar se dados de preenchimento conferem. Conferir se a quantia recolhida corresponde ao que de fato é devido, considerando os dados da TRCT.
b) Atestado de saúde ocupacional (ASO)
O exame médico demissional será obrigatório desde que o último exame médico ocupacional tenha sido realizado há mais de 90 (noventa) dias.
Conferir assinatura de médico e colaborador.
Conferir exames conforme normativa.
c) Cópia CTPS com baixa
Conferir se a data de desligamento confere com descrito no TRCT.
d) Crachá
Em caso de transferência de obra: declaração de transferência (deve conter nome, CPF, função, data de transferência e local da transferência).

### 8.1.3 Documentação para pessoa jurídica

Certidão CND (INSS / Federal e Municipal)
Conferir prazo.
Conferir finalidade e solicitar esclarecimento em caso de "positiva com efeito de negativa" ou simplesmente "positiva".
Garantir se o fornecedor estampado na certidão é o mesmo contratado.
Além da documentação informada poderá ser exigida a apresentação de documentos adicionais conforme contrato.

### 8.2 Bloqueios de pagamentos

O descumprimento dos itens acima identificados confere à contratante a prerrogativa de efetuar bloqueio parcial ou total de faturas vencidas ou vincendas do valor da nota fiscal, fatura ou recibo, de acordo com avaliação a ser efetuada pela CSA.
O bloqueio do pagamento permanecerá até que a situação seja normalizada.

### 8.3 Arquivamentos da documentação

Toda a documentação de apresentação periódica a que a contratada estiver obrigada deverá ser mantida nos arquivos da central de serviços até o período de vigência do contrato.

Após encerramento do período de vigência do contrato, toda a documentação deverá ser encaminhada ao arquivo morto da empresa por um período de 30 (trinta) anos. Após esse período, deverá ser encaminhada para incineração.

*8.4 Ações em caso de anomalias*

As cópias de documentos ilegíveis ou que dificultem a compreensão de seu conteúdo poderão ser recusadas ou ainda, diante de fundado receio ou incerteza, poderá ser solicitada apresentação do original de quaisquer daqueles documentos indicados, visando sanar contradição ou dúvida para se evitar problemas futuros. *Em caso de comprovação de fraude, o contrato será imediatamente rescindido.*

Na ocorrência do descumprimento, deverá ser enviado um comunicado formal ao gestor do contrato e à respectiva área de gestão de contratos para que sejam tomadas as devidas providências, podendo *interferir diretamente na avaliação de desempenho dos fornecedores.*

9. Critérios de avaliação e aceitação

Não se aplica.

**Modelo XII — Carta de anuência**

Pela presente, declaramos estar cientes e de acordo referente à subcontratação da empresa.
Nome da subcontratada para o projeto:
Contratante: Nome Contratada
Número do contrato: 10000000xxx
Data de início do contrato: ___/___/_____.
Data final do contrato: ___/___/_____.
Atividade contratada:
_____.

Subcontratada: Nome da Subcontratada (1º Nível):
CNPJ:
Número do contrato (contratada x subcontratada): XXXXXXXXXXXXX
Data de início do contrato: ___/___/_____.
Data final do contrato: ___/___/_____.
Atividade subcontratada:
_____.

Previsão de histograma: _____.
Previsão da mobilização: ___/___/_____.
Previsão da desmobilização: ___/___/_____.

Subcontratada - faturamento direto:  Sim     Não
Subcontratada: Nome da Subcontratada (2º Nível):
CNPJ:
Número do contrato (subcontratada 1º nível x subcontratada 2º nível): ..
...........................................................................................................
Data de início do contrato: ___/___/_____
Data final do contrato: ___/___/_____
Atividade subcontratada 2º nível:
_____

Previsão de histograma: _____
Previsão da mobilização: ___/___/_____
Previsão da desmobilização: ___/___/_____


_____
Empresa / Logo
X de XXX de 20XX

## Modelo XIII — Escopo técnico para tomada de preço — Gerenciamento em segurança do trabalho e meio ambiente

| | | |
|---|---|---|
| | 1 | Introdução |
| | 2 | Ojetivo |
| | 3 | Organograma da estrutura organizacional |
| | 4 | Glossário de termos |
| | 5 | Especificação dos serviços |
| | 6 | Fornecimento da proprietária |
| | 7 | Fornecimento e responsabilidade da contratada |
| | 8 | Horários de trabalho |
| | 9 | Critérios de medição |
| Conteúdo | 10 | Forma de pagamento |
| | 11 | Reajuste de preços |
| | 12 | Fiscalização |
| | 13 | Segurança do trabalho, saúde e meio ambiente |
| | 14 | Penalidades |
| | 15 | Prazo contratual |
| | 16 | Rescisão contratual |
| | 17 | Documentos de referência |
| | 18 | Forma de apresentação e entrega das propostas |
| | 19 | Validade das propostas |
| | 20 | Gestor do contrato |

1. Introdução

Este escopo técnico tem por finalidade estabelecer as bases para a contratação de serviços de gerenciamento em segurança do trabalho, meio ambiente & saúde ocupacional para canteiros de obras pertencentes à proprietária, durante parte da construção de seu empreendimento, no município de ..........

## 2. Objetivo

O objetivo deste documento é definir os serviços a serem executados e/ou fornecidos e as condições de medição e pagamento dos mesmos.

A empresa proponente do serviço deverá apresentar proposta técnica e comercial para a realização da atividade de gerenciamento em segurança do trabalho e meio ambiente (SMA) no âmbito de implantação dos canteiros de obras do projeto, envolvendo o gerenciamento das equipes de segurança e meio ambiente das contratadas e subcontratadas, conjuntamente com o serviço médico ambulatorial a ser disponibilizado de forma centralizada, e este serviço ambulatorial atenderá todos os canteiros de obras e residenciais (alojamentos).

## 3. Organograma da estrutura organizacional

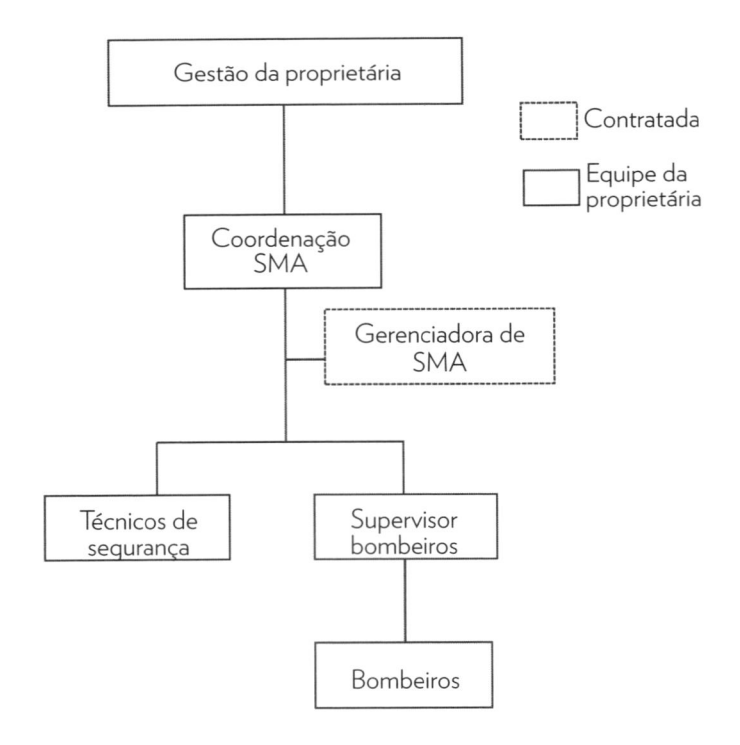

```
                  ┌─────────────────────────┐
                  │  Gestão da proprietária │
                  └────────────┬────────────┘
                               │                    ┌┈┈┈┐
                               │                    ┊   ┊ Contratada
                               │                    └┈┈┈┘
                               │                    ┌───┐
                               │                    │   │ Equipe da
                               │                    └───┘ proprietária
                  ┌────────────┴────────────┐
                  │      Coordenação        │
                  │          SMA            │
                  └────────────┬────────────┘
                               │        ┌┈┈┈┈┈┈┈┈┈┈┈┈┈┈┈┈┐
                               ├┈┈┈┈┈┈┈┈┤ Gerenciadora de ┊
                               │        ┊      SMA        ┊
                               │        └┈┈┈┈┈┈┈┈┈┈┈┈┈┈┈┈┘
              ┌────────────────┴────────────────┐
     ┌────────┴────────┐              ┌─────────┴─────────┐
     │   Técnicos de   │              │    Supervisor     │
     │    segurança    │              │     bombeiros     │
     └─────────────────┘              └─────────┬─────────┘
                                                │
                                      ┌─────────┴─────────┐
                                      │     Bombeiros     │
                                      └───────────────────┘
```

## 4. Glossário de termos

Para perfeito entendimento das responsabilidades das partes, define-se como:

**Empreendimento** — Projeto a ser implantado de propriedade da PROPRIETÁRIA.

**Proprietária** — empresa para a qual os serviços demandados pelo EMPREENDIMENTO serão prestados.

**Gerenciadora** — empresa escolhida pela PROPRIETÁRIA para gerenciar a implantação do EMPREENDIMENTO.

**Proponente** — empresa convidada a apresentar proposta técnica e comercial para prestar os serviços objetos deste escopo.

**Contratada** — empresa escolhida pela PROPRIETÁRIA e pela GERENCIADORA e que fará a execução de prestação de serviços para implantação do EMPREENDIMENTO.

**Subcontratada** — empresa que, através de contrato de fornecimento, irá executar serviços e/ou fornecer produtos para a CONTRATADA.

**Central de Serviços** — departamento destinado ao gerenciamento das atividades administrativas e de serviços de apoio para as empresas contratadas e subcontratadas, gestão e supervisão de infraestrutura e de suporte.

5. Especificação dos serviços

Os serviços a serem fornecidos englobam:

Responsabilidade pelo gerenciamento das atividades de Serviço Especializado em Engenharia de Segurança e em Medicina do Trabalho (SESMT) envolvendo *segurança do trabalho e meio ambiente* (SMA) nos canteiros de obras da PROPRIETÁRIA em conformidade com as definições preconizadas no *caderno de SMA da proprietária*; para tanto a gerenciadora deverá alocar profissionais especializados, com experiência comprovada envolvendo o gerenciamento em grandes canteiros de obra, conforme segue:

a. Estruturação e disponibilização de profissionais para o gerenciamento das atividades de segurança do trabalho & meio ambiente, envolvendo empresas contratadas e subcontratadas que estarão a serviço do *projeto*.
b. Aplicação e fiscalização das NRs, ABNTs e do caderno de requisitos mínimos a serem seguidos pelas contratadas e suas subcontratadas dentro dos canteiros de obra.
c. Atuação, gestão e fiscalização de todas as atividades inerentes aos processos construtivos, visando eliminar riscos à integridade física dos trabalhadores dos canteiros.

d. Elaboração e acompanhamento de alertas, notificações, elaboração e apresentação de relatórios gerenciais semanais e relatórios consolidados mensais à proprietária e nas reuniões de alinhamento envolvendo contratadas, subcontratadas, Comitê de Segurança e Saúde Ocupacional (SSO) e Comissão de Segurança das Contratadas (Comsecon).
e. Estruturação e supervisão das atividades de Comissão Interna de Prevenção de Acidentes (Cipa), Semana Interna de Prevenção de Acidentes do Trabalho (Sipat) e Comsecon.
f. Estruturação, desenvolvimento e aplicação de campanhas de segurança do trabalho & meio ambiente, juntamente com os técnicos da proprietária, envolvendo os canteiros de obras, programas de conscientização junto às contratadas e subcontratadas.
g. Estruturar, desenvolver e realizar os treinamentos específicos em segurança do trabalho & meio ambiente, envolvendo os gestores e as equipes técnicas de segurança do trabalho & meio ambiente das empresas contratadas e subcontratadas do projeto.
h. Aplicação e operacionalização de todos os procedimentos preconizados no caderno de SMA a ser seguido pelas empresas contratadas e subcontratadas do projeto.
i. Realização de auditorias técnicas, inspeções e auditorias comportamentais nas empresas contratadas e subcontratadas do projeto.
j. Treinar e capacitar os técnicos de segurança do trabalho & meio ambiente das contratadas e subcontratadas efetuando o alinhamento para a correta aplicação dos procedimentos operacionais em campo conforme caderno de SMA.
k. Organização e estruturação das equipes de brigadas de incêndio, envolvendo as contratadas e subcontratadas.
l. Liberação de trabalhos quentes e espaços confinados.

A CONTRATADA deverá fazer a interface e acompanhamento das caracterizações e classificação dos acidentes do trabalho e respectivos atendimentos ambulatoriais a ser efetuado no Ambulatório Médico.

A decisão da classificação dos atendimentos é exclusivamente médica, a qual seguirá critérios médicos, bem como aplicará a legislação pertinente.

A classificação de acidente com afastamento ocorrerá quando a avaliação médica indicar que o profissional lesionado não tem condições de exercer a atividade para a qual foi contratado.

Para a realização da atividade de gerenciamento de segurança do trabalho e meio ambiente (SMA) a CONTRATADA deverá efetuar a estruturação da equipe, levando em consideração o que se segue:

**Engenharia de segurança do trabalho & meio ambiente**

A contratada deverá fornecer equipe de profissionais especializados e com experiência comprovada para a realização das atividades ligadas a engenharia de segurança & meio ambiente, engenheiros em segurança do trabalho e ambiental, tecnólogos e técnicos de segurança do trabalho e meio ambiente.

**Segurança do trabalho e meio ambiente (SMA)**

| Área   | Eng. | Tst | Tecnólogo — Ma | Tma |
|--------|------|-----|----------------|-----|
| Área A | 1    | 3   | 1              | 2   |
| Área B | 1    | 2   | 1              | 1   |
| Área C | 1    | 3   | 1              | 1   |
| Área D | 1    | 5   | 1              | 2   |
| Área E | 1    | 6   | 1              | 2   |

A quantidade de profissionais a serem alocados dependerá do porte do empreendimento e do risco.

A alocação da equipe de técnicos em meio ambiente (Tma), técnicos de segurança do trabalho (Tst), engenheiros (Eng.) e tecnólogos (Ma) em segurança e meio ambiente e respectivas escalas de trabalho ocorrerá quando as atividades envolvendo turnos, se ocorrerem, sejam efetivamente iniciadas nos canteiros de obras, quando então mobilizar-se-á equipe necessária. Esta necessidade estará diretamente ligada à evolução do empreendimento.

**Equipe de apoio administrativo**

A contratada deverá fornecer equipe de profissionais administrativos necessários ao apoio das atividades.

**Equipe de bombeiros**

A equipe de bombeiros a ser mobilizada para o projeto terá as seguintes atividades:

**Auditorias de trabalhos a quente**
Inspeções em equipamentos (condições e estado de uso, fiação);
Monitoramento de atividades críticas e acompanhamento;
Solicitação e orientação no uso de equipamentos para prevenção de princípio de incêndio (biombos, extintores, mantas etc.);
Liberação de trabalhos quentes.
**Auditorias de trabalho em altura**
Inspeção em cabos guias, linhas de vida, cintos de segurança tipo paraquedista, sistema de trava-quedas;
Elaboração de plano de resgate;
Verificação de documentação.
**Auditoria de trabalho em espaço confinado**
Inspeção no controle de acesso para entrada e saída;
Elaboração no plano de resgate;
Verificação das avaliações dos riscos atmosféricos para liberação da atividade;
Verificação de documentação;
Liberação de espaços confinados.
**Rondas prevencionistas**
Verificação de anomalias no site;
Monitoramento de atividades;
Inspeção de aparelhos extintores nos canteiros do site.
**Inspeção e testes do caminhão de combate a incêndio — viatura de trabalho (VTR)**
*Checklist* diário;
Controle e inspeção dos equipamentos e material da VTR;
Testes dos equipamentos da VTR.
**Captura de animais**
Abelhas, marimbondos;
Serpentes;
Aves;
Animais de pequeno, médio e grande porte.
**Apoio ao monitoramento ambiental**
Remoção de animais encontrados nas rodovias de acesso ao site;
Apoio a equipe ambiental.
**Controle dos equipamentos de combate a incêndio (a serem implantados)**
Inspeção de válvulas (de bloqueio e governadoras);

Inspeção da rede de hidrantes;
Inspeção dos sistemas de *sprinklers* e dilúvio (bicos e válvulas);
Inspeção nos sistemas de detecção de gases;
Inspeção nas portas corta-fogo;
Monitoramento no sistema de alarme do site;
Controle de extintores do site etc.

**Apoio às manobras de resgate de pessoas junto ao ambulatório médico**
Deslocamentos em conjunto com a ambulância;
Primeiros socorros no atendimento à emergência;
Resgate em locais de difícil acesso (espaço confinado, altura, escavações etc.);
Apoio na remoção.

**Atendimento a emergências envolvendo**
Produtos químicos;
Combate a incêndios;
Ocorrências ambientais;
Acidentes com danos materiais.

**Acompanhamento na movimentação de cargas especiais**
Peças com peso e/ou excesso lateral;
Produtos químicos.

**Operação da central de comunicação (rádio/telefone)**
Bombeiro na central.

As atividades de resgate anteriormente relacionadas são inerentes à profissão de bombeiro civil, conforme a Lei nº 11.901, de 12 de janeiro de 2009, sendo a jornada de 12 (doze) horas de trabalho por 36 (trinta e seis) horas de descanso, num total de 36 (trinta e seis) horas semanais.

O histograma de SMA previsto é um referencial no que se refere às datas de mobilização da equipe de segurança do trabalho e meio ambiente, podendo ocorrer o escorregamento destas datas previstas para mobilização o qual está diretamente ligado à execução do histograma ora previsto para a realização do empreendimento; qualquer alteração será previamente comunicada à CONTRATADA.

**Infraestrutura**
A CONTRATADA deverá considerar o fornecimento de veículos, equipamentos, e instrumentos necessários à realização das atividades de engenharia de campo e apoio de sua alçada, fornecimento de telefones celulares a suas

equipes, rádios de comunicação a serem colocados na frequência em conformidade com a política da contratante, bem como solicitar à operadora local a instalação de telefones para chamadas externas.

A CONTRATADA deverá disponibilizar rádios de comunicação para todos os seus vigilantes, inclusive para o veículo de ronda. As frequências de utilização dos rádios deverão ser ajustadas junto à área de segurança patrimonial da contratante.

### 6. Fornecimento da proprietária

A PROPRIETÁRIA é responsável pelo fornecimento de energia, edificações com água, pontos de telefonia e rede de internet, materiais de escritório de consumo e copiadoras.

### 7. Fornecimento e responsabilidades da contratada

A empresa proponente do serviço deverá planejar o efetivo em conformidade com a evolução prevista no histograma preliminar previsto pela CONTRATANTE (Anexo) para a realização da atividade de gerenciamento em segurança do trabalho e meio ambiente no âmbito de implantação dos canteiros de obra (projeto), envolvendo contratadas e subcontratadas.

A CONTRATADA é responsável pela obtenção junto aos órgãos competentes de todos os registros e licenças necessários à prestação dos serviços constantes desta especificação.

A PROPONENTE deverá apresentar em sua proposta organograma detalhado e histograma da equipe que pretende mobilizar, e todos os profissionais deverão ser contratados em regime de CLT, sobretudo, pessoal operacional (engenheiros e técnicos).

### 8. Horários de trabalho

A jornada de trabalho inicial no canteiro de obras é de 44h semanais. Os serviços de rotina serão executados de segunda a sexta-feira, das 7h às 17h, no chamado horário administrativo, e aos sábados até as 16h.

Em determinadas fases da obra os serviços poderão ser realizados em regime de 24h (turno), portanto, a CONTRATADA deverá adequar seu horário de trabalho a esta necessidade, conforme previsto no histograma (anexo).

A CONTRATADA deverá informar em sua proposta os horários diferenciados que irá utilizar para garantir o atendimento a esta especificação de serviços.

## 9. Critérios de medição

Os serviços, por preços unitários de acordo com cargo/função, serão medidos mensalmente por preço unitário, do primeiro ao último dia do mês, exceto no primeiro e no último mês do contrato, quando serão medidos respectivamente do primeiro dia de prestação do serviço ao último dia do mês e do primeiro dia do mês ao último dia da prestação dos serviços.

De modo a viabilizar acréscimos e decréscimos nesta equipe, a PROPONENTE deverá informar em sua proposta os preços unitários de homem-hora de cada função que constitui a sua equipe, bem como os valores a serem cobrados por eventuais horas extras formalmente solicitadas à PROPRIETÁRIA, de segunda a sábado e aos domingos e feriados, bem como outras despesas com moradia, residências, veículos etc.

## 10. Forma de pagamento

Os serviços medidos de acordo com o previsto no item 9 deverão ser registrados em boletim de medição (BM) de Serviços que deverá ser emitido pela CONTRATADA e aprovado pela PROPRIETÁRIA.

O boletim de medição (BM) deverá ser emitido mensalmente até o terceiro dia útil do mês posterior ao da execução dos serviços e entregue à área de administração de contratos da PROPRIETÁRIA que após a devida verificação e registro autorizará a emissão pela CONTRATADA da nota fiscal/fatura.

O pagamento será realizado mensalmente mediante depósito em conta bancária da CONTRATADA, servindo o comprovante de depósito como recibo do pagamento efetuado.

## 11. Reajuste de preço

Os preços poderão ser reajustados, depois de decorridos 12 meses da data de assinatura do contrato.

A PROPONENTE deverá apresentar composição detalhada de seus custos de modo a possibilitar a avaliação de futuro pleito de reajustamento de preços.

## 12. Fiscalização

A fiscalização dos serviços prestados será responsabilidade dos gestores de projeto que terão os mais amplos poderes para intervir junto à CONTRATADA para garantir que os serviços sejam executados dentro desta especificação de serviços e de todos os procedimentos legais.

A ação ou omissão dos gestores do projeto não exime a CONTRATADA da total responsabilidade pelos serviços prestados.

## 13. Segurança do trabalho e meio ambiente

A CONTRATADA deverá declarar em sua proposta que irá atender na prestação de seus serviços o especificado na normativa de gerenciamento de implantação e no caderno de segurança, saúde e meio ambiente.

## 14. Penalidades

A ocorrência de reiteradas faltas da CONTRATADA no cumprimento da especificação dos serviços e/ou de recomendações da fiscalização poderá levar à aplicação de penalidades que poderão ser desde advertências formais até multas pecuniárias de .......% (....................) do valor mensal da medição, por ocorrência, dobrando-se este valor em caso de reincidência. O valor acumulado das penalidades aplicadas não poderá superar o valor equivalente a .......% (.........................) do valor total do contrato sob pena de rescisão imediata do mesmo.

## 15. Prazo contratual

O prazo contratual é de .....(...................) meses, podendo ser renovado por interesse entre as partes mediante a celebração de aditivo contratual.

## 16. Rescisão contratual

O Contrato firmado entre as partes poderá ser rescindido nos seguintes casos:
- A decretação de concordata e/ou falência da CONTRATADA;
- A alteração do controle da CONTRATADA que, a critério da PROPRIETÁRIA, possa colocar em risco a prestação dos serviços;
- O atingimento do limite de .......% (...................) do valor total do contrato em penalidades;
- O não cumprimento das obrigações contidas na especificação dos serviços por qualquer das partes.

## 17. Documentos de referência

São parte integrante desta especificação de serviços os seguintes documentos:
- Normativa de gerenciamento de implantação a ser seguida pela contratada no gerenciamento do capital humano das contratadas e subcontratadas, e caderno de segurança do trabalho, Saúde e meio ambiente da proprietária.
- Histograma da obra.
- Histograma preliminar da equipe de SMA.

## 18. Forma de apresentação e entrega das propostas

A Proposta técnica deverá conter:
- Todas as informações necessárias ao perfeito entendimento de como a mesma irá executar os serviços em atendimento ao previsto neste edital e na especificação dos serviços;
- Relação de serviços similares já executados com pessoas para contato e referências;
- Declaração assinada por representante legal da PROPONENTE devidamente identificado concordando com todos os termos da especificação dos serviços e do edital;
- Declaração assinada por representante legal da PROPONENTE devidamente identificado indicando que, caso seja declarada vencedora desta tomada de preços, obterá na condição de CONTRATADA todas as licenças, alvarás e registros nos órgãos competentes necessários à execução dos serviços;

A proposta comercial deverá conter:
- Escopo dos serviços;
- Detalhamento da formação de preços;
- Detalhamento do BDI;
- Declaração de que estão considerados em seus preços todos os impostos, taxas e contribuições previstos na legislação tributária Municipal, Estadual e Federal;

As propostas deverão ser entregues em envelopes de acordo com as instruções do e-mail-convite do edital.

Obs.: No e-mail-convite, em conjunto com este escopo, segue modelo de contrato para comentários.

## 19. Validade da proposta

As propostas apresentadas deverão ter prazo de validade de 60 (sessenta dias).

## 20. Gestores do contrato

Gestor técnico:
    Nome: ...........................
    E-mail: ...........................
    Telefone: (...) ..................

    Gestor administrativo/*supply*:
    Nome: ...........................
    E-mail: ...........................
    Telefone: (...) ..................

## Modelo XIV — Encaminhamento ambulatorial

Fluxograma

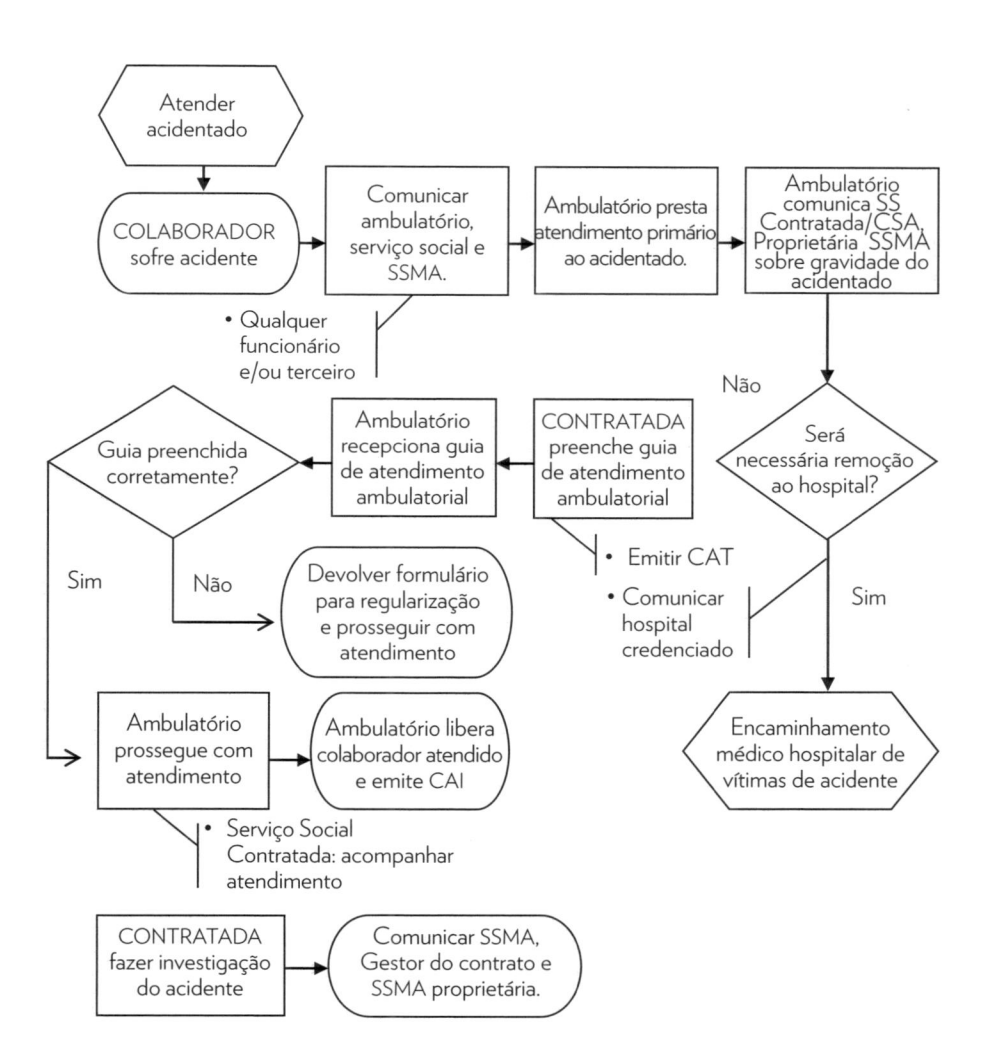

```
                    Atender
                   acidentado
                        │
                        ▼
      ┌──────────────────┐     ┌──────────────┐     ┌────────────────┐     ┌──────────────────┐
      │   COLABORADOR    │ ──▶ │  Comunicar   │ ──▶ │  Ambulatório   │ ──▶ │    Ambulatório   │
      │  sofre acidente  │     │ ambulatório, │     │presta atendi-  │     │  comunica SS     │
      └──────────────────┘     │serviço social│     │mento primário  │     │Contratada/CSA,   │
                               │   e SSMA.    │     │ao acidentado.  │     │Proprietária SSMA │
                               └──────────────┘     └──────────────┘     │sobre gravidade do│
                                                                          │    acidentado    │
                               • Qualquer                                  └──────────────────┘
                                 funcionário                                        │
                                 e/ou terceiro                                  Não │
                                                                                    ▼
              ┌──────────────┐    ┌──────────────┐    ┌──────────────┐         ╱ Será ╲
              │Guia preenchida│◀── │ Ambulatório  │◀── │ CONTRATADA   │        ╱necessária╲
              │corretamente? │    │recepciona guia│   │preenche guia │       ╱ remoção ao ╲
              └──────────────┘    │de atendimento│    │de atendimento│       ╲ hospital? ╱
                     │            │ ambulatorial │    │ ambulatorial │        ╲          ╱
          Sim    Não │            └──────────────┘    └──────────────┘         ╲        ╱
           │         ▼                                       │
           │  ┌──────────────┐                               │ • Emitir CAT
           │  │Devolver formu│                               │ • Comunicar        Sim
           │  │lário para re-│                               │   hospital          │
           │  │gularização e │                               │   credenciado       │
           │  │prosseguir com│                                                     ▼
           │  │ atendimento  │                                            ┌──────────────────┐
           │  └──────────────┘                                            │  Encaminhamento  │
           ▼                                                              │ médico hospitalar│
     ┌──────────────┐     ┌──────────────┐                                │de vítimas de     │
     │ Ambulatório  │ ──▶ │ Ambulatório  │                                │    acidente      │
     │prossegue com │     │libera colabo-│                                └──────────────────┘
     │ atendimento  │     │rador atendido│
     └──────────────┘     │ e emite CAI  │
            │             └──────────────┘
            │ • Serviço Social
            │   Contratada: acompanhar
            │   atendimento
            ▼
     ┌──────────────┐     ┌──────────────┐
     │  CONTRATADA  │ ──▶ │Comunicar SSMA│
     │fazer investi-│     │Gestor do con-│
     │gação do aci- │     │trato e SSMA  │
     │    dente     │     │ proprietária.│
     └──────────────┘     └──────────────┘
```

## 1. Objetivo

Estabelecer procedimento de encaminhamento visando atendimento ambulatorial nas dependências do projeto (canteiros de obras e residenciais/alojamentos).

## 1.1 Definições

Todas as contratadas e suas subcontratadas utilizarão o serviço médico ambulatorial centralizado. Essa centralização do serviço de SESMT estará em conformidade com a alteração da NR4, publicada no *Diário Oficial da União* em 2 de agosto de 2007.

Não é permitido a contratadas ou subcontratadas utilizarem-se de serviço médico ambulatorial próprio dentro dos canteiros de obra.

Nos ambulatórios serão efetuados pequenos procedimentos e atendimento médico básico. Na planilha de custo operacional não estão incluídos custos com internações por doenças e internações por acidente do trabalho. Os custos com procedimentos que necessitem de aplicação de medicamentos serão faturados à parte contra a contratada ou subcontratada.

O faturamento será efetuado sempre para a primeira contratada. Caso a contratada possua subcontratada e preferir que o faturamento seja efetuado diretamente ao seu subcontratado, deverá informar à *CSA* e assinar documento específico para a utilização dessa modalidade com o consentimento da subcontratada que também deverá assinar o documento da opção de faturamento.

A estrutura de saúde (que inclui médicos, enfermeiros, custos operacionais dos ambulatórios, serviço de ambulância etc.) deverá ser transferida à contratada direta via nota de débito, a ser deduzida das faturas ao prestador de serviço cujo valor será em conformidade com o número de seu efetivo (........./ homem/mês). Estarão sujeitos a este investimento colaboradores que estejam a serviço no projeto de implantação industrial pelo período igual ou superior a 16 dias. Esta ação, sob o ponto de vista tributário, se caracteriza como reembolso, não havendo receita e/ou lucro, logo, não há incidência tributária, sendo tratada sob o ponto de vista contábil como despesa.

Os serviços ambulatoriais para atendimento de todas as contratadas e subcontratadas estarão disponibilizados nos seguintes locais: canteiros de obras e residenciais (alojamentos).

## 2. Abrangência

Aplica-se a todas as contratadas e subcontratadas para prestação de serviços nos canteiros de obras do projeto.

## CAPÍTULO X – ANEXOS – MODELOS DE GESTÃO E PROCEDIMENTOS

3. Referências

- Normativa de gerenciamento de implantação projeto
- Guia de encaminhamento de atendimento ambulatorial
- Classificação de acidente do trabalho (ver procedimento)
- Plano de atendimento de emergência
- Procedimento de coleta seletiva de resíduos
- Comunicação e análise de acidentes

4. Responsabilidades

*Contratada e subcontratada:*

Administrativo da contratada: deverá preencher guia de encaminhamento (três vias) e conduzir o empregado ao ambulatório do projeto: sendo a 1ª via de uso do ambulatório, a 2ª via ficará em poder do serviço social da CSA e a 3ª via será devolvida para a contratada ou subcontratada após o atendimento.

Serviço social: acompanhar o atendimento médico e realizar o acompanhamento social do colaborador acidentado do trabalho; manter comunicação com serviço social da central de serviços, ambulatório e gerenciadora de segurança da obra; emitir relatório de acompanhamento e encaminhar o acidentado ao ambulatório quando da alta e antes do retorno ao trabalho, para conclusão do processo.

*Engenheiro de segurança do trabalho:*

Coordenar e avaliar as ações dos técnicos de segurança do trabalho no atendimento às situações de emergência e pela comunicação às áreas afins determinadas no fluxograma; emitir o relatório final do acidente; apresentar os acidentes em conjunto com o gestor da contratada na reunião mensal do Comsecon.

*Técnico de segurança do trabalho:*

Investigar e analisar os acidentes de trabalho; preencher (se necessário) a comunicação de acidente do trabalho (CAT) nos itens de sua responsabilidade e encaminhar para a Previdência Social.

*Ambulatório:*

Administrativo/enfermeiro do ambulatório deverá recepcionar a documentação (guia de encaminhamento) e proceder com o atendimento.

Garantir atendimento ambulatorial independentemente do correto preenchimento da guia de encaminhamento.

Encaminhar a 2ª via para CSA para posterior acompanhamento do serviço social.

Emitir a comunicação de acidente inicial (CAI) e encaminhar para SSMA.

Médico do trabalho — canteiros de obras: coordenar e executar as ações no atendimento de acidentados nos canteiros de obras, e avaliar a necessidade de encaminhamentos externos e acompanhamento da situação clínica das vítimas. Preencher quando necessário a CAT, nos itens de sua responsabilidade.

Recepcionar o acidentado quando da alta e antes do retorno ao trabalho.

Comunicar à gerenciadora de segurança da obra e serviço social da central de serviços administrativos a data da alta do acidentado para fins estatísticos e devidas providências no sistema de gerenciamento.

Enfermeiro (a) — canteiros de obras: prestar atendimento às vítimas, na organização e devidos procedimentos para uso dos materiais de socorros urgentes e nos registros necessários das ocorrências de acidentes com lesões.

Concluir atendimento e lançar procedimento efetuado para faturamento, conforme normativa de gerenciamento de implantação.

*CSA*

Acompanhar os atendimentos ambulatoriais via serviço social.

Gerar relatórios mensais para lançamento de cobrança referente ao uso do serviço ambulatorial em conformidade com a normativa de gerenciamento administrativo.

*Serviço social:* acompanhar junto ao serviço social da contratada (se for o caso) os atendimentos ambulatoriais e realizar acompanhamento social do colaborador acidentado se necessário. Emitir relatório de acompanhamento.

*SSMA da obra*

Acompanhar a investigação do acidente em conjunto com o SESMT da contratada.

Apresentar relatório mensal de acidentes.

Participar das reuniões do comitê de segurança das contratadas (Comsecon).

## 5. Pré-requisitos e precauções

Toda ocorrência de eventos relativos à saúde (mal súbito, acidentes de trabalho etc.) deverá ser encaminhada necessariamente para atendimento médico impreterivelmente. Deverão passar pelo ambulatório médico centralizado dos canteiros de obras e residenciais do projeto. Caso seja necessário, a equipe médica poderá indicar encaminhamento ao hospital.

Para eficiência dos atendimentos às emergências, a ambulância e os equipamentos de socorros urgentes devem estar disponíveis, as equipes permanentemente treinadas e os equipamentos de proteção individual e coletiva deverão estar funcionando e disponíveis nas áreas.

6. Aspectos com impactos ambientais significativos

Resíduos dos materiais utilizados para atendimento nos ambulatórios deverão ter destinação correta.

7. Descrições / instruções

Ver fluxograma.

8. Critérios de avaliação e aceitação

Não se aplica.

As guias deverão ser retiradas pelo administrativo da contratada ou subcontratada com a central de serviços administrativa.

---

Ficha de encaminhamento ambulatorial

Data: ___/___/___      Hora: ___h___
Nome: _____
Matrícula: _____
Relato do paciente:
_____
_____

Causa:   acidente ( )    doença ( )   outros ( )
Empresa:
_____

Responsável pelo encaminhamento:
Nome:
_____

Função:
_____

Chegada ao ambulatório:
Hora: ___h___

Assinatura

1ª via ambulatório – 2ª via CSA – 3ª via contratada

## Modelo XV — Encaminhamento médico hospitalar

Fluxograma — Acidente do trabalho

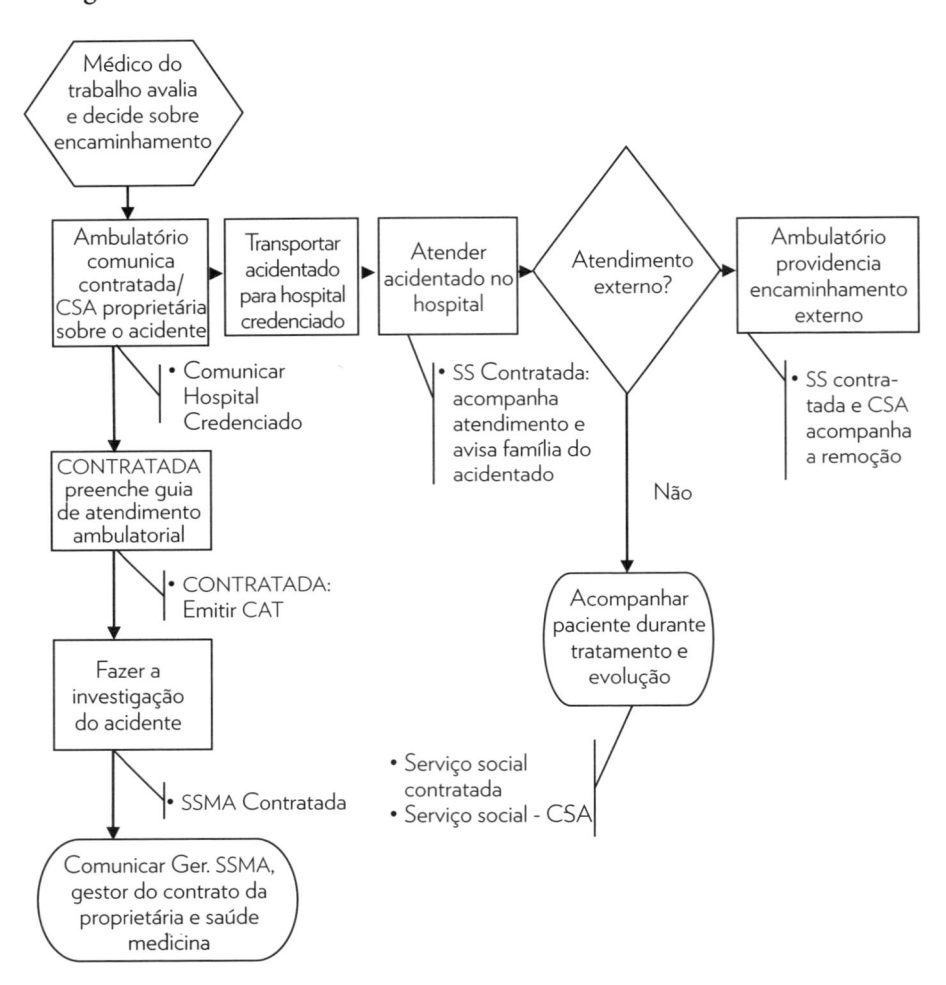

```
┌─────────────────┐
│  Médico do      │
│  trabalho avalia│
│  e decide sobre │
│  encaminhamento │
└────────┬────────┘
         │
```

- Ambulatório comunica contratada/CSA proprietária sobre o acidente
- Transportar acidentado para hospital credenciado
- Atender acidentado no hospital
- Atendimento externo?
- Ambulatório providencia encaminhamento externo

• Comunicar Hospital Credenciado

• SS Contratada: acompanha atendimento e avisa família do acidentado

• SS contratada e CSA acompanha a remoção

- CONTRATADA preenche guia de atendimento ambulatorial

• CONTRATADA: Emitir CAT

- Fazer a investigação do acidente

Não

- Acompanhar paciente durante tratamento e evolução

• SSMA Contratada

• Serviço social contratada
• Serviço social - CSA

- Comunicar Ger. SSMA, gestor do contrato da proprietária e saúde medicina

## 1. Objetivo

Estabelecer procedimento para encaminhamento médico-hospitalar de trabalhadores que sofreram lesões por acidentes do trabalho e outros atendimentos eletivos onde haja a recomendação de internação ou atendimento em âmbito hospitalar.

## 2. Definições

Todas as contratadas e subcontratadas deverão firmar convênio médico hospitalar para atendimento dos trabalhadores evitando seu envio para a rede pública de saúde — SUS.

As empresas que possuem planos de saúde estão desobrigadas dessa exigência.

A empresa mobilizada ao projeto que não possuir plano deverá procurar o(s) hospital(ais) conveniado(s) para assinar o contrato do convênio já preestabelecido pela proprietária do empreendimento.

Situações especiais que eventualmente venham a demandar utilização do sistema SUS deverão ser avaliadas previamente, antes do internamento, entre os profissionais de saúde (hospital) da área de serviço social da central de serviços administrativos, respeitando as políticas de saúde de cada empresa contratada quando existente e apresentada.

Hospitais conveniados:
Hospital ............................ — situado à Rua ...................... Cidade de ..................... Tel............... CEP.................................................

Hospital ............................ — situado à Rua ...................... Cidade de ..................... Tel............... CEP.................................................

## 3. Abrangência

Aplica-se a todas as contratadas e subcontratadas para prestação de serviços nos canteiros de obras do projeto.

## 4. Referências

Normativa de gerenciamento de implantação do projeto.
Guia de encaminhamento de atendimento ambulatorial.
Classificação de acidente do trabalho (*vide* procedimento).
Plano de atendimento de emergência.

## 5. Responsabilidades

*Ambulatório*
Médico do trabalho — canteiros de obras:

Coordenar e executar as ações no atendimento a pacientes nos canteiros de obras e residenciais, efetuar avaliações para os encaminhamentos externos e acompanhamentos da situação clínica das vítimas, preencher CAT nos itens de sua responsabilidade.

Enfermeiro (a) — canteiros de obras/residenciais: prestar atendimento e devidos procedimentos para uso dos materiais de socorros urgentes e nos registros necessários das ocorrências de acidentes e/ou outros atendimentos eletivos.

Disponibilizar equipe, após avaliação da medicina do trabalho, para acompanhar transporte a outros municípios em caso de necessidade (UTI Móvel).

Emitir a CAI.

*Contratada e subcontratada*

Possuir plano de saúde ou firmar convênio médico-hospitalar com os hospitais credenciados para atendimento dos colaboradores.

Serviço social:

Acompanhar as ações de encaminhamentos externos e realizar o acompanhamento social do colaborador acidentado do trabalho e de sua família.

Manter comunicação com o serviço social da CSA, ambulatório e gerenciadora de segurança da obra (em caso de acidente).

Emitir relatório de acompanhamento.

Encaminhar o acidentado ao ambulatório quando da alta e antes do retorno ao trabalho, para conclusão do processo.

Engenharia de segurança do trabalho:

Coordenar e avaliar as ações dos técnicos de segurança do trabalho no atendimento às situações de emergência e na comunicação com as áreas afins determinadas no fluxograma. Emitir o relatório final do acidente. Apresentar os acidentes em conjunto com o gestor da contratada na reunião mensal do Comsecon.

Técnicos de segurança do trabalho:

Investigar e analisar os acidentes de trabalho, preencher a CAT nos itens de sua responsabilidade, e encaminhar para a previdência social.

*CSA*

Serviço social:

Após avaliação do médico do trabalho, acompanhar junto ao serviço social da contratada (se for o caso) as ações de encaminhamentos externos e o acompanhamento social do colaborador acidentado e de sua família.

Confirmar previamente se as contratadas e subcontratadas estabeleceram convênio para atendimento médico hospitalar.

Emitir relatório de acompanhamento.

Saúde e medicina:

Acompanhar entrada no hospital.

Verificar gravidade do caso para decisão de remoção para hospital de maior complexidade compartilhada entre equipe médica do hospital, medicina do trabalho, ambulatório do canteiro de obra, contratada e subcontratada.

Realizar comunicação interna sobre encaminhamento e evolução.

SSMA da obra:

Acompanhar a investigação do acidente em conjunto com o SESMT da contratada.

Apresentar relatório mensal de acidentes.

Participar das reuniões da Comsecon.

6. Pré-requisitos e precauções

Toda ocorrência de eventos relativos à saúde (mal súbito, acidentes de trabalho etc.) deverá ser encaminhada necessariamente para atendimento médico e impreterivelmente deverá passar pelo ambulatório médico centralizado do projeto.

Garantir que todos os colaboradores das prestadoras de serviços do projeto sejam encaminhados para hospitais credenciados.

Para eficiência dos atendimentos às emergências, a ambulância e os equipamentos de socorros urgentes devem estar disponíveis assim como equipamentos de proteção individual e coletivo deverão estar funcionando e disponíveis nas áreas.

7. Aspectos com impactos ambientais significativos

Resíduos dos materiais utilizados para atendimento nos ambulatórios deverão ter destinação correta.

8. Descrições e instruções

Ver fluxograma.

## 9. Critérios de avaliação e aceitação

Não se aplica.

## 10. Referências

Não se aplica.

## Modelo XVI — Controle de acesso a portarias

### 1. Objetivo

Estabelecer procedimentos para controle de acesso via portarias aos canteiros de obras (projeto), residenciais (alojamentos) e refeitórios.

### 2. Abrangência

O presente documento deve ser aplicado e utilizado para controle de acessos e identificação de todos os profissionais próprios e/ou terceiros nos acessos às portarias do projeto, incluindo residenciais (alojamentos).

### 3. Referências

Normativa de gerenciamento de implantação.

### 4. Responsabilidades

*CSA*

- Avaliar e disponibilizar selos para os veículos conforme características. Exemplo: verde, amarelo, vermelho.
- Atuar no bloqueio/desbloqueio de crachás de acesso às portarias, mediante solicitação.
- Realizar comunicação dos visitantes liberados para as portarias.

*Vigilância patrimonial*
Portaria de pessoas
1. Assessorar e orientar as pessoas na passagem pelas catracas, evitando que adentrem os canteiros de obras sem o devido registro de controle de acesso.
2. Quando ocorrer o bloqueio do crachá na catraca, encaminhar o colaborador à sala da portaria para verificação do crachá a ser efetuada pela equipe da CSA.
3. O colaborador que esquecer o crachá deverá aguardar na sala da portaria até que o responsável da empresa venha buscá-lo, quando será liberado um crachá provisório CSA.
4. No portão de acesso a veículos, os vigilantes deverão conferir o selo de identificação do veículo permitindo apenas que adentrem os canteiros de obras veículos com selo. Exemplo: verde e amarelo.
5. Efetuar a verificação dos crachás, permitindo acesso somente a colaboradores com seus respectivos crachás de identificação.
6. Efetuar verificação por amostragem envolvendo colaboradores e prestadores de serviços (inclusive dos colaboradores da segurança), seguindo evidência objetiva do detector de metais no acesso e na saída das portarias. A vistoria feminina deverá ser efetuada única e exclusivamente por segurança feminina (guardete).
7. Com o coletor móvel será realizada a coleta dos dados do crachá apenas do motorista do veículo. Os demais passageiros deverão descer e passar na catraca nas portarias.
8. Todo veículo ao sair dos canteiros de obras deverá ter seu porta-malas revistado.
9. Todos os materiais e equipamentos ao entrarem ou saírem do canteiro de obras terão que apresentar nota fiscal ou romaneio. Na ausência de nota fiscal de compra, deverá ser apresentada uma nota fiscal de simples remessa. A relação de materiais fornecidos deverá ser conferida pela recepção e será anexada junto à nota fiscal ou romaneio de controle de entrada de materiais e equipamentos.
10. O visitante esporádico (participante de reunião) deverá ser encaminhado até a portaria, onde deverá obter o crachá de visitante, e a empresa responsável deverá acompanhá-lo até o local a ser visitado.

Refeitórios
- Organizar e orientar o acesso visando manter a organização das filas para passar pelas catracas.
- Inibir a saída de frutas ou qualquer outro tipo de alimento dos refeitórios (essa ação visa mitigar contaminações, responsáveis pela proliferação de vetores e pragas).
- Evitar a entrada de colaboradores com camiseta regata, ou trajes inadequados.
- Ligar todos os dias a TV do centro social e áreas de convivência às ..h..min e desligar às ..h..min.
- Efetuar rondas no centro social e áreas de convivência, evitando assim qualquer tipo de desordem no local.

Residenciais (alojamentos)
- Auxiliar no alojamento e desalojamento dos colaboradores.
- Controlar e registrar todos os veículos autorizados que adentrarem o residencial-alojamento.
- Efetuar revistas por amostragem em bolsas e sacolas de colaboradores e terceiros que estiverem adentrando o residencial (evitando a entrada de armas, bebidas e tóxicos).
- Dar apoio ao refeitório no horário das refeições (desjejum, almoço e jantar).
- Efetuar a ronda aos centros de convivência do canteiro de obra.

## 5. Pré-requisitos e precauções

Garantir que todos os veículos e pessoas estejam identificados conforme normativa.

Evitar que haja qualquer tipo de desordem no ambiente do projeto.

## 6. Aspectos com impactos ambientais significativos

Não se aplica.

## 7. Descrições e instruções

Portaria de identificação
1. A portaria de identificação deverá orientar os motoristas quanto à localização e ao endereço das portarias.

# CAPÍTULO X – ANEXOS – MODELOS DE GESTÃO E PROCEDIMENTOS

2. Todos os veículos com selo de identificação poderão acessar livremente os pátios de estacionamento ou os canteiros internos; o acesso será definido em conformidade com as autorizações previstas neste procedimento.
3. Veículos sem selos deverão ser verificados, quando se deverá anotar no controle de acesso a placa do veículo, o nome do motorista, o local a ser visitado e o motivo da visita; o acesso será restrito aos estacionamentos externos (área destinada para visitantes).
4. A segurança patrimonial deverá orientar os motoristas quanto às regras de segurança: farol aceso, cinto de segurança, velocidade.
5. No caso de acesso de visitante já credenciado, entregar o selo de visitante.
6. Visitantes deverão ser encaminhados até a portaria de pessoas, onde deverão deixar seu veículo no estacionamento, e a empresa responsável pelo visitante deverá acompanhá-lo até o canteiro.
7. A liberação de acesso de ônibus e van para o interior dos canteiros de obras poderá ocorrer após consideração caso a caso, onde será considerada a localização geográfica do canteiro, tanto para entrada quanto para o refeitório; após a realização do translado interno os veículos deverão sair do parque industrial interno (canteiro de obras) e permanecer no estacionamento externo destinado a estacionamento de ônibus.
8. Em dias chuvosos os ônibus poderão ter autorização para entrar nas portarias (sobretudo para deslocamentos internos envolvendo longas distâncias), os colaboradores deverão descer e registrar o acesso e embarcar no ônibus até o refeitório ou canteiro. Em áreas distantes, os ônibus poderão acessar os canteiros de obras para embarque/desembarque. Nas demais áreas, a liberação será sob condição de análise pontual.

Portaria de caminhões
1. A vigilância patrimonial deverá orientar motoristas quanto ao estacionamento correto de caminhões.
2. Orientar quanto ao traje de acesso, não sendo permitida a entrada de pessoas com trajes inadequados (short, bermuda, chinelo e camiseta regata).
3. A refeição dos motoristas é responsabilidade da empresa responsável pelo recebimento da carga. Quando houver necessidade, deverá ser

providenciada refeição no refeitório do projeto. Não é permitida a entrega de quentinhas na portaria de caminhões.
4. A portaria disponibilizará capacete de visitante ao motorista sendo fornecedor da proprietária, devendo recolher esse capacete quando do retorno do mesmo à portaria. Para os motoristas das contratadas e subcontratadas caberá a estas a recepção, autorização, liberação e fornecimento do kit de segurança.
5. Os EPIs exigidos para todos os motoristas serão: capacete, sapato fechado, óculos de segurança. Esses equipamentos deverão ser utilizados quando o motorista descer do veículo.
6. Todos os veículos que saírem pela portaria de caminhões deverão ser devidamente revistados.
7. A recepção e acompanhamento do motorista é responsabilidade da empresa recebedora da carga de materiais, devendo alocar um colaborador para acompanhar este acesso.

Permissão de acessos com veículos e os selos de controle.

O veículo com selos na cor amarela, destinado aos veículos das contratadas e subcontratadas com permissão de acesso interno aos canteiros, poderá acessar o local por qualquer uma das portarias de pessoas destinadas às contratadas e subcontratadas.

Após o fechamento do parque industrial, serão revistas as autorizações de acessos dos veículos com selos de cor amarela, quando deverá ser reduzida a quantidade de veículos internos aos canteiros (segurança). Cada empresa contratada e subcontratada terá um número limitado de veículos a ser posteriormente definido.

- Os veículos com selos na cor vermelha terão permissão de acesso somente aos estacionamentos externos às portarias (canteiros de obras).
- Os veículos com selos na cor verde serão destinados aos veículos da proprietária e gerenciadora, com permissão de acesso interno aos canteiros e em todas as portarias de acesso.
- Para os veículos sem selos, será fornecido na portaria de identificação pela vigilância de controle de acesso um selo provisório na cor vermelha. Ele deverá ser devolvido na saída.

8. Critérios de avaliação/aceitação

Não se aplica.

## Modelo XVII — Matriz para treinamento de integração

*Treinamento para visita técnica*
(reuniões + atividades de assessoria e consultoria de até X dias)
   1. Introdução — boas vindas
   2. Equipamentos de proteção (segurança)
   3. Localização geográfica do projeto
   4. Mapa do projeto
   5. Meio ambiente
   6. Visão geral do projeto

*Treinamento gerencial*
(Gerentes, coordenadores, supervisores, pessoal de nível superior e administrativos)
   1. Introdução — boas-vindas
   2. Acesso ao projeto
   3. Atendimento médico e hospitalar
   4. CSA
   5. Crachá
   6. Equipamentos de proteção — segurança
   7. Localização geográfica do projeto
   8. Mapa do projeto
   9. Medicina do trabalho — saúde ocupacional
   10. Meio ambiente
   11. Visão geral do projeto

*Treinamento operacional*
Todos os demais colaboradores operacionais contratados
   1. Introdução — boas-vindas
   2. Acesso do projeto
   3. Acordo coletivo de trabalho e relação sindical
   4. Álcool e drogas
   5. Área e programação de lazer
   6. Armas
   7. Arrumação, ordem e limpeza
   8. Caixas eletrônicos
   9. Celular
   10. CSA — projeto
   11. Contrato de trabalho
   12. Controle de acesso

13. Crachá
14. Ergonomia
15. Folga de campo
16. Fumo
17. Higiene pessoal
18. Histograma e jornada de trabalho
19. Horários de ônibus
20. Instalações sanitárias
21. Limite de velocidade
22. Limpeza e arrumação dos residenciais (alojamentos)
23. Localização dos residenciais (alojamentos)
24. Localização geográfica do projeto
25. Mapa do projeto
26. Objetos de adorno
27. Orientações de boa conduta — comportamento
28. Canal do trabalhador (ouvidoria)
29. Pedestres
30. Regras para realização das refeições
31. Residenciais
32. Retorno ao local de origem
33. Telefones úteis
34. Visão geral da fábrica

*Segurança e meio ambiente*
1. AST
2. Equipamentos de proteção EPI e EPC
3. Equipamentos elétricos
4. Equipamentos móveis e veículos industriais
5. Escadas
6. Escavação e perfuração
7. Etiquetamento, bloqueio, teste e verificação
8. Ferramentas
9. Ferramentas elétricas
10. Gases
11. Guindauto, guindastes, manuseio e içamento de cargas
12. Manuseio de transporte de cargas

# CAPÍTULO X – ANEXOS – MODELOS DE GESTÃO E PROCEDIMENTOS

13. Máquinas e equipamentos
14. Meio ambiente
15. Segurança
16. Sinalização de segurança
17. Trabalho em altura, andaimes e telhados
18. Trabalho em espaços confinados
19. Trabalhos a quente
20. Trabalhos com produtos químicos

## Modelo XVIII – Acesso de veículos pesados

Fluxograma

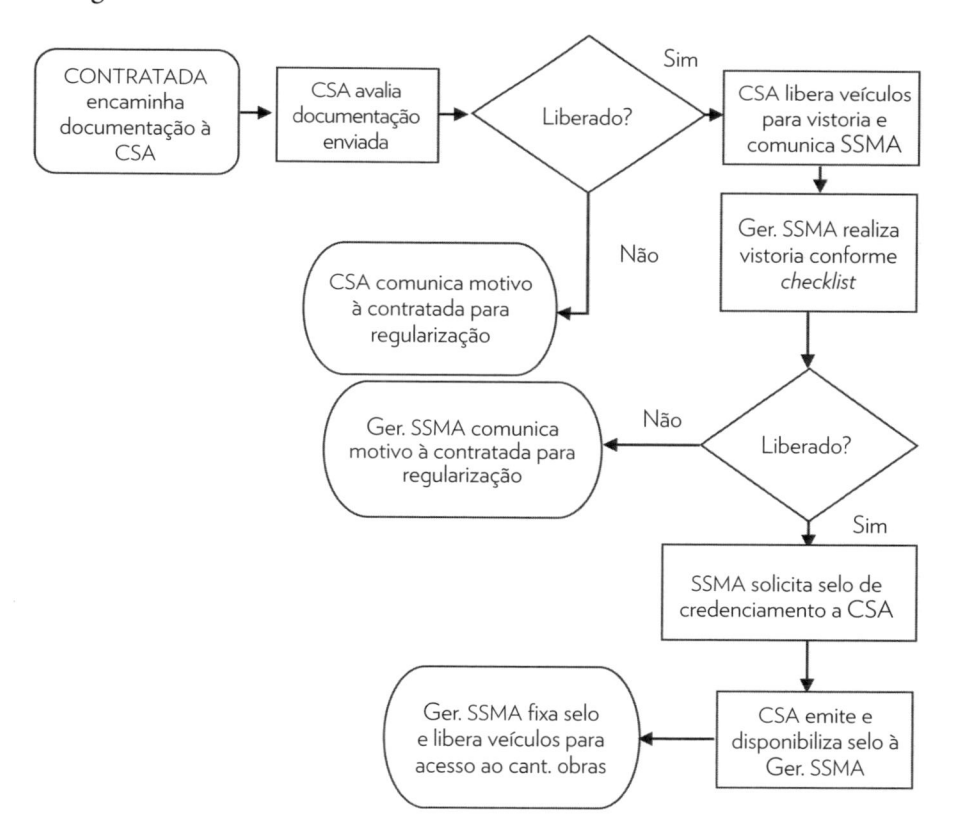

```
CONTRATADA                CSA avalia                        Sim      CSA libera veículos
encaminha          →      documentação    →   Liberado?   ─────→     para vistoria e
documentação à            enviada                                    comunica SSMA
CSA                                            │                          │
                                               │ Não                      ↓
                                               ↓                     Ger. SSMA realiza
                          CSA comunica motivo                        vistoria conforme
                          à contratada para                          checklist
                          regularização                                   │
                                                                          ↓
                          Ger. SSMA comunica      Não
                          motivo à contratada  ←─────      Liberado?
                          para regularização                   │
                                                               │ Sim
                                                               ↓
                                                     SSMA solicita selo de
                                                     credenciamento a CSA
                                                               │
                                                               ↓
                          Ger. SSMA fixa selo          CSA emite e
                          e libera veículos para  ←    disponibiliza selo à
                          acesso ao cant. obras        Ger. SSMA
```

## 1. Objetivo

Estabelecer procedimento de liberação de acesso de equipamentos móveis pesados (máquinas, caminhões e implementos etc.) às dependências dos canteiros de obras do projeto.

### 1.1 Definições

Para transporte de máquinas e equipamentos a serem efetuados com caminhões pesados (seguir NR-11 — transporte, movimentação, armazenagem e manuseio de materiais). Tanto para entrada como para aqueles que irão permanecer no local da obra, deverá haver controle, o que será efetuado por meio da colocação de selo a ser afixado no lado direito do para-brisa. O mesmo critério deverá ser utilizado para os veículos pequenos. Todos os veículos das contratadas deverão possuir a logomarca da empresa à qual pertencem.

Todos os veículos pesados (máquinas, equipamentos em geral, caminhões e implementos) deverão passar por inspeção veicular realizada pela área de SSMA. A liberação do selo de credenciamento será fornecida pela gerenciadora da central de serviços administrativos.

Para o transporte de qualquer tipo de equipamentos móveis deve ser disponibilizado veículo específico para tal atividade (caminhão tipo rampa) caso não seja disponibilizada doca específica para carregamento e descarregamento.

Os veículos e máquinas (caminhões basculantes, pá carregadeira, empilhadeiras etc.) que operam em marcha à ré devem estar equipados com alarme sonoro acoplado ao sistema de câmbio e com retrovisores em bom estado.

## 2. Abrangência

Aplica-se a todas as contratadas e subcontratadas para prestação de serviços nos canteiros de obras do projeto.

## 3. Referências

Normativa de gerenciamento de implantação.
    Caderno de requisitos mínimos SSMA.

## 4. Responsabilidades

*Gerenciadora de segurança do trabalho e meio ambiente*
Inspecionar veículos conforme *checklist*.
CSA
Avaliar documentação dos veículos.
Emitir etiqueta de credenciamento do veículo, com periodicidade de inspeção.

*Contratada e subcontratada*
Apresentar-se para inspeção portando *checklist* específico, preenchido por profissional habilitado.
Acompanhar o trabalho de inspeção de campo.

## 5. Pré-requisitos e precauções

Atendimento ao *checklist* aplicado pela gerenciadora de segurança do trabalho e meio ambiente.
Atender a periodicidade de inspeção dos veículos.

## 6. Aspectos com impactos ambientais significativos

Não se aplica.

## 7. Descrições e instruções

Ver fluxograma.

## 8. Critérios de avaliação e aceitação

Não se aplica.

## Modelo XIX — Classificação de acidentes do trabalho

Fluxograma

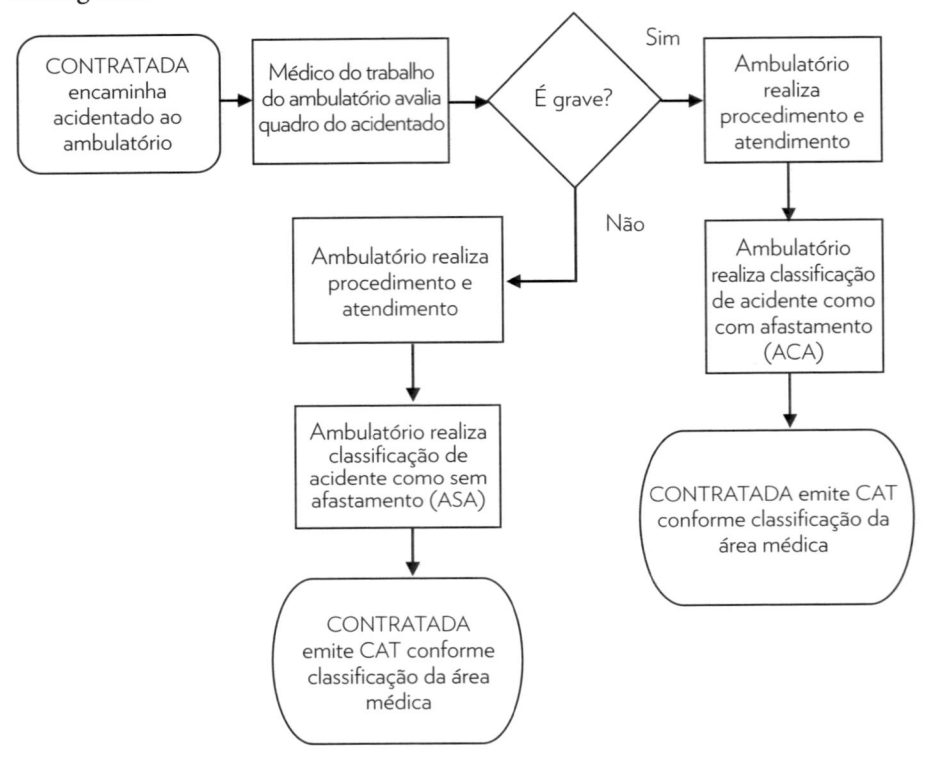

```
CONTRATADA                Médico do trabalho                          Sim        Ambulatório
encaminha           →     do ambulatório avalia    →   É grave?    →   realiza
acidentado ao             quadro do acidentado                           procedimento e
ambulatório                                                              atendimento
                                                        ↓ Não               ↓
                          Ambulatório realiza                        Ambulatório
                          procedimento e         ←                   realiza classificação
                          atendimento                                de acidente como
                                ↓                                    com afastamento
                                                                     (ACA)
                          Ambulatório realiza                            ↓
                          classificação de                           CONTRATADA emite CAT
                          acidente como sem                          conforme classificação da
                          afastamento (ASA)                          área médica
                                ↓
                          CONTRATADA
                          emite CAT conforme
                          classificação da área
                          médica
```

## 1. Objetivo

Estabelecer procedimento para a caracterização e classificação de acidente do trabalho durante a construção do projeto, no âmbito de suas instalações.

Após avaliação da legislação previdenciária pertinente e da decisão médica, define-se sobre a classificação dos acidentes no trabalho. Os acidentes diretos ocorridos no trabalho serão classificados em duas categorias: acidentes sem afastamento e acidentes com afastamento.

Mantêm-se as demais classificações definidas em legislação, descritas neste procedimento.

### 1.1 Definições

*Acidente do trabalho*

É o evento (sinistro) ocorrido no exercício da atividade a serviço da empresa ou pelo exercício do trabalho, provocando lesão corporal ou perturbação funcional que cause a morte, a perda ou a redução, permanente ou temporária, da capacidade para o trabalho.

Os acidentes do trabalho são classificados em três tipos:

*Acidente típico (tipo 1)*

É o acidente que ocorre pelo exercício do trabalho a serviço da empresa, podendo ser:

Com afastamento (ACA): caracterizado quando ocorre a incapacidade do exercício da atividade para o qual foi contratado.

Sem afastamento (ASA): caracterizado quando ocorre uma lesão ou perda da capacidade parcial, podendo exercer a atividade para a qual foi contratado, devendo o retorno ao trabalho ocorrer até o horário normal do início da jornada no dia seguinte.

*Doença profissional ou do trabalho (tipo 2)*

Caracterizado por definição médica laboral, leva em consideração a relação de nexo causal entre a doença profissional e a doença do trabalho, que são consideradas acidente de trabalho (Lei nº 8.312/91, art. 20).

*Acidente de trajeto (tipo 3)*

É o acidente que ocorre no percurso do local de residência para o de trabalho ou deste para aquele, considerando a distância e o tempo de deslocamentos compatíveis com o percurso do referido trajeto.

*Medicina do trabalho e classificação de acidentes.*

A classificação dos acidentes no trabalho será atividade única e exclusiva de decisão médica, cuja avaliação do acidentado será efetuada com base em sua capacidade laborativa, utilizando critérios médicos, levando-se em consideração a legislação previdenciária pertinente do MPS (Ministério da Previdência e Assistência Social).

2. Abrangência

Aplica-se a todas as contratadas e subcontratadas para prestação de serviços nos canteiros de obras do projeto.

3. Referências

Normativa de gerenciamento de implantação, legislação previdenciária e procedimentos de investigação de acidentes.

4. Responsabilidades

*Do ambulatório dos canteiros de obras*
   Ficará sob responsabilidade dos profissionais médicos do trabalho.
   *Da contratada e/ou subcontratada*
   A área de segurança do trabalho das empresas deverá emitir a CAT e encaminhar cópia assinada para a gerenciadora de segurança.
   Realizar a investigação da ocorrência, emitindo relatório em até 24 horas, sob supervisão da equipe de SSMA do projeto.
   Entregar pasta com toda documentação referente ao fato à gerenciadora de segurança, conforme procedimento específico de investigação de acidentes.
   *Da gerência*
   Apresentar relatório da ocorrência nas reuniões mensais do Comsecon.
   Quando da ocorrência de um acidente classificado como grave, deverá ser convocado o comitê.
   *Da medicina e saúde*
   Participar da avaliação para decisão pela classificação dos acidentes.

5. Pré-requisitos e precauções

Atender à legislação pertinente no que tange à classificação dos acidentes ocorridos no âmbito do projeto.
   Todo acidente deverá ser rigorosamente investigado e deverão ser tomadas medidas para mitigar sua recorrência.

6. Aspectos com impactos ambientais significativos

Não se aplica.

7. Descrições e instruções

Ver Fluxograma.

## 8. Critérios de avaliação e aceitação

Não se aplica.

## Modelo XX — Liberação de rádios transceptores

### 1. Objetivo

Estabelecer diretrizes, definir critérios e estabelecer a canalização e as condições de uso, a fim de orientar todas as empresas envolvidas no projeto, epecista, contratadas e subcontratadas que utilizam rádios transceptores quanto à sistematização e padronização das ações relacionadas com essa política de utilização.

### 2. Abrangência

O presente documento será aplicado e utilizado para controle de acesso e identificação de todos os equipamentos de radiofrequência próprios e/ou de terceiros, nos acessos às portarias do projeto.

### 3. Referências

Resolução nº 568, de 15 de junho de 2011, conforme definido no regulamento de radiocomunicações da União Internacional de Telecomunicações (UIT — 1.20 e 1.24), por sistemas analógicos ou digitais.

### 4. Responsabilidades

*Das empresas que fazem uso de equipamentos de rádio dentro e fora dos canteiros de obras*

   a) Manter arquivada, junto aos rádios, cópia de todas as licenças das frequências homologadas pela agência reguladora das comunicações (Anatel).
   b) Garantir que as licenças estarão sempre atualizadas e avisar à área de segurança patrimonial sobre seu vencimento com, pelo menos, 60 dias de antecedência.

c) Treinar seus funcionários a utilizar, sempre que possível, linguagem específica conforme código fonético "Q" para comunicação.

*Da segurança patrimonial do projeto*
a) Receber e analisar as solicitações individualmente e autorizar ou não a liberação dos equipamentos de comunicação.
b) Somente liberar as frequências da proprietária para rádios de terceiros mediante autorização por escrito do gestor do contrato da proprietária envolvida.
c) Manter o controle do uso de todos os rádios/usuários da proprietária e seus respectivos IDs no quantitativo máximo, conforme licenciamento autorizado pela Anatel.
d) Manter o controle do uso de todos os rádios/usuários das empresas terceirizadas.

5. Pré-requisitos e precauções

a) A contratada não pode conceder acesso às frequências e/ou rádios para empresas subcontratadas sem justificativa e autorização por escrito da proprietária.
b) A entrada e a saída dos equipamentos de rádios transceptores dos contratados e subcontratados deverão atender aos procedimentos da proprietária.

6. Aspectos com impactos ambientais significativos

As baterias dos rádios transceptores tipo HTs deverão ser descartadas adequadamente, conforme procedimento de gerenciamento de resíduos sólidos.

7. Descrições e instruções

*7.1 Procedimento para liberação dos rádios*

a) Todos os equipamentos de rádios transceptores devem ser programados pela área de .............................. do projeto, utilizando-se da senha

de codeplug do programa da .................., que impossibilitará a clonagem não autorizada.
b) Todos os rádios devem ter um ID único e específico para cada usuário.
c) Todos os rádios devem ser programados com a privacidade no modo avançado (criptografia de oito dígitos).
d) Uma vez efetuada a programação, a proprietária deverá colocar um selo inviolável em local visível, indicando que o rádio está aprovado para uso dentro de suas instalações.
e) Todas as licenças da Anatel, assim como as cópias dos comprovantes das taxas, devem estar disponíveis para verificação imediata, em caso de fiscalização da Anatel.

### 7.2 Procedimento para liberação dos rádios para contratadas

a) Todos os equipamentos de rádio devem ser entregues a área de .......................... do projeto, com a cópia autenticada de cada licença (01 por rádio), juntamente com a cópia autenticada do comprovante de pagamentos das taxas anuais e com a cópia da homologação dos rádios junto a Anatel, já devidamente programados, para que os mesmos sejam certificados de que as programações estão em conformidade com as licenças;
b) As licenças Sistema Limitado Privado (SLP/SMP) devem estar em nome da empresa terceirizada com a localidade específica de uso (..................), ou para uso em território nacional (se for o caso de licenças itinerantes).
c) As licenças Sistema Limitado Especializado (SLE/SME) podem estar em nome de uma empresa de rádio e devem estar com a localidade específica de uso (......................) indicada ou com o uso em território nacional indicado, mas a empresa terceirizada deverá apresentar o contrato de locação dos equipamentos.
d) Uma vez confirmada a programação, a proteção patrimonial do projeto colocará um selo inviolável em local visível, indicando que o rádio está aprovado para uso dentro de suas instalações.
e) Todas as licenças da Anatel, assim como a cópia dos comprovantes das taxas, devem estar disponíveis para verificação imediata, em caso de fiscalização da Anatel.

## 7.3 Instruções para operadores dos rádios transceptores

a) Priorizar os chamados emergenciais.
b) Manter e certificar-se que a estação está sintonizada no canal de operação própria.
c) Não utilizar as frequências abertas para conversas por mais de um minuto.
d) Pensar no que vai falar ou efetuar a leitura prévia da mensagem a ser ditada, antes de iniciar a comunicação através do rádio.
e) Usar linguagem limpa e clara, sempre em tom moderado e cadenciado, especialmente quando houver necessidade de registro escrito por parte de quem irá receber a mensagem.
f) Manter-se no local onde se encontra o equipamento de rádio, atento às chamadas e aos acontecimentos na rede.
g) Atender, prontamente, às chamadas dirigidas ao prefixo da estação em que estiver operando.
h) Não utilizar deste meio para outro fim não autorizado, como o extravasamento de insatisfações de qualquer natureza, jocosidades, obscenidades, incitamentos etc.
i) Não utilizar o equipamento de rádio para transmitir mensagens de caráter particular.
j) Aguardar que a rede esteja livre para iniciar uma transmissão, salvo nos casos de imperiosa necessidade em que haja, principalmente, perigo atual ou iminente à segurança de pessoas, devendo, neste caso, haver um pedido de prioridade.
k) No caso de mensagens necessariamente longas, transmiti-las em trechos intercalados por um "QSL" do código fonético "Q".

### 7.3.1 Código fonético "Q"

É outro meio convencional, auxiliar na transmissão da mensagem. É empregado para obter economicidade do texto, bem como para imprimir maior celeridade às comunicações de rádio. Cada código é obtido por meio da combinação de três letras, sendo a primeira delas sempre um "Q", formando um significado específico.

Identificação
QRA: Nome do operador ou indicativo de chamada.
Rota
QRD: Local que está indo ou vindo.

QRE: Qual tempo leva para chegar a (...).
QTN: A que horas saiu do local.
QRF: Estou transmitindo de (...).
QSY: Mudança de local.
Situação geográfica
QRB: A que distância está do local.
QTH: Endereço ou localidade da estação ou do operador.
Qualidade do Sinal
QSA: Como está me recebendo?
QSA 1: Fraca — ruim.
QSA 2: Razoável.
QSA 3: Bom.
QSA 4: Ótimo.
Mudança de frequência
QSS: Favor mudar para a frequência (...).
QSX: Favor atender à estação (indicativo de chamada).
Estabelecimento de comunicação
QRL: Você está ocupado?
QRX: Espere um pouco!
QRZ: Quem está chamando?
QRM: Interferência de outra estação.
QRT: Parar de transmitir.
QRU: Tem algo para mim?
QRV: Estou à disposição!
QAP: Aguarde na escuta!
QSM: Repita a última mensagem!
QSO: Pode comunicar-se diretamente com (...).
QSL: Tudo entendido — ok — confirmo!
QUA :Tem notícias ou mensagem?
QTX: Manter a estação ligada até ser dispensada.
Diversos
QTC: Mensagem ou notícia urgente.
QTR: Hora certa.
QSJ: Dinheiro.
SOS: Socorro.
TKS: Muito obrigado.
CL: Estou desligando minha estação.

CQ: Chamada geral a todas as estações.
51: Aperto de mão.
73: Abraço.

8. Critérios de avaliação e aceitação

Não serão aceitos, dentro dos canteiros de obras, rádios transceptores que não estejam com as licenças legalizadas pela Anatel, bem como com as cópias físicas acompanhando os equipamentos. Os rádios transceptores devem ser da modalidade de banda VHF.

**Modelo XXI — Acesso de equipamentos automotores**

Fluxograma

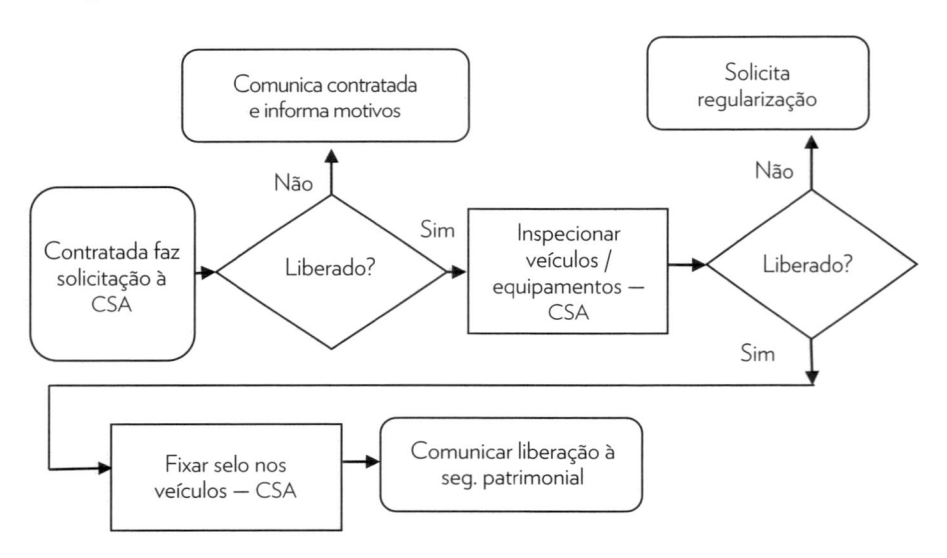

```
                    ┌─────────────────┐                        ┌─────────────────┐
                    │ Comunica        │                        │ Solicita        │
                    │ contratada      │                        │ regularização   │
                    │ e informa       │                        │                 │
                    │ motivos         │                        │                 │
                    └────────▲────────┘                        └────────▲────────┘
                             │ Não                                      │ Não
┌──────────────┐      ┌──────┴──────┐    Sim   ┌──────────────┐   ┌─────┴───────┐
│ Contratada   │      │             │          │ Inspecionar  │   │             │
│ faz          │─────▶│  Liberado?  │─────────▶│ veículos /   │──▶│  Liberado?  │
│ solicitação  │      │             │          │ equipamentos │   │             │
│ à CSA        │      │             │          │ — CSA        │   │             │
└──────────────┘      └─────────────┘          └──────────────┘   └─────┬───────┘
        ▲                                                               │ Sim
        │                                                               │
        │             ┌──────────────┐     ┌──────────────────────┐    │
        │             │ Fixar selo   │     │ Comunicar liberação  │    │
        └─────────────│ nos veículos │◀────│ à seg. patrimonial   │◀───┘
                      │ — CSA        │     │                      │
                      └──────────────┘     └──────────────────────┘
```

1. Objetivo

Estabelecer procedimento de liberação de acesso para veículos e equipamentos móveis automotores adentrarem os canteiros de obras do projeto.

## 2. Responsabilidades

*Contratada*

Contratada solicita permissão para a entrada de veículos e equipamentos móveis automotores justificando a necessidade à CSA. Para equipamentos, a liberação é automática, cabendo tão somente a realização do *checklist*. Para a liberação de veículos, a CSA encaminha e-mail à proprietária informando o número de veículos já mobilizados por área e pela empresa, explicando o motivo da solicitação por e-mail.

*Proprietária*

A área de .................. avalia a necessidade de aprovar/desaprovar a entrada de veículos e comunica à CSA encaminhando e-mail da decisão. A área de *gestão de "gente"* e a área técnica operacional efetuarão a avaliação, levando em consideração a necessidade operacional e o número de veículos internos por área, zelando pela segurança operacional e evitando o acúmulo de veículos internos nos canteiros de obras (risco).

CSA

Caso não seja liberado, retorna à contratante solicitante e informa o motivo.

Recebendo liberação da proprietária, executa a inspeção do veículo e/ou equipamento automotor (*Checklist — ST*). Se liberado, emite e afixa o selo de controle e permissão de acesso e comunica a liberação de acesso à portaria (segurança patrimonial). Se não liberado, aponta o item a ser regularizado e solicita a regularização.

*Segurança patrimonial*

Verifica a liberação (selo) e sua validade e libera a entrada para os canteiros de obras.

## 3. Pré-requisitos e precauções

Os selos terão as seguintes validades: equipamentos automotores, caminhões e ônibus (........ meses), veículos leves e vans (....... meses). As equipes de segurança do trabalho poderão, a qualquer tempo, efetuar auditorias de verificação das condições operacionais dos veículos e/ou equipamentos e, em detectando irregularidade que indique risco à segurança, solicitar a regularização.

4. Aspectos com impactos ambientais significativos

Não se aplica.

5. Descrições e instruções

Ver fluxograma.

6. Critérios de avaliação e aceitação

Não se aplica.

**Modelo XXII – Programa projeto seguro**

1. Modalidade

Campanha "Projeto (........) seguro".

2. Abrangência

As empresas que compõem o projeto (...........) na ................................., distrito de ..............................., sendo ..............., ..............., ..............., ..............., ..............., ..............., ..............., e eventualmente outras empresas ainda não mobilizadas e que pertençam ao grupo de risco que vierem a ser mobilizadas, estarão compondo o presente programa, assim como o compartilhamento de seu investimento, conforme previsto no PCR.

3. Prazo de vigência da campanha

Início no dia .... de .......... de 20..... e término no dia .... de ..... de 20..... com duração de ..... meses a contar pelo dia .../.../20.....

4. Descrição de prêmios

O presente regulamento estabelece as normas para o sorteio do programa "Projeto (....) seguro" com premiação a ser distribuída, sendo (....) veículos zero quilômetro, modelo (....), marca (....); (....) notebooks; (.....) bicicletas de 18 marchas; (.....) tablets; (.....) celulares e (....) TVs led de 40.

A proprietária do empreendimento, conforme previsto no programa PCR, participará com 50% do valor total de $...... e as demais empresas do projeto entram com os outros 50% sendo $.............. São elas ..........., ..........., ..........., ..........., ..........., ..........., ............ . Cabe ressaltar que o rateio poderá sofrer ajustes decorrentes de eventuais novas mobilizações a ocorrerem, como já mencionado. Os prêmios não poderão ser convertidos em dinheiro.

5. Local dos sorteios

O sorteio será realizado mensalmente, conforme calendário descrito neste documento no ..........................., com livre acesso ao público participante. O sorteio será realizado via urna, onde estarão depositados os registros do efetivo ativo eletivo.

6. Forma de participação

A base para a definição dos critérios será a taxa de frequência mensal de acidente com afastamento (ACA) estabelecido pela área de SSMA (segurança, saúde ocupacional e meio ambiente).

Poderão participar do sorteio do automóvel todos os colaboradores credenciados e ativos junto ao projeto, até o nível de supervisão, inclusive os próprios supervisores, cuja empresa não tiver ocorrência de acidente com afastamento (ACA) no período de 60 (sessenta) dias antecedentes ao mês de sorteio. A cada (....) dias, haverá sorteio dos seguintes prêmios: TV LED 40", aparelho celular, *tablet*, bicicleta 18 marchas, *notebook*. As empresas que tiverem ACA receberão documento da gerenciadora (......) e proprietária do empreendimento (.....) via gestor de SSMA, comunicando que a empresa, por ter sofrido acidente com afastamento, estará fora do sorteio no mês de referência.

Não participarão dos sorteios os colaboradores da proprietária do empreendimento e suas gerenciadoras.

Se a empresa tiver ACA, independentemente da ilha de construção em que atue, isto resultará na exclusão inteira da empresa, ou seja, de todas as suas frentes de trabalho, das premiações nos períodos correspondentes aos sorteios. Essa empresa só voltará a concorrer nos meses seguintes, respeitando-se o período de 30 dias para os prêmios mensais, listados anteriormente, e de 60 dias para o prêmio envolvendo o veículo.

Para o caso de haver duas empresas envolvidas no acidente, a empresa causadora deverá ser responsabilizada, mesmo que o colaborador afastado por acidente seja da outra empresa envolvida, estando a causadora fora do sorteio do respectivo período. Nesse caso específico, ficando efetivamente comprovado que o acidentado não contribuiu para o acidente, tanto ele como sua empresa participarão normalmente dos sorteios.

Em caso de dúvidas, caberá ao Comsecon definir qual é a empresa causadora, seja por meio de reuniões ordinárias ou extraordinárias, após apresentação dos relatórios e laudos de investigação do acidente.

Colaboradores que estiverem ativos nas empresas aptas a concorrer no período, mas estiverem afastados mediante atestado (licença médica, folga de campo ou férias), estarão concorrendo normalmente ao sorteio.

Colaboradores desmobilizados na data do evento (sorteio), no mês e/ou em qualquer data anterior ao evento da premiação, não participarão do sorteio.

O sorteio será realizado em urna específica, com o número de matrícula dos colaboradores extraído do sistema de gerenciamento de acessos (ativos) aptos, conforme premissas da campanha. Esses números de matrícula incluirão todos os colaboradores das empresas eletivas que não tiveram acidentes com afastamento no período de 30 dias para os prêmios menores listados anteriormente e de 60 dias para o veículo.

Estará na urna do sorteio do veículo a matrícula dos trabalhadores pertencentes às empresas que não tiveram acidentes com afastamento nos últimos 60 dias e que estejam ativos na data do sorteio.

Estará na urna para o sorteio dos prêmios menores a matrícula dos trabalhadores que tiverem ativos na data do sorteio e que não tenham tido nenhuma ocorrência de acidentes com afastamento nos últimos 30 dias da data da realização do sorteio.

Realizado o sorteio, a urna será esvaziada, estando, portanto, apta a receber, no momento oportuno, as matrículas habilitadas para o próximo sorteio.

Não serão admitidos no sorteio colaboradores que não estão ativos no projeto.

O colaborador passa a ter direito a participar do sorteio a partir da data de registro de admissão no sistema, ou seja, quando efetivamente cadastrado, com situação de ativo, treinado e com crachá já efetivado para acesso às dependências dos canteiros de obras do projeto.

A CSA deverá submeter a relação de nomes e matrículas dos trabalhadores eletivos à participação do sorteio à auditoria, com adição e/ou retirada de eventual inconsistência, bem como solicitar a participação de membros da empresa na inserção dos eletivos na urna de sorteio.

Os cupons contendo nome e matrícula serão depositados na urna pela CSA, após a gerenciadora de segurança (.....) validar a conferência por meio dos indicadores de segurança, e validar também as empresas efetivamente elegíveis ao sorteio, conforme relatório mensal do projeto.

Serão utilizados os nomes completos e as matrículas dos colaboradores aptos a participarem do sorteio a cada mês.

No caso de o sorteado não estar presente, ele será notificado por telefone e correspondência registrada com Aviso de Recebimento (AR) pela sua empresa para acertar detalhes de prazo e local determinado para retirada do prêmio. A CSA deverá ser informada oficialmente quando deste contato.

## 7. Datas dos sorteios — cronograma

A data do sorteio será definida conforme calendário descrito a seguir, fixado no .................. do canteiro de obras, com horário a ser definido pelos organizadores da CSA, que previamente estarão informando todas as empresas participantes do sorteio.

| | | |
|---|---|---|
| 1º Sorteio | _/_/_ | TV de .....", aparelho celular, *tablet*, bicicleta de 18 marchas, *notebook*. |
| 2º Sorteio | _/_/_ | TV de .....", celular, *tablet*, bicicleta de 18 marchas, *notebook*, veículo zero quilômetro. |
| 3º Sorteio | _/_/_ | TV de .....", aparelho celular, *tablet*, bicicleta de 18 marchas, *notebook*. |
| 4º Sorteio | _/_/_ | TV de .....", aparelho celular, *tablet*, bicicleta de 18 marchas, *notebook*. |

Para a definição desse cronograma, a quantidade e os prêmios, assim como o número de sorteios, dependerão de critérios a serem adotados pelo empreendimento.

## 8. Critérios para o sorteio

A área de SSMA deverá divulgar mensalmente a estatística de acidentes, informando de maneira clara e objetiva a empresa ou empresas nas quais ocorreram ACA.

A relação oficial deverá ser apresentada mensalmente com os nomes das empresas em ordem alfabética.

Os cupons contendo nome e matrícula dos eletivos aos prêmios, de todas as empresas aptas a participarem, cujos indicadores de ACA tenham totalizado o mês em zero, serão reunidos em uma urna (......................... — canteiros de obras).

## 9. Forma de sorteio

Para a apuração dos sorteios deverá ser utilizada a seguinte metodologia:

Na data conforme calendário deste documento, na presença dos colaboradores presentes no ........................ dos canteiros de obras, todos os cupons fornecidos para o mês de referência serão alocados nas urnas lacradas e validadas pela CSA (sobre uma mesa em melhor local a ser definido dentro do ..................... dos canteiros de obras) à vista de todas as pessoas presentes.

Deverá ser convidado aleatoriamente um colaborador ou colaboradora entre o público presente, que se deslocará até a urna e irá retirar um único cupom por vez, a ser identificado por ele ou ela e pelo representante da CSA e, em seguida, anunciado pelo responsável legal da CSA.

Vale lembrar que neste momento todos os cupons estarão aptos para o sorteio, pois a conferência foi validada pela CSA, pela SSMA e pelos representantes da proprietária do empreendimento antes de lacrar a urna.

## 10. Entrega dos prêmios

Os prêmios deverão ser entregues na data estabelecida, conforme calendário deste documento, Item 7, pela CSA ao representante da empresa à qual pertence o colaborador sorteado e à equipe de comunicação da ............................. ............, que ficarão responsáveis pela entrega e assinatura da documentação de quitação e termos de entrega.

## 11. Etapas de elaboração e armazenamento dos cupons nas urnas

A SSMA deverá informar mensalmente à CSA e às demais empresas mobilizadas no projeto, como descrito anteriormente, quais empresas estão aptas a participar do sorteio. A CSA deverá colocar na urna cupons com o número de matrícula dos colaboradores, extraídos do sistema de gerenciamento de acessos (ativos) aptos, conforme premissas da campanha.

## 12. Utilização de imagem

A proprietária do empreendimento e as contratadas ......................................
..............., todas promotoras e responsáveis pelo evento, poderão, segundo seu exclusivo critério, a partir do início da campanha e de forma inteiramente gratuita, utilizar os nomes, as imagens e o som da voz dos ganhadores para efeito de divulgação do resultado desta promoção.

## 13. Exposição de prêmios

Os prêmios deverão ser expostos durante toda a campanha nas áreas de circulação do projeto. O local exato e o tempo de exposição serão definidos pelos promotores, cabendo à CSA a exposição dos mesmos.

## 14. Prescrição

A CSA fica responsável por identificar e registrar todos os ganhadores.
 Caso o ganhador não seja localizado no momento do sorteio, a CSA oficializará por e-mail ou correspondência física, com aviso de recebimento, a empresa a que pertence o empregado sorteado.
 Após localização do sorteado, a empresa o trará até a CSA para identificação e registro do ganhador, sendo-lhe entregue então o prêmio a que fez jus.

## 15. Foro de análise para reclamações

As reclamações devidamente fundamentadas deverão ser encaminhadas em envelope fechado à CSA, que, sem tomar conhecimento de seu conteúdo, as encaminharão ao comitê das contratadas para análise e devidas providências.

As dúvidas e controvérsias oriundas da campanha do projeto serão dirimidas pelo comitê das contratadas, que formalizarão tal decisão à CSA, para o devido cumprimento.

Este foro terá decisão irrevogável, tornando-se superior aos demais.

## 16. Disposições gerais

Qualquer pessoa interessada em conhecer o regulamento terá acesso a ele, que estará disponível no balcão da CSA para consulta.

Após aprovação e validação do regulamento, a CSA terá ... (........) dias corridos para enviar, com aviso de recebimento, um comunicado com o arquivo para a todas as empresas participantes.

................, ........ de ................. de ..........

## Modelo XXIII — Criação de comitês das contratadas

### 1. Introdução

O presente documento tem o objetivo de orientar e dar diretrizes para a contínua melhoria da gestão administrativa, a ser obtida por meio da estruturação de comitês e subcomitês envolvendo contratadas e subcontratadas. A ação desses comitês e subcomitês visa eliminar distorções administrativas causadoras de insatisfação.

Este documento deverá ser revisado e encaminhado a todos os envolvidos sempre que ocorrerem novas decisões e definições ou alguma modificação julgada necessária para ajustar e alinhar as ações de gerenciamento.

### 2. Representação do comitê das contratadas

#### 2.1 Coordenação

A contratante terá um coordenador líder, apoiado por membros coordenadores dos EPCs, EPS e principais contratadas, que farão parte da estrutura de coordenação do comitê das contratadas.

O comitê das contratadas definirá as informações que deverão ser passadas via e-mail às suas respectivas contratadas, visando o acompanhamento dos assuntos tratados e a evolução dos principais assuntos relacionados com o objeto em questão.

## 3. Do comitê das contratadas

### 3.1 Objetivos do comitê das contratadas

O comitê das contratadas tem por finalidade deliberar sobre os assuntos inerentes e ser o porta-voz de todas as empresas, comunicando e fazendo interfaces, além de informar às contratadas e subcontratadas das ações que estarão e/ou serão implementadas para corrigir desvios.

O comitê das contratadas atuará e buscará uniformizar o tratamento dado tanto aos trabalhadores como a outros assuntos de interesse comum de todos os envolvidos no projeto ................, evitando-se disparidades que motivem e incentivem conflitos desfavoráveis à boa condução dos trabalhos de todos os participantes do projeto ........................

Pelo fato de todas as empresas atuarem num mesmo ambiente, é imperativo que haja homogeneidade de conduta para com todos os trabalhadores e empresas.

Cabe à gerência de cada contratada adaptar as decisões e orientações às condições específicas de seus contratos, sem desvirtuar o propósito das orientações e/ou decisões.

O comitê poderá convocar profissionais das empresas com *expertise* e/ou com responsabilidade sobre o tema a ser tratado na reunião, sempre que considerar necessário o apoio à condução dos trabalhos e/ou do tema a ser tratado nas reuniões.

### 3.2 Representantes do comitê das contratadas

O comitê das contratadas está inicialmente constituído pelos seguintes representantes:

| Contratadas | Nome | E-mail |
|---|---|---|
|  |  |  |
|  |  |  |
|  |  |  |

Outros representantes poderão ser incluídos quando ocorrer mobilização e/ou desmobilização.

## 3.3 Representantes da proprietária no comitê das contratadas

O comitê das contratadas contará sempre com um coordenador mediador representante da contratante (proprietária), o qual terá a função de atuar como facilitador, com a responsabilidade de fazer as interfaces entre contratadas e proprietária.

Os representantes da proprietária são:

| Proprietária | Nome | E-mail |
|---|---|---|
|  |  |  |
|  |  |  |
|  |  |  |

Todas as definições e decisões ficarão acordadas em ata de reunião.

Outros representantes serão incluídos ou excluídos do comitê das contratadas na medida em que forem sendo mobilizados ou desmobilizados, respectivamente.

Caberá aos representantes das contratadas informarem os nomes dos novos representantes das contratadas, bem como qualquer alteração que ocorra na listagem anterior.

## 3.4 Atribuições dos representantes do comitê das contratadas

A atribuição básica do comitê das contratadas é conduzir todos os assuntos de interesse comum (administrativos).

Outras atribuições dos representantes do comitê das contratadas são:
- Transmitir às suas subcontratadas todas as definições, decisões e orientações deliberadas.
- Monitorar o atendimento de todas as decisões e orientações aplicáveis pelas subcontratadas.
- Acatar e solucionar os problemas apresentados pelo canal do trabalhador (ouvidoria).
- Participar das reuniões e contribuir, durante sua realização, com a apresentação de recomendações para problemas de qualquer natureza que possam representar risco para o andamento dos trabalhos do projeto.
- As decisões e deliberações do comitê das contratadas deverão ser acatadas por todas as demais empresas presentes nos canteiros de obras e/ou no âmbito do.................., mesmo que não possuam mem-

bros representantes. O mesmo critério será aplicado às empresas cujo membro tenha faltado à reunião do comitê.

## 4. Subcomitê das contratadas

*Atribuições dos representantes do subcomitê das contratadas*

A atribuição básica do subcomitê das contratadas é tratar e conduzir todos os assuntos de interesse comum, inclusive os de natureza trabalhista e sindical, uma vez acordados com o comitê das contratadas.

Outras atribuições dos representantes do subcomitê das contratadas são:
- Passar para o Comitê das contratadas questões relevantes que necessitem do seu envolvimento e definição.
- Transmitir às suas subcontratadas todas as definições, decisões e orientações apresentadas neste documento.
- Monitorar o atendimento de todas as decisões e orientações aplicáveis pelas subcontratadas.
- Acatar e solucionar os problemas apresentados pelo canal do trabalhador (ouvidoria).
- Participar das reuniões e contribuir, durante sua realização, com a apresentação de recomendações para problemas de qualquer natureza que possam representar risco para o andamento dos trabalhos do projeto.
- Orientar seu pessoal, principalmente o administrativo, para seguir fielmente as instruções com o objetivo de evitar conflitos que possam contribuir com o grau de insatisfação dos trabalhadores.

| Contratada | Nome | E-mail |
|---|---|---|
|  |  |  |
|  |  |  |
|  |  |  |

## 5. O subcomitê de negociação sindical

*5.1 Constituição do subcomitê de negociação sindical*

Os membros do comitê de negociação sindical deverão possuir sólida experiência em mesa de negociação e relacionamento com sindicatos.

O subcomitê de negociação sindical será constituído por:

| Contratada | Nome | E-mail |
|---|---|---|
|  |  |  |
|  |  |  |
|  |  |  |

*5.2 Das atribuições do subcomitê de negociação sindical*

- Informar imediatamente ao comitê das contratadas qualquer alteração na constituição do subcomitê de negociação.
- Transmitir todas as informações e/ou instruções que haja interesse em registrar e divulgar por meio do presente documento ou do jornal da obra.

6. O subcomitê administrativo das contratadas

As contratadas definirão representantes administrativos que se reunirão, sempre que convocados, para tratarem de assuntos rotineiros de natureza comum a todas as contratadas.

*6.1 Empresas que deverão ter representantes administrativos*

O subcomitê administrativo está inicialmente constituído pelos seguintes representantes:

| Contratada | Nome | E-mail |
|---|---|---|
|  |  |  |
|  |  |  |
|  |  |  |

As empresas deverão apresentar os nomes e os contatos dos representantes administrativos.

Os representantes administrativos das contratadas terão as seguintes atribuições:

- Cuidar do controle do passivo das subcontratadas.

- Cuidar do controle de crachás integração/devolução/cancelamento.
- Elaborar formulários próprios para fins de admissão e demissão de funcionários e encaminhar à CSA.
- Monitorar os crachás das suas subcontratadas.
- Acompanhar os serviços dos refeitórios e dos restaurantes.
- Acompanhar as desmobilizações.
- Acompanhar os residentes nas repúblicas e residenciais (alojamentos).

## 7. Subcomitê de comunicação

A proprietária possui uma estrutura de comunicação dedicada exclusivamente ao projeto .................. . Fazem parte do escopo desta gerência ações e campanhas de comunicação interna, de comunicação externa, de prevenção e gestão de crises, de ações de relações governamentais, de engajamento de públicos e de sustentabilidade.

### 7.1 Comunicação interna

Entre os vários canais de comunicação interna do projeto destacam-se:
- O jornal da obra, que é de periodicidade mensal e possui linguagem simples e acessível, direcionado exclusivamente aos trabalhadores.
- Os comunicados em geral, os quadros de avisos, as campanhas e as ações de envolvimento de pessoas.

### 7.2 Comunicação externa

Como atividades de comunicação externa são realizadas ações de assessoria de imprensa, de monitoramento da mídia local e regional (*clipping*), divulgação de comunicados e de *press releases*, monitoramento de riscos e de produção de materiais para o comitê de prevenção e gestão de crise, formado pelos principais gestores do projeto.

### 7.3 Sustentabilidade e relações governamentais

As ações de sustentabilidade incluem engajamento de públicos, relacionamento com todas as comunidades do entorno e municípios da área de influência direta (AID): ........., ......... e ................ fazem parte também do escopo......................

As principais atribuições do subcomitê de comunicação das contratadas são:

- Receber orientação do comitê das contratadas e dos contratantes para assuntos que devem ser abordados nas ferramentas e ações de comunicação interna e externa.
- Alinhar informações e fornecer sugestões para a formatação de conteúdo direcionado às diversas ferramentas de comunicação interna e externa.
- Organizar a distribuição de materiais de comunicação interna para os trabalhadores (data, horários, locais e forma de distribuição).
- Apoiar campanhas e ações de envolvimento de pessoas voltadas aos trabalhadores.
- Identificar riscos e definir ações de prevenção e gestão de crise.
- Alinhar campanhas e eventos de responsabilidade social direcionada aos trabalhadores e/ou às comunidades do entorno do projeto.

O subcomitê de comunicação está inicialmente constituído pelos seguintes representantes:

| Contratada | Nome | E-mail |
|---|---|---|
| | | |
| | | |
| | | |

## Modelo XXIV — Convênio médico hospitalar — modelo de tabela de cobertura

1. Diária hospitalar

*Referente*
    Enfermaria
    Apartamento clínica/cirúrgica
    UTI Nível I

*Day clinic* (diária até 12 h)
Diária de acompanhante (autorizado)


2. Taxas cirúrgicas

Porte 0 (internado/sala gesso/serviço ambulatorial)
    Porte 1
    Porte 2
    Porte 3
    Porte 4
    Porte 5
    Porte 6
    Porte 7
    Porte 8
    Videoartroscopia diagnóstico
    Video-histeroscopia diagnóstico
    Videolaparoscopia diagnóstico
    Videoartroscopia cirúrgica
    Video-histeroscopia cirúrgica
    Videolaparoscopia cirúrgica


3. Observação e pronto atendimento — uso de salas

Sala de observação em pronto atendimento — até 6 horas
    Taxa de sala de recuperação pós-anestésica
    Tratamento especializado — exames
    Quimioterapia — sessão
    Taxa de diálise peritoneal — dia
    Endoscopia — exame


4. Gasoterapia

    Oxigênio em cateter, em qualquer setor — hora
    Ar comprimido, em qualquer setor — hora
    Protóxito de azoto — hora

Dióxido de carbono — hora
Aspiração — utilização de aparelho

5. Serviços gerais

Aplicação de injeção ev/im/sc (ambulatorial)
    Curativo contaminado ou grande queimado — sessão
    Curativo grande — sessão
    Curativo médio — sessão
    Curativo pequeno ou oftalmológico — sessão
    Curativo poliescoriada e queimada (3 a 10 unid.) — sessão
    Curativo poliescoriada e queimada (mais de 4 unid.) — sessão
    Instalação de tenda, cateter ou máscara — sessão
    Preparo de alimentação enteral — sessão
    Preparo de alimentação parenteral — sessão
    Retirada de gesso/ambulatorial — sessão
    Retirada de imobilizador prov. ou não gessada/ambulatorial — sessão
    Sondagem e/ou lavagem gástrica fora do centro cirúrgico — sessão
    Sondagem e/ou lavagem retal fora do centro cirúrgico — sessão
    Sondagem e/ou lavagem vesical fora do centro cirúrgico — sessão
    Taxa de hemodiálise — sessão
    Tricotomia ambulatorial — sessão
    Tricotomia cirúrgica (paciente internado) — sessão

6. Utilização de equipamentos especiais

Aspirador ultrassônico para cirurgia neurológica — uso
    Balão intra-aórtico — hora
    Berço aquecido — dia
    Bisturi elétrico — uso
    Bisturi eletrônico bipolar ou monopolar — uso
    Bomba de infusão — dia
    Capnógrafo — uso
    Cardiotocógrafo — uso

Colchão d'água ou de ar — dia
Crio cautério — uso
Dermátomo — uso
Desfibrilador — cardioversão — uso
Endoscópio digestivo (cirurgia) — sessão
Endoscópio digestivo (exame) — sessão
Endoscópio respiratório (cirurgia) — sessão
Endoscópio respiratório (exame) — sessão
Endoscópio urológico (cirurgia) — sessão
Endoscópio urológico (exame) — sessão
Equipamento para cirurgia esterotáxica — uso
Facoemulsificador — uso
Facofragmentador — uso
Garrote pneumático — uso
Gerador de radiofrequência — uso
Halo craniano — dia
Litotripsor — uso
Lupa cirúrgica — uso
Marca-passo temporário — dia
Microscópio cirúrgico — uso
Monitor cardíaco qualquer setor — dia
Monitor de pressão intracraniana c/ transducer fibra ótica — dia
Neuroendoscópio — uso
Oxicapnógrafo — uso
Oxímetro de ambiente — uso
Oxímetro de pulso — uso
Quadro balcânico — dia


7. Utilização de equipamentos especiais

Radiômetro — dia
    Respirador Birf/Takaoka/Bennet — hora
    Respirador volumétrico — hora
    RX sala de cirurgia — uso

RX sala de cirurgia com intensificador imagem — uso
Serra elétrica para cirurgia — uso
Serra elétrica para gesso — uso
Tração esquelética — dia
Trépano elétrico — uso

8. Orientações

8.1 Diárias

8.1.1 Compõem a diária normal de enfermaria, apartamento os seguintes itens:

8.1.1.1 Leito próprio.

8.1.1.2 Troca de roupa de cama e banho no paciente.

8.1.1.3 Cuidados e materiais de uso na higiene e desinfecção ambiental, exceto desinfecções terminais, cujo material será cobrado à parte.

8.1.1.4 Alimentação do paciente (dieta branda, dieta normal ou livre, dieta líquida completa, dieta líquida pastosa, dieta líquida restrita, dieta para a idade, todas por via oral) não enquadradas em dietoterapia.

8.1.1.5 Cuidados de enfermagem:

8.1.1.5.1 Administração de medicamentos, exceto por vias parentais.

8.1.1.5.2 Preparo, instalação e manutenção de soroterapia.

8.1.1.5.3 Cuidados de sinais vitais.

8.1.1.5.4 Controle de diurese, sem incluir balanço hídrico.

8.1.1.5.5 Mudanças de decúbito.

8.1.1.5.6 Locomoção interna do paciente.

8.1.1.5.7 Cuidados e higiene pessoal do paciente.

8.1.1.5.8 Preparo do corpo em caso de morte.

8.1.2 Não estão incluídos na composição da diária os seguintes itens:

8.1.2.1 Medicamentos e materiais descartáveis, especiais, de sínteses, órteses e próteses.

8.1.2.2 Desinfecção terminal.

8.1.2.3 Utilização de instrumental cirúrgico.

8.1.2.4 Honorários médicos.

8.1.2.5 SADT.

8.1.2.6 Dietas especiais (enterais, parentais, por sonda nasogástrica, gastrostomia, jejunostomia, ileostomia etc.).

8.1.2.7 Ligações telefônicas locais, interurbanas e internacionais.

8.1.2.8 Gasoterapia em todo e qualquer procedimento.

8.1.2.9 Serviço de enfermagem particular, por solicitação individual.

8.1.2.10 Isolamento ou precauções por ordem médica ou da enfermagem, da Comissão de Controle de Infecção Hospitalar (CCIH), e que ocorrerá sobre a diária os acréscimos constantes da tabela.

8.1.2.11 Materiais descartáveis utilizados na proteção do paciente (avental, gorro, propõe, esponja, kit de assepsia etc.).

8.1.2.12 Procedimentos médicos e/ou de enfermagem constantes da tabela no grupo "taxas de serviços".

8.1.2.13 Equipamentos constantes da tabela no grupo "taxas de aparelhos".

8.1.2.14 Atestados e declarações.

8.1.2.15 Alimentação de acompanhante

*8.2 Day clinic*

Diárias de 12 horas somente para pacientes submetidos a cirurgias ambulatoriais, não caracterizando internação, e que necessitem de observação de médico/enfermaria até 12 horas.

## 9. Premissa

Tabela para remuneração:
    Honorários Médicos: CBHPM 5ª ed. (TUSS)
    Serviço de Apoio e Diagnóstico Terapêutico (SADT) / Procedimentos Diversos: CBHMPM 5ª ed. (TUSS)
    Materiais: Tabela Simpro + 30% de comercialização
    Medicamentos: Tabela Brasindice PMC (preço máximo consumidor)
    OPME (órteses, próteses e materiais especiais): nota fiscal + 30%
    Filme: conforme Colégio Brasileiro de Radiologia (CBR) atual R$ ....
    Forma de pagamento: boleto bancário
    Forma de reajuste: anual (conforme negociação entre as partes)

## Modelo XXV — Ficha de cálculo do custo com acidente

### Ficha para cálculo do custo efetivo com acidente

Data da ocorrência: ___/___/___
Nome do acidentado:.................................... Matrícula: ..................
Empresa contratada:........................... Contratante:...........................
Acidente com lesão:        Sim ( )    Não ( )
Ficha com dano material:   Sim ( )    Não ( )
Acidente com afastamento:  Sim ( )    Não ( )
Local do acidente:.......................hora:................

Causa do acidente
..................................................................................................
Consequência do acidente
..................................................................................................
Custo com capital humano
Total de dias perdidos..........................................................................
Remuneração..........................................................................................
Considerar custo com remuneração até 15 dias de afastamento.
Danos materiais
Custos materiais....................................................................................
Custo com reparos.................................................................................

Subtotal:
Custo ambulatorial................................................................................
Custo com assistência médica...............................................................

Total geral:

Responsáveis pela informação
....................................................

## Modelo XXVI — Canal do trabalhador (ouvidoria)

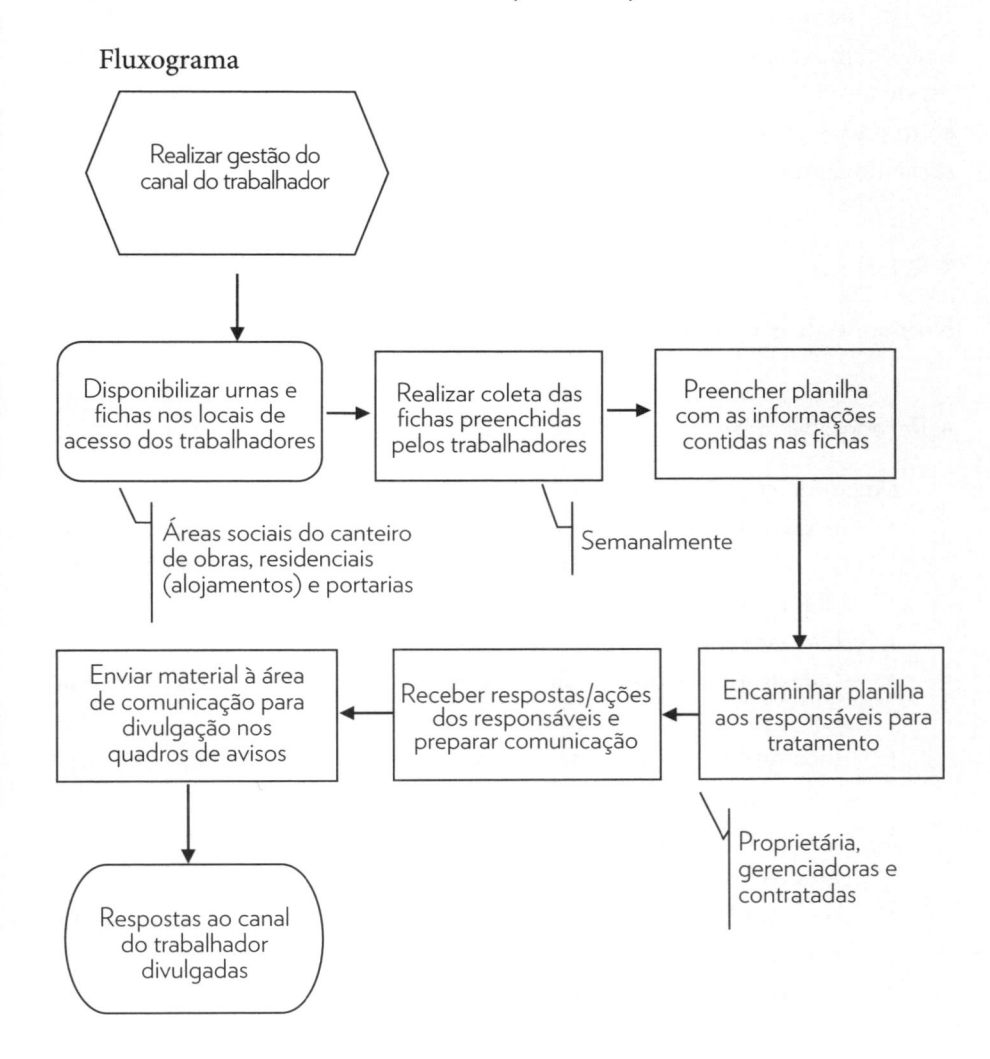

Fluxograma

```
          ┌─────────────────────┐
          │ Realizar gestão do  │
          │ canal do trabalhador│
          └─────────────────────┘
                    │
                    ▼
┌──────────────────────┐    ┌──────────────────────┐    ┌──────────────────────┐
│ Disponibilizar urnas │    │ Realizar coleta das  │    │ Preencher planilha   │
│ e fichas nos locais  │──▶ │ fichas preenchidas   │──▶ │ com as informações   │
│ de acesso dos        │    │ pelos trabalhadores  │    │ contidas nas fichas  │
│ trabalhadores        │    │                      │    │                      │
└──────────────────────┘    └──────────────────────┘    └──────────────────────┘
         │                           │                            │
    Áreas sociais do canteiro    Semanalmente                     │
    de obras, residenciais                                        │
    (alojamentos) e portarias                                     ▼
┌──────────────────────┐    ┌──────────────────────┐    ┌──────────────────────┐
│ Enviar material à    │    │ Receber respostas/   │    │ Encaminhar planilha  │
│ área de comunicação  │◀── │ ações dos responsá-  │◀── │ aos responsáveis     │
│ para divulgação nos  │    │ veis e preparar      │    │ para tratamento      │
│ quadros de avisos    │    │ comunicação          │    │                      │
└──────────────────────┘    └──────────────────────┘    └──────────────────────┘
         │                                                       │
         ▼                                               Proprietária,
  ┌──────────────────┐                                   gerenciadoras e
  │ Respostas ao     │                                   contratadas
  │ canal do         │
  │ trabalhador      │
  │ divulgadas       │
  └──────────────────┘
```

1. Objetivo

Estabelecer procedimento para gestão do canal do trabalhador do projeto .........

2. Definições

Visa mitigar e assegurar bom clima organizacional, eliminando ruídos e não conformidades que levam à sua degeneração. O canal do trabalhador servirá como instrumento, ferramenta de coleta de informações de questões relacionadas com relações trabalhistas e sindicais no âmbito dos canteiros de obras e residenciais (alojamentos). Atuará junto às empresas contratadas e suas subcontratadas na redução e eliminação das anomalias responsáveis pela deterioração do clima organizacional.

3. Referências

Normativa de gerenciamento de implantação do projeto.

4. Responsabilidades

*Da administração do projeto*
- Instalar urnas em locais de visibilidade, com acesso dos colaboradores, tais como: área social dos refeitórios dos canteiros de obras e residenciais (alojamentos) e portarias.
- Realizar semanalmente coleta das fichas de opinião.
- Cadastrar os dados na planilha de tratamento do canal do trabalhador.
- Encaminhar e atuar junto aos responsáveis no tratamento das questões levantadas.
- Coletar respostas e encaminhar à área de comunicação para divulgação nos quadros de avisos.
- Acompanhar ações e garantir continuidade na aplicação da ferramenta.
- Efetuar manutenção das urnas e reposição das fichas, quando necessário.

*Comunicação e sustentabilidade*
- Confeccionar e disponibilizar fichas e urnas para fixação nos locais de visibilidade (acessos da força de trabalho).
- Preparar comunicação para divulgação das respostas/ações à força de trabalho.
- Divulgar semanalmente o resultado/ações nos quadros de avisos dos canteiros de obras e residenciais (alojamentos).

## 5. Pré-requisitos e precauções

Não se aplica.

## 6. Aspectos com impactos ambientais significativos

Não se aplica.

## 7. Descrições e instruções

Ver fluxograma.

## 8. Critérios de avaliação e aceitação

Não se aplica.

**Ficha do canal do trabalhador**

| Canal do trabalhador |
|---|
| Registre aqui sua pergunta, sugestão, elogio ou reclamação para que possamos responder o seu contato. |
| Nome (opcional) <br> _____ |
| Empresa contratada <br> _____ |
| Sugestões, elogios, críticas ou reclamação (escreva abaixo) <br> _____ <br> _____ <br> _____ |

Deposite sua contribuição na urna mais próxima.

CONCLUSÃO FINAL

Chegamos ao fim desta obra. O objetivo foi levar, pedagogicamente, passo a passo, capítulo a capítulo, proposições de como organizar a implantação de grandes empreendimentos, buscando excelência na administração e gestão, assegurando o cumprimento do orçamento, prazo e qualidade, e, sobretudo, mitigar crises-conflitos e *claims*, por meio da aplicação de instrumentos e ferramentas metodológicas, gerenciais.

Todos os instrumentos (procedimentos) sugeridos neste *handbook* são passíveis de ajustes e adequações; há que se considerar que cada projeto é um projeto! Não há um projeto igual ao outro! Há similaridades! Características! Porém, cada empreendimento tem seus desafios que carecem ser criteriosamente estudados e analisados ainda na fase de concepção.

Encerrando esta jornada de 10 capítulos, seguem conclusões e comentários.

### Excelência em gestão e organização

Implantar um projeto, um grande empreendimento, *greenfield* e/ou *brownfield*, requer excelência em todas as etapas por meio da aplicação adequada das metodologias e ferramentas de gestão, visando mitigar a ocorrência de crise-conflitos trabalhistas, *claim* e ocorrência de acidentes (sinistros) considerando tratar-se de uma atividade de elevado risco.

Todas as ações e ferramentas gerenciais apresentadas nesta obra foram aplicadas e testadas *in loco* em empreendimentos contendo a mobilização de grandes massas de trabalhadores e milhares de horas trabalhadas.

Ao serem analisados os *sucessos*, assim como *insucessos*, pode-se afirmar que *os resultados de sucesso* se devem às ações eficazes de gerenciamento no planejamento e na administração, na qualidade da infraestrutura de apoio disponibilizada ao capital humano e qualidade técnica das equipes, associadas à qualidade dos prestadores de serviços das contratadas e subcontratadas (fornecedores), pré-qualificados nesses empreendimentos.

É correto afirmar que os empreendimentos obtiveram sucesso nas implantações, em grande medida devido a estes cinco fatores principais:

a) Qualidade da infraestrutura disponibilizada;

b) Organização para implantação (planejamento);
c) Qualidade das equipes;
d) Excelência na seleção e qualificação de contratadas e subcontratadas; e
e) Qualidade no gerenciamento.

Desvios ocorrem e, em certa medida, podem ser considerados "normais", são proporcionais ao tamanho, envergadura do empreendimento, ao grau de risco, ao volume do capital financeiro e humano envolvido, e à complexidade da engenharia empregada!
Para melhor entendimento, segue detalhamento dos 5 fatores.

*Qualidade da infraestrutura*

Constituído pela disponibilização da *infraestrutura de apoio* necessária, envolvendo:

- Ações para evitar aglomeração excessiva de trabalhadores;
- Planejamento da jornada de trabalho (horários distintos);
- Estruturação de cronograma e calendário para realização de eventos envolvendo recreação e lazer, reduzindo a ociosidade e favorecendo o convívio social de massa;
- Compartilhamento e centralização do serviço de atendimento médico, social e ambulatorial (SESMT);
- Disponibilização de residenciais (alojamentos) e hotelaria de qualidade;
- Refeitórios servindo todos os profissionais, independentemente do nível hierárquico (integração);
- Sistema de transporte de pessoal de qualidade;
- Alimentação de qualidade etc.

*Organização para implantação (planejamento)*

Como o próprio nome já diz, é necessário organização (planejamento); desenvolver *normativa de gerenciamento de implantação* é crucial para se obter excelência, dar equidade às ações, padronizar.

*Qualidade das equipes*

A qualidade em todos os níveis e áreas determinará o nível de sucesso que irá ser alcançado (gestão do conhecimento).

*Excelência na seleção e qualificação de contratadas e subcontratadas*

A qualidade dos fornecedores, contratadas e subcontratadas é igualmente importante para o atingimento da excelência. Há que se definir parâmetros de qualidade que não necessariamente estejam fundamentados unicamente no preço. Deve-se evitar "o alto custo do baixo preço".

*Qualidade no gerenciamento*

Constituída pelas ações de organização para implantação (planejamento), políticas e procedimentos adotados para a implantação do empreendimento:
- Acordo coletivo de alinhamento de salários e benefícios;
- Ações estratégicas para viabilizar instalação de acordo sindical;
- Definição de espaço para atendimento sindical *in loco*, dependendo do nível de maturidade e profissionalismo da entidade sindical *versus* o risco e a necessidade;
- Redução da migração de mão de obra flutuante, fomentando o aproveitamento da mão de obra local/regional;
- Aplicação de instrumentos, ferramentas e metodologias de gestão.

A excelência alcançada nos empreendimentos analisados de sucesso obteve os seguintes resultados:
- Mitigação de denúncias junto a órgãos fiscalizadores;
- Não ocorrência de paralisações e greves envolvendo massa de trabalhadores (crise, conflito trabalhista);
- Baixo índice de reclamatórias trabalhistas envolvendo contratadas e proprietária do empreendimento;
- Não ocorrência de acidentes fatais e baixo índice de acidentes com afastamento, sem afastamento e gravidade;

- Índice reduzido envolvendo "pleitos" ou *claims*;
- Melhoria e manutenção da imagem e reputação da proprietária do empreendimento e contratadas;
- Redução de custos por má qualidade.

Diante de todas as evidências trabalhadas e contextualizações, é possível inferir que os *insucessos* nas implantações nos grandes empreendimentos (canteiros de obras) se devem, basicamente: à não observância das *necessidades humanas*; falta de análise adequada e criteriosa da infraestrutura necessária a ser disponibilizada, associada a deficiências contratuais e administrativas; deficiências gerenciais das lideranças e má qualidade dos prestadores de serviços. São esses os principais fatores geradores de não conformidades.

# Referências

ANGELONI, Maria Terezinha. *Organizações do conhecimento*: infraestrutura, pessoas e tecnologia. São Paulo: Saraiva, 2002.

BRITO FILHO, José Carlos Monteiro de. *Direito sindical*. 2. ed. São Paulo: LTr, 2007.

CARDOSO JUNIOR, Walter Félix. *Inteligência empresarial estratégica*. Tubarão: Unisul, 2005.

COMPROMISSO nacional para aperfeiçoar as condições de trabalho na indústria da construção. Disponível em: <www.conticom.org.br/sistema/ck/files/CompromissoConstrucao_Versao_Evento.pdf>.

COSTA, Sergio Amad. *Estado e o controle sindical no Brasil*: um estudo sobre três mecanismos de coerção. São Paulo: T. A. Queiroz, 1986.

DRUCKER, Peter Ferdinand. *Administração, tarefas, responsabilidades e práticas*. Tradução de Carla Afonso Malferrari. São Paulo: Pioneira, 1975.

_____. *Administrando em tempos de grandes mudanças*. Tradução de Nivaldo Montingelli Jr. 3. ed. São Paulo: Pioneira, 1996.

_____. *As fronteiras da administração*. Tradução de Ricardo Bastos Vieira. Rio de Janeiro: Elsevier, 2012.

FALCONI, Vicente. *TQC — controle da qualidade total (no estilo japonês)*. Belo Horizonte: Fundação Christiano Ottoni; Escola de Engenharia da UFMG; Rio de Janeiro: Bloch, 1992.

BARBOSA FILHO, Antonio Nunes. *Segurança do trabalho & gestão ambiental*. São Paulo: Atlas, 2001.

FREUD, Sigmund. *Psicologia das massas e análise do eu*. Revisão técnica e prefácio de Edson Sousa; ensaio bibliográfico de Paulo Endo e Edson Sousa. Porto Alegre: L&PM, 2016.

GALBRAITH, Jay R. et al. *Organizando para competir no futuro*. São Paulo: Makron Books, 1995.

GÓMEZ, Luiz Alberto et al. *Contratos EPC* — turnkey. Florianópolis: Visual Books, 2006.

HERZBERG, Frederick et al. *The motivation to work*. 2. ed. Nova York: John Wiley & Sons Inc., 1959.

HESSELBEIN, Frances et al. *O líder do futuro*: visões, estratégias e práticas para uma nova era. Tradução de Cyntia Azevedo. São Paulo: Futura, 1996.

HUITT, William G. *Hierarchy of needs*. Educational psychology interative. Valdosa: Valdosa State University, 2004.

HUNTINGTON, Eisenberger et al. Perceived organizational support. *Journal of Applied Psychology*, v. 71, ago. 1986.

JURAN, Joseph M. *Juran on quality improvement*: handbook. Nova York: McGraw-Hill, Inc., 1981.

\_\_\_\_\_; GRYNA, Frank M. *Controle de qualidade*. Coordenação da tradução de Maria Cláudia de Oliveira Santos; revisão técnica de TQS Engenharia. São Paulo: Makron; MacGraw-Hill, 1991. v. 1, cap. 4.

KERZNER, Harold. *Gestão de projetos*: as melhores práticas. Tradução de Lene Belon Ribeiro. 2. ed. Porto Alegre: Bookman, 2006.

KOLB, David A. et al. *Psicologia organizacional*: uma abordagem vivencial. São Paulo: Atlas, 1978.

LE BON, Gustave. *Psicologia das multidões*. Rio de Janeiro: Delraux. 1980.

LIKERT, Rensis. *Administração de conflitos*: novas abordagens. Tradução de Joaquim O. Pires da Silva. São Paulo: McGraw-Hill do Brasil, 1979.

LINS, Cristóvão. *A Jari e a Amazônia*. Rio de Janeiro: Dataforma Comunicação Visual e Editora Ltda em convênio com a Prefeitura Municipal de Almeirim, PA. 1997.

MAGANO, Octávio Bueno. *Manual de direito do trabalho*. V. III: Direito coletivo do trabalho 2. ed. São Paulo: LTr, 1990.

MARTINS, Milton. *Sindicalismo e relações trabalhistas*. 3. ed. São Paulo: LTr, 1991.

MASLOW, Abraham. *Motivation and personality*: a theory of human motivation. Disponível em: <http://s-f-walker.org.uk/pubsebooks/pdfs/Motivation_and_Personality-Maslow.pdf>. Reimpressão de Harper & Row, Publishers, 1970.

MORGAN, Gareth. *Imagens da organização*. Tradução de Cecília Whitaker Bergamini e Roberto Coda. São Paulo: Atlas, 1996.

NASCIMENTO, Amauri Mascaro. *Direito sindical*. São Paulo: Saraiva, 1989.

PASCAL, Blaise. *Pensées*. Texto estabelecido por Louis Lafuma. Saint-Amand: Editions du Seuil, 1962. Capítulo X. Le souverian bien.

PASTORE, Afonso Celso et al. *Infraestrutura*: eficiência e ética. Rio de Janeiro: Elsevier, 2017.

PMI. *Um guia do conhecimento em gerenciamento de projetos* (Guia PMBOK®). 6. ed. Campus Boulevard, Pennsylvania: Project Management Institute, Inc., 2017.

RUSSOMANO, Mozart Victor. *Princípios gerais de direito sindical*. 2. ed. Rio de Janeiro: Forense, 1997.

SILVA NETO, Manoel Jorge. *O sindicalismo no serviço público*. Constituição e trabalho. São Paulo: LTr, 1998.

SOTILLE, Mauro Afonso et al. *Gerenciamento do escopo em projetos*. Rio de Janeiro: FGV, 2014.

STEWART, Thomas A. *Capital intelectual*: a nova vantagem competitiva das empresas. 2. ed. Rio de Janeiro: Campus, 1998.

TAVARES, José da Cunha. *Noções de prevenção e controle de perdas em segurança do trabalho*. São Paulo: Senac.1996.

_____. *Tópicos de administração aplicada à segurança do trabalho*. São Paulo: Senac, 1995.

TRANCOSO, Júlio Alejandro Lobos. *Sindicalismo e negociação*. 2. ed. Rio de Janeiro: José Olympio, 1985.

TZU, Sun. *A arte da guerra*. Tradução de Elvira Vigna. São Paulo: Ediouro, 2009.

WOOLDRIDGE, Adrian. *Os senhores da gestão*: como os gurus de negócios e suas ideias mudaram o mundo para melhor — ou pior. Rio de Janeiro: Elsevier, 2012.

## Referências de internet — crises-conflitos

1. CATAR, obras para Copa de 2022 — condições de trabalho degradantes. Disponível em: <http://jornalggn.com.br/noticia/no-catar-obras-para-copa-tem-condicoes-de-trabalho-degradante>.

2. EXPLOSÕES de greves nas obras do PAC. Disponível em: <http://anovademocracia.com.br/no-76/3395-greves-operarias-nos-canteiros-das-usinas-do-pac-no-rio-madeira-pecem-suape-e-sao-domingos-80-mil-operarios-se-rebelam-contra-escravidao-nas-obras-do-pac>.

3. EXPLOSÕES de greves por melhores condições de trabalho nas obras do PAC. Disponível em: <http://cspconlutascorreios.blogspot.com.br/2012/03/explosoes-de-greves-por-melhores.html>.

4. GREVES operárias nos canteiros das usinas do PAC no Rio Madeira, Pecém, Suape e São Domingos. Disponível em: <http://anovademocracia.com.br/no-76/3395

-greves-operarias-nos-canteiros-das-usinas-do-pac-no-rio-madeira-pecem-suape-e-sao-domingos-80-mil-operarios-se-rebelam-contra-escravidao-nas-obras-do-pac>.

5. OPERÁRIOS da arena do Grêmio paralisam obras. Disponível em: <https://portoimagem.wordpress.com/2011/06/30/operarios-da-arena-do-gremio-paralisam-obras/>.

6. OPERÁRIOS da grande Belém decretaram greve na última segunda (3). Disponível em: <http://g1.globo.com/pa/para/noticia/2012/09/trabalhadores-da-construcao-civil-realizam-protesto-nesta-terca-feira-4.html>.

7. OPERÁRIOS rebelados ateiam fogo em residenciais e veículos de usina da Copel. Disponível em: <https://coletivocopel.wordpress.com/2013/02/14/operarios-rebelados-ateiam-fogo-em-alojamentos-e-veiculos-de-usina-da-copel/>.

8. OPERÁRIOS reivindicam melhores condições de trabalho, aumento salarial e segurança nos canteiros de obras. Disponível em: <http://g1.globo.com/pa/para/noticia/2012/09/trabalhadores-da-construcao-civil-realizam-protesto-nesta-terca-feira-4.html>.

9. RHPORTAL. *Clima organizacional* — o poder do ambiente sobre a produtividade. Disponível em: <www.rhportal.com.br/artigos-rh/clima-organizacional-o-poder-do-ambiente-sobre-a-produtividade/>.

## YouTube — crises em canteiros de obras

1. Obra em Conceição do Mato Dentro — Anglo American (2013). Disponível em: <www.youtube.com/watch?v=yRdxEkUc9MQ>.

2. Obra em Itabira da mineradora Vale (2013). Disponível em: <www.youtube.com/watch?v=40MwH00defU>.

3. Obra Jirau — Rondônia — RO (2011). Disponível em: <www.youtube.com/watch?v=K1oy2ydqoVo>.

4. Obra Jirau — Rondônia — RO (2011). Disponível em: <www.youtube.com/watch?v=Rdwc-6eQb70>.

5. Obra Projeto Eldorado — MS (2011). Disponívle em: <www.youtube.com/watch?v=VL1ffDHXTaU>.

6. Obra Projeto Eldorado — MS (2012). Disponível em: <www.youtube.com/watch?v=vVrT1vBcIXA>.

7. Obra UHE em Colide — MT (2013). Disponível em: <www.youtube.com/watch?v=vhLK8n9VAX8>.

Esta obra foi produzida nas
oficinas da Imos Gráfica e Editora na
cidade do Rio de Janeiro